国家出版基金项目
NATIONAL PUBLICATION FOUNDATION

大地的招魂

莫言与中国百年乡土文学叙事新变

张细珍　著

作家出版社

丛书总序

张志忠

一

呈现在读者面前的这部九卷本丛书，是笔者主持的国家社科基金重大招标项目"世界性与本土性交汇：莫言文学道路与中国文学的变革研究"的最终结项成果。从2013年11月立项，其间在青岛和高密几次召开审稿会，对项目组成员提交的书稿几经筛选，优中选优，反复打磨，历时数载，终于将其付梓问世，个中艰辛，焦虑纠结，真是不足为外人道也。

"世界性与本土性交汇：莫言文学道路与中国文学的变革研究"课题内含的总体问题是：作为从乡村大地走来、喜欢讲故事的乡下孩子，到今日名满天下的文学大家莫言；作为拨乱反正、改革开放的伟大时代之情感脉动的新时期文学；作为在被西方列强的坚船利炮打开国门，被动地卷入现代性和全球化，继而变被动适应为主动求索，走上中华民族独立和复兴之路的三千年未有之大变局的描述者和参与者的百年中国新文学这三个层面上，在其发生和发展的过程中，作出哪些尝试和探索，结出哪些苦果和甜果，建构了什么样的文学中国形象？百余年的现代进程所凝结的"中国特色中国经验"，如何体现在同时代的文学之中？在讲述中国故事的同时，百年中国新文学塑造了怎样的自身形象？它作出了哪些有别于地球上其他国家、其他民族文学的独特贡献而令世界瞩目？

针对上述的总体问题，建构本项目的总体框架，是莫言的个案

大地的招魂

研究与中国新时期文学、百年中国新文学的创新变革经验和成就总结相结合，多层面地总结其中所蕴涵的"中国特色中国经验"，通过个案研究与宏观研究相结合的方式展开，研究重点突出，问题意识鲜明。我们认为，莫言的文学创新之路，是与个人的不懈探索和执着的求新求变并重的，是与新时期文学和百年中国乡土文学的宏大背景和积极助推分不开的，而世界文化的激荡和本土文化的复兴，则是其变革创新的重要精神资源。反之，莫言的文学成就，也是新时期文学和百年中国乡土文学的重大成果，并且以此融入中外文化涌动不已的创新变革浪潮。

本项目的整体框架，是全面考察在世界性和本土性的文化资源激荡下，莫言和中国文学的变革创新，总结新时期文学和百年中国乡土文学所创造的"中国特色中国经验"。这一命题包括两条线索，四个子课题。

两条线索，是指百年中国新文学面临的两大变革。百年中国新文学，其精神蕴涵，是向世界讲述现代中国的历史沧桑和时代风云，倾诉积贫积弱面临灭亡危机的中华民族如何置之死地而后生，踏上悲壮而艰辛的独立和复兴之路，以及与之相伴随的民族情感、社会形态的跌宕起伏的变化的。百年中国新文学自身也是从沉重传统中蜕变出来，在急骤变化的时代精神和艺术追求中，建构具有现代性和民族性特征的审美风范。前者是"讲什么"，后者是"怎么讲"。这两个层面，对于从《诗经》《左传》《楚辞》起始传承甚久的中国文学，都是"数千年未有之大变局"，表现内容变了，表现方式也变了，都需要从古典转向现代，表述现代转型中的时代风云和心灵历程。

所谓"中国特色中国经验"，并非泛泛而言，是强调地指出莫言和新时期文学对中国形象尤其是农民形象的塑造和理解、关爱和赞美之情的。将目光扩展到百年中国新文学，自鲁迅起，就是把中国乡土和广大农民作为自己的重要表现对象的。个中积淀下来的，是以艺术的方式向世界传递来自古老而又年轻的东方国度的信息，显示了正在经历巨大的历史转型期的"中国特色和中国经验"，其中有厚重的历史底蕴，就是中国农民在现代转型中一次又一次地迸发出强悍蓬勃的生命力，在历史的危急关头展现回天之力，如抗日战争，就是农民组成的武装，战胜了装备精良的外来强敌。改革开放的新时期，农民自发地包产到户，乡镇企业的勃兴，和农民工进城，都具有历史的标志性，根本地改变社会生活的面貌，改变中国的命运，也改变了农民自身——这些改变，恐怕是近代以来中国最为重要最为普遍的改变。

文学自身的变革，也是颇具"中国特色"的。古人云，若无新变，不能代雄。今人说，创新是文学的生命。这是就常规意义而言。对新时期文学而言，它有着更为独特的蕴涵。新时期文学，是在"文革"造成的文化断裂和精神荒芜的困境中奋起突围。这样的变革创新，不是顺理成章的继往开来，而是在很大程度上另起炉灶，起点甚低，任重道远。由此，世界文化和本土文化资源的发现和汲取，就成为新时期文学能够狂飙突进、飞速发展的重要推力。百年中国新文学的起点，五四新文学运动，同样地不是有数千年厚重传统的古代文学自然而然的延伸，而是一次巨大的断裂和跳跃，它是在伴随着现代资本主义的政治经济扩张汹涌而来的世界文化、世界文学的启迪下，在对传统文学、传统文化的彻底审视和全面清算的前提下，在与传统文化的紧张对立之中产生，又从中获得本土资源，破土而出，顽强生长，创建自己的现代语言方式和现代表达方式的（有人用"全盘性反传统"描述五四新文学，只见其对传统文化鸣鼓而攻之的一面，却严重地忽略了五四那一代作家渗入血脉中的与传统文化的联系）。

我们的研究，就是以莫言的创新之路为中心，在世界性与本土性的中外文化因素的交汇激荡中，充分展现其重大的艺术成就，揭示其与新时期文学和百年中国乡土文学的内在联系和变革创新，为推进二十一世纪中国的文化创新和走向世界提出新的思考，作出积极的贡献。

为了使本项目既有深入的个案研究，又有开阔的学术视野，在个案考察和宏观研究的不同层面都作出新的开拓，本项目设计由点到面、点面结合，计有"莫言文学创新之路研究""以莫言为中心的新时期文学变革研究""莫言及新时期文学变革与中外文化影响研究""从鲁迅到莫言：百年中国乡土文学叙事经验研究"四个子课题。

二

本项目相关的阶段性成果计有报刊论文 400 余篇，学术论著 10 部，分别在多所大学开设"莫言小说专题研究"课程，并且在"中国大学慕课"开设"走进莫言的文学世界"和"莫言长篇小说研究"课程，在"五分钟课程网"开设"张志忠讲莫言"30 讲，多位老师的研究论著分获省市级优秀学术成果奖，可以说是成果丰厚。作为结项成果的是专著 10 部，论文选集 1 部，共计 280 万字。一并简介如下（丛新强教授的《莫言长篇小说研究》已经由山东大学出版社出版，论文集《百年乡土文学与中国经验》因为体例问题未收入本丛书）：

（一）子课题一"莫言文学创新之路研究"包括 3 部专著。

张志忠著《莫言文学世界研究》。要点之一是对莫言创作的若干重要命题加以重点阐释：张扬质朴无华的农民身上生命的英雄主义与生命的理想主义；一以贯之地对鲁迅精神的继承与拓展，对"药""疗救"和"看与被看"命题的自觉传承；大悲悯、拷问灵魂与对"斗士"心态的批判；劳动美学及其对现代异化劳动的悲壮对抗等。要点之二是总结莫言研究的进程，提出莫言研究的新的创新点突破点。

李晓燕著《神奇的蝶变——莫言小说人物从生活原型到艺术典型》，对莫言作品人物的现实生活原型索引钩沉，进而探索莫言塑造人物的艺术特性，怎样从生活中的人物片断到赋予其鲜活的灵魂与秉性，完成从蛹到蝶的神奇变化，既超越生活原型，又超越时代、超越故乡，成为世界文学殿堂中熠熠生辉的典型形象，点亮了神奇丰饶的高密东北乡，也成就了世界的莫言。

丛新强《莫言长篇小说研究》指出，莫言具有自觉的超越意识，超越有限的地域、国家、民族视野，寻求人类的精神高度。莫言创作中的自由精神、狂欢精神、民间精神等等无不与其超越意识有关。它是对中心意识形态话语所惯有的向心力量的对抗和制衡，是对个体生存价值和人类生命意识的全面解放。

（二）子课题二"以莫言为中心的新时期文学变革研究"的2部书稿，城市生活之兴起和长篇小说的创新，一在题材，一在文体，着眼点都在创新变革。

二十世纪七十年代末期开始的社会—历史的巨大转型，是从农业文明形态向现代文明和城市化的急剧演进，成为我们总结莫言创作和中国文学核心经验的新视角。江涛《从"平面市井"到"折叠都市"——新时期文学中的城市伦理研究》将伦理学引入文学叙事研究，考察新时期以来城市书写中的伦理现象、伦理问题、伦理呼求，揭示文本背后作者的伦理立场，具有青年学人的新锐与才情。

新世纪以来，长篇小说占据文坛中心，风云激荡的百年历史，大时代中形形色色的人物命运与心灵悸动，构成当下长篇小说创作的主要表现对象。王春林《新世纪长篇小说叙事经验研究》就是因应这一现象，总结长篇小说艺术创新成就的。作者视野开阔，笔力厚重，对动辄年产量逾数千部的长篇作品作出全景扫描，重点筛选和论述的长篇作品近百部，不乏名家，也发掘新作，涵盖力广博，尤以先锋叙事、亡灵叙事、精神分析叙事、边地叙事等专题研究见长。

（三）子课题三"莫言及新时期文学变革与中外文化影响研究"的成果最为丰富，有4部书稿。

樊星教授主编《莫言和新时期文学的中外视野》立足于全面、深入地梳理莫言在兼容并包世界文学与中国本土文学方面表现出的个性特色与成功经验，莫言创作与后期印象派画家凡·高、高更色彩、意象和画面感之关联，莫言与影视改编、市场营销、网络等大众文化，莫言的文学批评，莫言的身体叙事等新话题，对作家和文本的阐释具有了新的高度。

张相宽《莫言小说创作与中国口头文学传统》指出，从口头文学传统入手，才能更好地理解莫言小说。大量的民间故事融入莫言文本，俚谚俗语、民间歌谣和民间戏曲选段的引用及"拟剧本"的新创，对说书体和"类书场"的采用、建构与异变，说书人的滔滔不绝汪洋恣肆，对莫言与赵树理对乡村口头文学的借重进行比较分析，深化了本著作的命题。

莫言与福克纳的师承关系，研究者已经做了许多探讨。陈晓燕《文学故乡的多维空间建构——福克纳与莫言的故乡书写比较研究》独辟蹊径，全力聚焦于福克纳的约克纳帕塔法文学领地和莫言的高密东北乡文学王国的建构与扩展，采用空间叙事学、空间政治学等空间理论方法，从空间建构的角度切入，刷新了莫言与福克纳之比较研究的课题。

李楠《海外翻译家怎样塑造莫言——〈丰乳肥臀〉英、俄译本对比研究》，将莫言《丰乳肥臀》的英俄文两种译本与原作逐行逐页地梳理细读，研究不同语种的文字转换及其中蕴涵的跨文化传播问题，中文、英文、俄文三种文本的对读，文学比较、语言比较和文化比较，界面更为开阔，论据更为丰富，所作出的结论也更有公信力说服力。

（四）子课题四"从鲁迅到莫言：百年中国乡土文学叙事经验研究"是本项目中界面最为开阔的，也是难度最大的。百年中国的现代进程，就是乡土中国向现代中国、农业化向城市化嬗变的进程。百年乡土文学，具有最为深厚的底蕴，也具有最为深刻的中国特色中国经验。从研究难度来说，它的时间跨度长，涉及的作家作品众多，要梳理其内在脉络谈何容易。现在完成并且提交结项的是1部专著，1部论文集，略显薄弱。

张细珍《大地的招魂：莫言与中国百年乡土文学叙事新变》从乡土小说发展史的动态视域出发，发掘莫言乡土叙事的新质与贡献，探索新世纪乡土叙事的新命题与新空间，凸显其为世界乡土文学所提供的独特丰富的中国经验与审美新质，建构本土性与世界性同构的乡土中国形象。

张志忠编选的项目组成员论文集《百年乡土文学与中国经验》，基于 2018 年秋项目组主办"从鲁迅到莫言：百年乡土文学与中国经验"国际学术研讨会的会议成果，也增补了部分此前已经发表的多篇论文。它的要点有三：其一，勾勒百年乡土文学的轮廓，对部分具有代表性的重要作家和作家群落予以深度考察。其二，对百年乡土文学中若干重要命题，作出积极的探索。其三，在方法论上有所探索和创新。这部论文集选取了沈从文、萧红、汪曾祺、赵树理、浩然、陈忠实、贾平凹、路遥、张炜、莫言、刘震云、刘醒龙、李锐、迟子建、格非、葛水平等乡土文学重要作家，以及相关的山西、陕西、河南、湖南、四川、东北等乡土文学作家群落，从不同角度对他们提供的文学经验予以深度剖析，并且朝着我们预设的建立乡土文学研究理论与叙事模型的方向做积极的推进。

三

在提出若干学术创新的新命题新论点的同时，我们也在研究方法上有所探索和创新。务实求真，文本细读，大处着眼，文化研究、精神分析学、城市空间与地域空间理论、城市伦理学、比较文学研究、民间文学研究理论、文化领导权理论、生态批评、叙事学、文学发生学、文学场域等理论与方法，都引入我们的研究过程，产生良好的效果，助推学术创新。

本项目成果几经淘洗，炼得真金，在莫言创作和中国现当代文学的创新经验研究上，都有可喜的原创性成果。它们对于增强文化自信、以文学的方式向世界讲述中国故事和促进中国文学走出去，都有极好的推动作用。对于当下文坛，也有相当的启迪，鼓励作家在世界性与本土性交汇中创造文学的高原和高峰。

我要感谢本项目团队的各位老师，在七八年的共同探索和学术交流中，我们进行了愉快的合作，沉浸在思想探索与学术合作的快乐之中。我要感谢吴义勤先生和作家出版社对出版本丛书的鼎力支持，感谢李继凯教授和陕西师范大学人文社科高等研究院对丛书出版的经费资助，感谢本项目从立项、开题以来关注和支持过我们的多位文学、出版、传媒界人士。深秋时节，银杏耀金，黄栌红枫竞彩，但愿我们这套丛书能够为中国文学的繁荣增添些许枝叶，就像那并不醒目的金银木的果实，殷红点点，是我们数年凝结的心血。

2020 年 11 月 5 日

目　录

导　论

一、作为政治、伦理与审美结构的百年中国乡土叙事

小说就是讲故事，"讲故事需要一种运用语言表达对生命中的微妙音色的感受、突破生活的表征言语织体的能力。生活在言语中，人人都在言语中生活。叙事家是那种能够反向运用语言、进入形而上的文字世界的人。"[①]作家的特质之一在于讲故事的能力，或审美转化能力。审美转化是作家运用个性化的语言，穿透生活表层的浮藻，将内里的幽微音色，编织成故事叙述出来，形成意义的召唤结构。"叙事首先是一个人的对生活的理解问题。"[②]小说叙事是作家用感觉或身体，而不是理论或学说去表达对存在的独特思考，建构自成一界又自由无界的审美世界。文学的虚构叙事是一种政治、伦理与审美结构，借以对抗或整饬现实世界的思想框架、道德秩序和意义结构。

工业时代，科技理性褫夺了人与自然的原初联系。人与大地的整体性、生存性关联被切断，人成了碎片化、原子式、工具性的存在。从世界文学的发展视域看，乡土文学作为抵抗现代工业化进程对乡土社会的入侵而产生的一种文学类型，为人类文学提供了独特的母题主旨、叙事范式与美学形态。乡土小说以叙事的方式召唤工业资本时代日渐退隐的大地诗性与神性想象，还原大地的肉身，让人回归自然、完整的存在。

---

①　刘小枫：《沉重的肉身》，上海人民出版社 1999 年版，第 223 页。
②　格非：《中国小说与叙事传统——在苏州大学"小说家讲坛"上的讲演》，《当代作家评论》，2005 年第 2 期。

几千年来，中国是个乡土社会。二十世纪中国在革命与启蒙、救亡与改革的交响变奏中，逐渐由传统农耕文明向现代工业文明转型。现代化日渐成为中国思想与实践的元话语。中国百年乡土叙事是二十世纪现代化思想方案的审美实践与文学表征，是一种政治、伦理与审美结构。巴尔扎克认为，小说是一个民族的秘史。小说者，微言大义。王德威说："小说中国是我们未来思考文学与国家、神话与史话互动的起点之一。"[1]乡土小说更是如此，因为"'故乡'的召唤也极可视为一有效的政治文化神话，不断激荡左右着我们的文学想象"[2]。百年乡土小说是研究乡土中国的一种方法。乡土叙事模式是作家想象、书写、参与中国现代化进程的一种方式。乡土小说叙述、想象中国的未来与可能，以此建构现代"中国形象"。

乡土中国如何被叙述，与百年现代化进程息息相关。"乡土文学"的概念内涵也随着现代化进程、时代思潮、社会风尚、政治环境的变迁而衍变。五四时期出现了"乡土文学""乡土艺术""农民艺术""农民文艺""农民文学""乡土小说"等概念。二十世纪二十年代初，周作人较早在《地方与文艺》（1923）、《〈旧梦〉序》（1923）中引介、倡导"乡土文学"。周作人阐析乡土文学，提出风土之力是培养个性的土之力，要写出地之子的土气息、泥滋味，强调"风土"特性成就文学个性；地方趣味是走向世界文学的重要元素，要写出国民性、地方性与个性，强调"地方趣味"成就世界性。三十年代中期，鲁迅和茅盾正式界定和使用"乡土文学"概念。1935年鲁迅在《中国新文学大系·小说二集》序言中指出乡土文学寄寓侨寓都市与乡间的知识分子，具有还乡与漂泊的乡愁与异域情调。因为身居异地，作家眼中的乡土具有了地方色彩与乡土风情。1936年茅盾在《关于乡土文学》中强调乡土文学在特殊的风

① 王德威：《想像中国的方法：历史·小说·叙事》，生活·读书·新知三联书店 2003 年版，第 2 页。

② 王德威：《想像中国的方法：历史·小说·叙事》，生活·读书·新知三联书店 2003 年版，第 226 页。

土人情之外，应当还有普遍性的与我们共同的对于命运的挣扎。

三十年代左翼革命乡土文学、社会剖析派乡土文学开始把重心放在对农民命运挣扎的书写上，即农民阶级意识的觉醒与农民运动的高涨，认为写作的成功与否和作者的世界观、人生观息息相关。四十年代的"农村文学""农民文学"，"十七年"、"文革"时期的"农村题材文学"书写的是社会政治学意义上的阶级乡土。"反映论""工具论"的文学观甚嚣尘上，即文学主要是或仅仅是一定时期农村社会政治生活、阶级斗争历史的形象"反映"和服务"工具"。

进入新时期，"乡土文学"再次被使用，日益演变为具有世界主义视野的生态乡土，如莫言、张炜、阿来、刘亮程笔下的乡野世界，具有形而上的大地诗学意味。与五四时期的乡土文学相比，新时期的乡土文学"更多地关注'乡土'的形而上的内涵，更多地关注 20 世纪中国社会现代历史转型中，处在东方与西方、传统与现代文化冲突中的'乡村'，关注作为人类诗意栖居的'大地'的乡土。同一个批评概念，在其内涵上螺旋地上升了一个层面"①。

新世纪以来，城乡关系发生巨变，乡土文学的概念内涵也发生新变，出现"打工者文学""农民工文学""新乡土叙事""亚乡土叙事"等不同的说法。有研究者认为，"向城求生"作为现代化的诉求方式，促进了传统的"乡土文学"发生某种内在转变，因而称新世纪的乡土叙事为"新乡土叙事"。②雷达认为，当下中国正经历着城乡转型的巨大裂变，即从"乡土中国"转向"城乡中国"，从而提出"亚乡土叙事"的概念。作为对社会生活的表现、想象与建构，"亚乡土叙事"为我们提供了一份当代中国人的精神履历。在表现城市化产生的复杂社会问题和各种价值裂变时，乡土文学正在积极书写、建构和谐社会中新的道德、信仰和美学新秩序。在此意义上，贾平凹、刘震云、张炜、刘庆邦、毕飞宇、关仁山、刘醒

大地的招魂

① 陈继会：《概念嬗变在文学批评中的意义——20 世纪乡土文学研究历史的学术考察》，《中州学刊》，1996 年第 2 期。
② 轩红芹：《"向城求生"的现代化诉求——90 年代以来新乡土叙事的一种考察》，《文学评论》，2006 年第 2 期。

龙、陈应松，乃至周大新、邓一光、王十月等作家的创作取向在今天显得尤为重要。因为在表达中国经验时，他们能感知传统"乡土中国"向"城乡中国"转型中的人心的撕裂与阵痛。新世纪以来，乡土文学主题、场域、叙事视角、审美形态发生变化，乡村叙事也从乡村田园向城中村、村中城、城乡交融空间的变化等方面延伸。乡土文学的困境和未来乡土文学书写空间的开拓正是当今文学的一个新课题、新难题。①丁帆认为，新世纪以来"中国乡村社会现代转型带来的陌生的新'乡土经验'，将乡土叙事疆域由传统的乡村日常生活拓展到'农民进城''乡土生态'和'乡土历史'等领域"②。虽然乡土文学的书写空间在拓展，但凡是"以农民、农村、农业为叙事对象的小说作为对象的批评与研究，不论研究者使用'乡土文学''乡土小说''农民文学''农村题材小说''乡村小说'中的哪个概念，都是中国乡土小说研究之研究的对象"。不管"乡土文学"内涵外延如何衍变，"风景画、风俗画、风情画、地方色彩、异域情调等，通常被看成是乡土小说有别于其他小说类型的形态特征与审美要求"。③学者季红真则认为，中国乡土文学将进入一种生态人类学意义上的大乡土范畴。

按历史时段划分，百年中国乡土文学大致可分为三个阶段。第一阶段，五四至三十年代左翼乡土文学，以鲁迅为发端到萧红为止，这一时期的乡土叙事主要从思想文化层面关注乡土社会的国民劣根性，或直面剖析乡村的麻木、愚昧和残酷，或反向建构田园牧歌与人性小庙。代表作家有鲁迅、茅盾、周作人、废名、沈从文、鲁彦、许钦文、蹇先艾、台静农、许杰、彭家煌、李劼人、沙汀、艾芜、路翎、萧乾、柔石、叶紫、吴组缃、萧红、萧军、端木蕻

---

① 雷达：《从"乡土中国"到"城乡中国"》，http://www.chinawriter.com.cn/news/2014/2014-12-15/227836.html.

② 丁帆、李兴阳：《中国乡土小说——世纪之交的转型》，《学术月刊》，2010年第1期。

③ 丁帆、李兴阳：《中国乡土小说研究的百年流变》，《当代作家评论》，2018年第1期。

良、骆宾基、罗烽、白朗、孙陵等。第二阶段，延安时期至"文革"的农村题材文学，这一时期的乡土叙事主要从政治意识形态层面响应主流话语，关注农村的社会革命、民族救亡、阶级斗争问题。代表作家有赵树理、孙犁、周立波、丁玲、柳青、马烽、西戎、束为、孙谦、胡正、康濯、王汶石、陈登科、浩然等。第三阶段，新时期至今，以莫言为代表的乡土文学，这一时期的乡土叙事从世界主义、生态主义视域出发，关注现代化进程中城乡交叉地带的社会变革、城镇化建设、工业园新农村的兴起，以及近年来农村日渐空心化等社会问题。代表作家有二十世纪八十年代的乡土作家周克芹、古华、叶蔚林、路遥等，寻根作家韩少功、阿城、郑义、郑万隆、李杭育、史铁生、阿城、何立伟、路遥、王安忆、铁凝等，九十年代以来创作颇丰的陈忠实、莫言、贾平凹、阎连科、李锐、张炜、韩少功、刘震云、阿来、迟子建、刘庆邦、李佩甫、周大新、刘醒龙、陈应松、冯积岐、鬼子、曹乃谦、尤凤伟、赵本夫、毕飞宇、刘亮程、红柯、关仁山、孙惠芬、葛水平，以及新起的七〇后乡土作家徐则臣、王十月、肖江虹、付秀莹等。随着社会历史进程的推进，百年乡土文学的风格流派、叙事方式、叙事身份、叙事立场也随之衍变。

从风格流派看，百年乡土文学主要沿着两条脉络发展：一条以鲁迅为代表，践行思想启蒙的价值立场，以批判的眼光审视乡村，书写乡村垢土，代表作家如鲁迅、萧红、沙汀、高晓声、李锐、韩少功、阎连科、莫言、陈忠实、刘震云、杨争光、尤凤伟、周大新、乔典运、毕飞宇、东西等，姑且称之为思想启蒙派乡土叙事；另一条以废名、沈从文为代表，秉持文化守成的怀旧立场，想象性地建构田园乌托邦，营构田园净土，代表作家如周作人、废名、沈从文、萧乾、孙犁、刘绍棠、汪曾祺、张炜、史铁生、阿来、迟子建、刘亮程等，姑且称之为诗性田园派乡土叙事。前者建构百年现代化转型的新文学传统，后者承袭寄情山水、归隐田园的古代文学传统，又注入审美现代性的批判意识，以及世界主义、生态主义价值观。这两条乡土叙事流脉是古老农耕文明或回应现代化进程，或对抗工业文明的碾压应运而生的文学潮流，其中既有启蒙现代性的理性诉求与革命动员，也有审美现代性的诗性反抗和美学批判。正如某论者所言："百年中国小说的乡土叙事基本上是在静止秩序中开展文学的想象。无论是乡土批判话语还是乡土诗情叙事，都隐含着一个整体的乡土想象，作为文化背景和情感质态制约、影响着现代性话语的言说方式，一边是现代性的冲动和焦虑，一边是前现代性文明的诱惑。可以说，百年中国小说的现代性叙事是一种撕裂的叙事、痛苦的叙事。这样的叙事所爆发的张力是毋庸置疑的，我认为正是这种张力构成了乡土小说的生命力。"①

首先，乡土叙事作为一种启蒙大众、开启理性的现代化政治、伦理结构出现，其思想原点可追溯至严复、梁启超。在中国几千年经史子集的文类秩序中，小说原本是不入流的雕虫小技。公元一世纪班固的《汉书·艺文志》就认为，小说多为稗官野史，为街谈巷语、道听途说者所造。小说作为一个民族的秘史，在中国史传传统的挤压下，一直难有文体的尊严。明清以来虽然形成"诗消稗长"的局面，也出现了金圣叹这种敢于将《水浒传》与《离骚》、杜诗等并列的小说评点家，但"诗重稗轻"的价值观并未从根本上得到扭转。②不过文变染乎世情，受"列强进化，多赖稗官；大陆竞争，亦由说部"这一观点的影响，二十世纪初小说一度被人由地下捧至云端，变成了"有无量不可思议之大势力"③。1895年严复提出"三民说"，即"鼓民力、开民智、新民德"，首次明确以现代启蒙理性的工具撬开几千年来封建统治者愚民、驭民的思想板结地，对普通民众进行思想探照。之后，梁启超接续严复开启的启蒙民众的思想传统，提出小说新民论。他甚至振聋发聩地提出"欲新一国之

① 黄佳能：《新世纪乡土小说叙事的现代性审视》，《文艺理论与批评》，2006年第4期。

② 傅修延：《中国叙事学》，北京大学出版社2015年版，第18页。

③ 陶祐曾：《论小说之势力及其影响》，《游戏世界》，1907年第10期。转引自陈平原、夏晓虹编：《二十世纪中国小说理论资料：1897—1916》（第一卷），北京大学出版社1989年版，第226页。

民，不可不先新一国之小说"①，将"疗世救民"的期望寄寓于小说。自此，白话小说的地位才大大提高，被梁启超认为是"文学之最上乘"。但此时的小说只是作为社会改良、政治宣传的工具被利用。改良失败后，梁启超又反过来指责小说。究其质，小说仍未建立独立的主体价值。由此可见，近代小说文类兴起的逻辑起点是政治工具性。正是在这样的大背景下，乡土小说以现代启蒙思想改造中国落后的国民性，现代作家开始以文学的方式参与乡土中国现代化进程，赋予乡土叙事政治、伦理功能。这也成为五四以来以鲁迅为代表的百年乡土叙事政治、伦理诉求的发端。

纵观中国百年乡土叙事，大体上呈现出由启蒙伦理、革命伦理、人民伦理到个体自由伦理的变迁。始自二十世纪二十年代的五四乡土文学，以鲁迅为代表，秉持启蒙伦理话语，审视批判乡土社会的落后、愚昧。三十年代左翼乡土文学在阶级论的革命伦理框架下观照乡村世界。四五十年代的"土改"、合作化叙事则呼应政治意识形态化的人民伦理改造农村社会。"文革"乡土叙事则是革命伦理与人民伦理的观念演绎。新时期的乡土叙事重续五四启蒙伦理，九十年代以来乡土叙事日益关注沉默的大多数，聚焦底层农民的个体生存境遇，走向个体自由伦理与民间叙事立场。莫言主张视角即结构，结构即政治。其"作为老百姓写作"立场的提出，便自觉地将自我从"为老百姓写作"的宏大人民伦理中剥离出来，以个体自由伦理叙事对现代化进程中乡土社会与农民个体所付出的情感代价，所遭遇的道德裂缝，给予深层的伦理抚慰与审美观照。莫言乡土叙事的立足点始终是宏大历史话语之外、生长于乡土大地之上、纠缠于命运网结之中的个体生命。他用笔把那些被历史洪流挤压、冲撞到犄角旮旯里的底层个体拉出来，置于叙事的聚光灯下，裸露历史洪流中个体幽微的血肉经脉，审视个体如何忍受、承负历史之重。

百年中国乡土叙事不仅是一种政治、伦理结构，还是一种审美结构。在此，所谓审美结构，是指"把一种给定的内容（即现实的或历史的、个体的或社会的事实）变形为一个自足整体（如诗歌、戏剧、小说等）所得到的结果。有了审美形式，艺术作品就摆脱了现实的无尽的过程，获得了它本己的意味和真理。这种审美变形的现实，是通过语言、感知和理解的重组，以至于它们能使现实的本质在其现象中被揭示出来：人和自然被压抑了的潜能"①。在这种意义上，艺术正是依赖审美形式"在现存现实中创建出另外一个现实，即希望的宏大世界"②。

作为审美结构的百年乡土叙事体现了艺术的否定性、超越性，具有反抗与解构的力量。若说叙事的超越性有纵横两个方向，那纵向表现为上、下的超越，比如仰望精神的星空与俯视灵魂的深渊；横向表现为前、后的超越，比如向前看的科幻叙事与往后看的怀旧书写。山水田园诗派的乡土叙事是知识分子为抵抗现代化这一时间意识形态所寻找的一条往后看的超越路径。他们秉持诗性怀旧的叙事立场，通过小说营构田园乌托邦，以虚构、想象甚至净化的桃花源对抗现代工业文明的意识形态规训，寻求文明与人性的解放之途。在这类乡土作家笔下，理想化、陌生化的乡土时空便具有一种与给定现实秩序相疏离的审美效应，如废名笔下的竹林、沈从文笔下的边城、孙犁的荷花淀、张炜的野地、莫言的高密东北乡等便具有与现实世界对抗的理想秩序。这也是诗性乡土叙事作为审美结构所具有的解放意义，它以自足的形式参与百年中国乡土社会的现代化进程。诚然，面对滚滚而来的现代化进程，乡土世界注定日渐消失于城镇化的蓝图中。乡土不在，田园将芜。我们需要怀旧回望，更需要重建自然生态的诗性书写向度，建构新的生态文学，以便栖居大地成为可能。

① （德）赫伯特·马尔库塞：《审美之维——马尔库塞美学论著集》，李小兵译，生活·读书·新知三联书店1989年版，第211页。
② （德）赫伯特·马尔库塞：《审美之维——马尔库塞美学论著集》，李小兵译，生活·读书·新知三联书店1989年版，第242页。

在中国百年乡土文学地图上，莫言的乡土叙事承袭了以鲁迅为发端的思想启蒙传统，但祛除了知识分子的精英意识与俯视立场；接续了沈从文为代表的诗性怀旧立场，回溯遥拜生命原初的力与美，给乡野世界注入泥沙俱下的野性力量，具有生态学的视野；秉有革命派乡土小说的底层关怀，但过滤了民粹主义的道德优越感，突破狭隘的阶级论，具有超越的人性视野；坚持赵树理式的身为农民写农民的民间立场，但摆脱了后者紧跟时代话语的思维拘囿，用感觉与想象恢复乡土世界的生命本相。莫言乡土叙事的美学新质在于以感觉主义与形式主义的奇幻魔幻之笔，唤醒、激活、还原、丰富、拓展百年乡土大地的感觉，赋予乡土大地感觉化的肉身与自己的声音——生于斯、长于斯、死于斯的植物、动物、人物的声音，让几千年来沉默的农民以自己的方式发出自己的声音。他以农民之子的身份，将百年来战争与革命交织下失语农民的话语权重新交回到农民手中，将百年来失声无语的闰土推到历史前台，让他如其本然地发出自己的声音，让中国的农民站在乡土大地上发出世界性的声音。

莫言的乡土叙事开拓了感觉与形式的边界。新感觉与新形式具有一种多元化的民主精神。在他笔下，天地人神、神仙鬼怪、动物植物，它们的感觉都是自由平等的。他的感觉自由与形式革新瓦解乡土大地的价值等级秩序，反对一切意识形态化、僵硬固化的话语霸权，悬置价值判断，拒绝道德介入。莫言的乡土叙事突破给定的社会现实、既定的历史框架，通过新感觉、新形式刷新、创造多元、开放的世界，"使现实的本质在其现象中被揭示出来：人和自然被压抑了的潜能"①。由此可见，莫言不是借叙事言说政治，其感觉主义、形式主义的叙事本身就是一种政治。莫言借助叙事的审美变换，以乡野大地上的个体命运为启示，表现出一种酒神般的反抗精神与自由意识，"揭示出那些在日常生活中尚未述说、尚未看见、

---

① （德）赫伯特·马尔库塞：《审美之维——马尔库塞美学论著集》，李小兵译，生活·读书·新知三联书店1989年版，第211页．

尚未听到的东西"①，丰富了中国百年乡土叙事的视野。莫言的乡土叙事无疑具有美学革命性，是一种革命性的政治、伦理、审美结构。

二、莫言乡土叙事的研究现状与突破

莫言研究一直是当代文学的热点。2012 年莫言获得诺贝尔文学奖，又引发诺奖现象的热议、思考。诺奖事件打开了莫言研究的新视域，研究者从世界性与本土化的比较视域出发，考察莫言在世界文学地图上的位置，梳理莫言与中国文学传统的关联。张志忠、贺立华、张华主编的论文集《莫言：全球视野与本土经验》、季红真的《世界主义的乡土作家》、樊星的《莫言与山东神秘文化——兼论当代山东作家与神秘文化》《莫言之狂及其文化意味》、孙郁的《莫言——中国文化隐秘的书写者》、张柠的《文学与民间性——莫言小说里的中国经验》等从不同角度考察莫言与世界文学、传统文化、古典文学、民间文学的关系。陈思和的《莫言与中国当代文学》、叶开的《莫言与新时期文学三十年》则考察莫言与当代中国文学、新时期文学的关联。作家比较上，现有研究成果多将莫言与福克纳、马尔克斯、哈代、赛珍珠等国外作家，与鲁迅、沈从文、余华、王安忆、阎连科等本土作家进行比较研究。如张志忠的《莫言对司马迁的承续与对话》《〈我们的荆轲〉向〈铸剑〉致敬——莫言与鲁迅的传承关系谈片》、刘再复的《故事的极致与故事的消解——〈高行健莫言比较论〉续篇（提纲）》等。诺奖现象还推动莫言海外传播与翻译问题的考察，如宁明的《莫言作品的海外接受——基于作品海外销量和读者评论的视野》等。

莫言作品的主题学研究一直是莫言研究的重点。乡土、"高密

---

① （德）赫伯特·马尔库塞：《现代文明与人的困境》，李小兵等译，生活·读书·新知三联书店 1989 年版，第 370 页。

东北乡"、民间、种族、家族、历史、战争、军事、文革、政治、权力、身体、欲望、性爱、生殖、饥饿、饮食、复仇、暴力、人性恶、罪与赎、宗教意识、生命 / 死亡意识、自由野性、英雄主义、理想情怀、家国想象与形象等是莫言作品主题研究的关键词。农民、土匪、女性、母亲、儿童、动物、说书人等是莫言作品形象研究的热点。近年来，还有关于人物原型、艺术家形象的研究成果。故事结构、人称视角、复调、陌生化、感觉、色彩、意象、叙事时空、叙事伦理、叙事资源、叙事策略等是莫言作品叙事学研究较集中的切入点。莫言作品的文体范式、美学风格、语言特色的研究多集中于小说、散文，重点阐释长篇小说的文体结构，分析文本狂欢、戏仿、审丑、魔幻、反讽、荒诞、灵异、酷虐等美学风格，以及古典白话、方言杂语等语言特色。相较而言，莫言的戏剧、演讲、对话研究相对薄弱。

作家主体研究方面，张志忠的《莫言论》是莫言研究领域第一部、也是最有持续影响力的一部作家论。该书以莫言的长期农村生活经验中人、土地、植物、动物的自然—生命关系为结穴，揭示莫言创作中体现出来的"生命的一体化"，生命的张扬和反叛，生命的蓬勃欲望与丰富感性的伸张，生命的退化（"种的退化"）与当代中国农民的苦难与沦丧，以及从未经意识形态和现代理性规约的丰盈的生命感觉向艺术感觉的转化，对莫言的创作进行了整体的有深度的阐述，并且将其上升到"自由的农民之子"的高度，论证了中国农民的强大生命力与现代中国沧桑历史的深切关系、莫言作品作为农民文化典范的基本特征。此外，还有贺立华的《莫言创作 30年主体意识三度跃迁》《童年记忆文学境界男性视角——艺术内外说莫言》、樊星的《研究莫言的性格》、刘旭的《文学莫言与现实莫言》等。

近几年，莫言研究者在回顾、梳理莫言研究史的基础上，发掘出莫言研究的新空间。张志忠的《莫言研究的回顾与展望：1984—2013》《莫言研究的新可能性》《从地域文化角度论莫言研究空间的拓展》、贺立华的《莫言与阶级学说研究还有新天地》、于红珍的《莫言研究三十年硕士博士论文综论》等是近年来莫言研究的重要总结与推进。

关于莫言的批评意见大抵集中于感觉膨胀与失控、语言的爆炸与滑行、暴力血腥描写的失控等。如李建军的《是大象，还是甲虫？——评〈檀香刑〉》①一文认为，《檀香刑》存在着不伦不类的文白夹杂、反语法与非逻辑化表达、拙劣的比喻、冗词赘句、油滑等语言病象；它缺乏分寸感和真实性，在对暴力和施虐行为的叙述上，则表现出病态的鉴赏态度；从叙述方式、视点转换、人物对话等方面看，它不是向"民间"和"民族"的"撤退"和回归，而是对西方小说的拙劣模仿。笔者认为，其中的许多判断是有失公允的，从中可见出批评者所持批评工具的老旧。对于莫言的审丑书写，李洁非则认为莫言通过"恶心"感觉的书写，揭示人身上的兽性，撕破"美"的表皮。②杨守森的《莫言批评之批评》则认为学界对莫言作品存在的不足，有不少批评意见是切合实际的，但也有不少看法存在下列问题：一是用偏颇的美学原理判定莫言小说的审丑性；二是用臆断的方式否定莫言小说的思想性；三是用简单比对的方式否定莫言小说的创造性；四是用非文学语言的标准评判莫言小说的语言。③

在此，笔者着重梳理莫言作品的叙事学、文体学研究成果，以及莫言与中国百年乡土叙事关系的研究现状。关于莫言创作与中国叙事传统的关系，季红真的《莫言小说与中国叙事传统》④认为莫言继承了神话思维开启的艺术想象的一脉传统，借助泛神论的原始宗教，升华出自己"朴素的庄严"的美学理想，并建立起自己质朴而瑰丽的大地诗学。张志忠的《莫言对司马迁的承续与对话》⑤从

① 李建军：《是大象，还是甲虫？——评〈檀香刑〉》，《海南师范大学学报》（人文社会科学版），2002 年第 1 期。
② 李洁非：《莫言小说里的"恶心"》，《当代作家评论》，1988 年第 5 期。
③ 杨守森：《莫言批评之批评》，《东岳论丛》，2016 年第 6 期。
④ 季红真：《莫言小说与中国叙事传统》，《文学评论》，2014 年第 2 期。
⑤ 张志忠：《莫言对司马迁的承续与对话》，《首都师范大学学报》（社会科学版），2014 年第 4 期。

三个方面探讨了莫言对司马迁和《史记》的承续与对话关系：莫言对司马迁对悲惨命运的屈辱接受与他对精神世界执着追求的矛盾人格的理解与回应；莫言对司马迁及《史记》的叛逆性、"好奇"心态和"童心盎然"的独特理解及其与莫言创作特征的关联性；莫言剧作《霸王别姬》和《我们的荆轲》对司马迁原作的增补与重述，并且进一步阐述了通过出奇制胜与奇正相生的辩证法、心灵冲突与人物的可成长性、对爱情真谛与人生意义的不懈追问、古典美与华贵语言等构成的莫言剧作的新古典主义美学特性。张清华、郭冰茹、王光东也分别从各自的角度阐析莫言小说的传统艺术精神，长篇小说对传统叙述方式的创造性吸纳，民间资源以及复苏民间想象的传统和力量。此外，喻晓薇的《莫言小说与明清英雄传奇小说传统》、张立群的《从本地到本土——论莫言对〈聊斋志异〉传统的继承与创新》等也从各自的角度探析莫言创作与中国叙事传统的关系。

莫言与中国口头文学传统的关系是近年兴起的一个研究话题。如张相宽的《莫言小说创作与中国口头文学传统》①从口头文学传统的天然滋养与写作理念的自觉追求、故事的没落与崛起、说书传统的承继与创新、民间谣谚与民间小戏的汲取、向中国口头文学传统回归中的变与不变几个方面论述莫言小说创作与中国口头文学传统之间的关联。他认为，莫言小说中"说—听"叙述模式中双方人物的具体化、说书场合的多样化和闲谈风格的形成使其说书形式从传统的独白型转变为莫言小说中的对话型。

关于莫言小说的文体范式、美学风格的研究，季红真的《神话结构的自由置换——试论莫言长篇小说的文体创新》②认为神话是人类第一个叙事样式，也是莫言小说最基本的结构。莫言以儿童心理与想象力为胚胎的神话结构背后是一种泛灵论思维。莫言的文

---

① 张相宽：《莫言小说创作与中国口头文学传统》，山东大学博士学位论文，2017 年。

② 季红真：《神话结构的自由置换——试论莫言长篇小说的文体创新》，《当代作家评论》，2006 年第 6 期。

体创化表现为泛灵论思维下的跨文体熔铸。她的《大地诗学中心灵磁场的核心故事——莫言小说的生殖叙事》一文则认为，莫言质朴瑰丽的大地诗学如一个引力强大的心灵磁场，把神话、历史、现实与人生、人性、生与死等所有文学的母题，都吸纳进自己丰沛的想象世界中。其中，生殖的叙事是居于这个心灵磁场中心的核心故事。①诚然，围绕生殖神话与母题，莫言的泛灵论思维还衍生出洪水再生神话、始祖起源神话、日月神话、鸟仙神话、自然崇拜、万物有灵等自然万物神话等。张清华的《莫言文体多重结构中传统美学因素的再审视》②认为莫言小说文体的成功之处在于，它处在一种为多重因素所激活的状态之中。莫言凭着他天才的感悟能力和深厚的民间与传统文化的修养与自觉，从传统小说艺术中汲取了最具活力的因素。张闳的《莫言小说的基本主题与文体特征》③认为莫言的"声音"听上去就像是一位农民在说话，呈现出农民化的语体特征与狂欢化的文体风格。洪治纲的《论莫言小说的混杂性美学追求》④认为莫言的小说蕴含了各种难以协调、彼此矛盾的元素，呈现出一种混杂性的美学趣味。莫言的这一美学追求，具有强烈的颠覆意愿，也使他的创作长期陷入两极化评价的尴尬之境。笔者认为，混杂性美学追求是莫言作品的外在表现，背后是一种神秘的泛灵论思维与法无定法的跨文体熔铸。

关于莫言小说的叙事结构、叙事人称、儿童/动物视角、叙事技巧的研究，学界成果非常多。程德培的《被记忆缠绕的世界——莫言创作中的童年视角》是较早的关于莫言小说童年视角的研究成果，论述的笔触深入莫言童年的原初记忆。张清华的《叙述的

---

① 季红真:《大地诗学中心灵磁场的核心故事——莫言小说的生殖叙事》,《文艺争鸣》,2016年第6期。
② 张清华:《莫言文体多重结构中传统美学因素的再审视》,《当代作家评论》,1993年第6期。
③ 张闳:《莫言小说的基本主题与文体特征》,《当代作家评论》,1999年第5期。
④ 洪治纲:《论莫言小说的混杂性美学追求》,《中国现代文学研究丛刊》,2015年第8期。

极限——论莫言》用"叙述的极限"表明"莫言在其小说的思想与美学的容量、在由所有二元要素所构成的空间张力上，已达到了最大的程度。他由此书写了当代小说的一系列'记录'，创造了系列极限式的景观"[①]。笔者认为，二元对立元素的并置是莫言叙事语法的新构。莫言的乡土叙事用感觉与想象的经纬编织、还原乡野世界的驳杂质地，承认并承担个体生命的相对性和道德价值的模糊性。莫言的乡土世界是暧昧的、生机勃勃的。它需要面对的不是一个唯一的、绝对的真理，而是一大堆相互矛盾的相对真理。既圣洁又卑劣，既美丽又丑陋，这是莫言乡土叙事惯用的二元并置的叙事语法。莫言的乡土叙事是美善吊诡的。陈思和的《人畜混杂、阴阳并存的叙事结构及其意义》认为《生死疲劳》"用两条生命链建构起西门家族的兴衰史，轮回隐喻的生命链连接了畜的世界、阴司地府；血缘延续的生命链连接了人的世界、人世间的社会"[②]，两条生命链的结合，使叙事体现出人畜混杂、阴阳并存的结构特色。这种叙事结构实际上仍是莫言二元并置的叙事语法使然，以此隐喻人性中的兽性、兽性中的人性。张学军的《反复叙事中的灵魂审判——论莫言〈蛙〉的结构艺术》认为，《蛙》是一个利用多重文本进行反复叙事的复合结构。蝌蚪写给杉谷义人的五封信"参与和丰富了小说的叙事过程，既成为小说时空转换的驿站，又是反复叙事。但这种反复叙事并不是简单的重复，而是在视角的转换中，展现出事件的丰富性"。重复叙述的还有九幕话剧《蛙》的剧本。"剧本是书信体小说叙事的延伸和对结局的交代，都对姑姑和蝌蚪的故事进行了重复叙述。"[③]其实，这种反复叙事的复合结构体现了一种文本的互文性。作者以互文的方式呈现农民出身的作家蝌蚪精神自救的焦虑，这未尝不是作者的精神自画像。李洁非的《回到寓

① 张清华:《叙述的极限——论莫言》,《当代作家评论》, 2003 年第 2 期。
② 陈思和:《人畜混杂、阴阳并存的叙事结构及其意义》,《当代作家评论》, 2008 年第 6 期。
③ 张学军:《反复叙事中的灵魂审判——论莫言〈蛙〉的结构艺术》,《当代作家评论》, 2017 年第 1 期。

言——论莫言及其近作》①认为莫言骨子里就是天生的寓言家。自《透明的红萝卜》开始，他始终如一地坚持对小说的寓言性的总体追求。他的小说往往应被视为话语层次比较复杂的一个巨型比喻，它们与寓言的差别只在于体积上。通过寓言结构，小说呈现作者的意识形态与世界观。笔者认为，莫言小说的寓言结构也可以理解为一种高度隐喻化的意象写作。莫言整个乡土叙事都是围绕"高密东北乡"这一核心意象进行的意象写作。

学界关于莫言的叙事立场与叙事伦理，多从民间叙事角度展开。莫言也多次表明自己"作为老百姓写作"的立场，以及这一立场的限度及可能。对此，贺仲明的《为什么写作？——论莫言创作的乡村立场及其意义》②认为，莫言早期创作中的乡村立场不是封闭而是开放的，不是单一而是丰富的。随后，他的创作表现出超越乡村立场、进入更深远的人类立场的趋向。但这不是对乡村立场的放弃，而是对之的超越性拓展。有研究者将莫言的叙事立场与鲁迅、沈从文比较，认为莫言的故乡书写有别于鲁迅式启蒙立场的乡土文学传统，也有别于沈从文式的湘西书写脉络，他的乡土书写具有"中间性"特征，在本地人与外来者、启蒙与反启蒙、现代与反现代之间，这位"从农民中走出的知识者"，寻找到了他书写故乡的最佳路径和方法。③也有论者认为，复调、多维、以人物立场为中心而拒绝鲜明的价值评判是莫言偏爱的发声方式。④

关于莫言的叙事资源研究。程旸的《莫言的文学阅读》⑤从莫言八九十年代的访谈录和创作谈入手，用作家的"阅读史"来重新

① 李洁非：《回到寓言——论莫言及其近作》，《当代作家评论》，1993年第 2 期。
② 贺仲明：《为什么写作？——论莫言创作的乡村立场及其意义》，《东岳论丛》，2012 年第 12 期。
③ 张莉：《唯一一个报信人——论莫言书写故乡的方法》，《文学评论》，2014 年第 2 期。
④ 俞敏华：《"滔滔不绝"的俗世喧嚣——莫言小说省略兼及"乡土"叙事姿态的文学史考察》，《华东师范大学学报》（哲学社会科学版），2017 年第 4 期。
⑤ 程旸：《莫言的文学阅读》，《中国现代文学研究丛刊》，2015 年第 8 期。

讨论和反观学界的一种基本立论，即将莫言小说创作定位在接受福克纳和马尔克斯的影响，并用魔幻现实主义创作手法来解释他作品的主要特色。该文通过对作家阅读史的梳理，解释他几十年来从受影响到摆脱影响，再到最后形成自己独具一格创作风格的内外原因。作者认为，用遗址考古学的方法，而不仅仅采用文学批评的方法，也许是最接近作家文学道路实际的一种更谨慎的研究方式。此文从阅读史与接受史角度为莫言研究提供了一条新路径。张学军的《莫言小说与西方现代主义文学》①认为，莫言的小说受西方现代主义文学的影响。这种影响是多方面的，有意识流小说的内心独白、心理分析、感觉印象、幻觉梦境等，有魔幻现实主义的隐喻、象征、预言、神秘、魔幻，也有荒诞派戏剧的夸张、变形、荒诞，还有结构主义、感觉主义、象征主义、存在主义等。笔者认为隐喻、魔幻、变形等叙事元素不仅仅是西方现代主义文学特有的，中国古典的志怪、传奇也有类似的叙事手法，因此莫言的创作实则集东西叙事资源于一体，创化而成。曹霞的《如何"传统"，怎样"民间"——论批评家对莫言写作资源的发现与命名》②认为，在莫言不断变化和创新的写作过程中，批评家对于其写作资源的发现和命名起到了重要的"提炼"与"形塑"作用，这有助于作家创作观念和写作状态的自我调整。批评家注意到莫言对于"文学传统"的继承与化合，肯定其学习西方的形式创新和对民族古典艺术的创造性吸纳；批评家提炼的"民间"概念激活了莫言内在的文学资源，使其进入"民间"美学的自觉阶段，还原为传统"说书人"的角色，为理解作家打开了面向大地、民族、本土等视域的广阔维度。笔者认为，早在批评家提出"民间"概念之前，莫言的小说就表现出明显的民间叙事立场，如《红高粱》便开启了当代民间小历史的叙事新路径。传统"说书人"角色的创造性回归，则与莫言童年民间艺

① 张学军：《莫言小说与西方现代主义文学》，《齐鲁学刊》，1992年第4期。
② 曹霞：《如何"传统"，怎样"民间"——论批评家对莫言写作资源的发现与命名》，《中国现代文学研究丛刊》，2014年第6期。

大地的招魂

17

术的熏陶、"用耳朵阅读"的经历密切相关。此文在创作与批评的关系上，有批评决定创作的先入为主之见。周文慧的《"十七年文学"对莫言小说创作的影响》[1]认为，"十七年"的"红色经典"对莫言创作思想的形成、创作风格的确立，甚至创作题材的选择都产生了深远的影响。莫言批判性地接受了"红色经典"的影响，他以民间立场把"十七年文学"中被忽略甚至被否定的人物写进了现代中国的变迁史，从而写出了某种历史的复杂性和残酷性，写出了不同于"红色经典"史诗品格的另一种历史风貌。此外，还有论者探讨莫言叙事资源中的传奇元素等。

除了叙事学、文体学的研究，莫言与中国百年乡土作家作品的比较也是学界的研究热点。其中，莫言与鲁迅的传承关系是其中的重点。孙郁的《莫言：与鲁迅相逢的歌者》以诗意、圆融又学理、客观的笔法，察析鲁迅与莫言精神气质与创作个性的异同，以及莫言对鲁迅开创的乡土文学传统的继承与更新，认为"莫言从鲁迅的悲壮里走来，不仅给了我们精神上的悸动，也留下了生理的苦楚"。"五四觉醒者的个性主义的火种，在这个山东汉子的笔下复燃着，《呐喊》《彷徨》里的诙诡谲怪、悲怆之气获得了某种延续"。[2]张志忠认为，莫言的文学道路始终伴随着对鲁迅的追随和效仿，其中重要的一点是学习鲁迅的叙述腔调和语言、结构。他以莫言《丑兵》对《一件小事》的模仿为例证，阐述莫言如何通过移步换形式的方式倾吐自己的心声，逐渐彰显自我，向文学的个性化进发，也由此逐渐接近故乡的传说。[3]也有研究者认为，莫言对鲁迅有发自肺腑的崇拜，也有自己冷静、清醒的分析。在文学对现实的政治批判性

---

[1] 周文慧:《"十七年文学"对莫言小说创作的影响》,《齐鲁学刊》, 2017 年第 5 期。

[2] 孙郁:《莫言：与鲁迅相逢的歌者》,《当代作家评论》, 2006 年第 6 期。

[3] 张志忠:《寻找一种叙述腔调:以〈丑兵〉与〈一件小事〉为例——莫言与鲁迅的关联研究之一》,《西南民族大学学报》(人文社会科学版), 2017 年第 12 期。

上，莫言继承了鲁迅的传统。^①日本学者藤井省三通过比较莫言与鲁迅的归乡主题，认为莫言的自我特色在于，他的作品"既与归乡有关，又含有'关注自我、审视内心、拷问灵魂'的意义"，"怀抱鲜花的女人和鲁迅归乡故事中等待主人公回来的女性们一样，也是将作为现代中国文学的原点的1920年的五四新文学中的恋爱至上主义带到其迟来70年的中国农村的传达者"。^②其实，鲁迅对恋爱至上主义一直是警醒的。

除了与鲁迅比较，有研究者从齐鲁地域文化角度出发，考察山东乡土作家相同的文化伦理立场，认为张炜和莫言将"大地与民间同构"，但他们的"民间话语只是一种手段，是以民间立场的突显，来达成自己的知识分子入世、救世情怀；有意识地通过民间的文化结构来对抗意识形态化的宏大叙事。这种反向达成的精神主旨本质上还是一种精英意识。"她还认为群体性的道德化叙事倾向也是山东作家的共同特点。^③对此，笔者觉得有待商榷。莫言的乡土叙事实则以个体自由伦理解构群体道德叙事，甚至触碰一些叙事禁忌。有研究者从作家出身角度比较莫言、刘震云作为五六十年代生人的文学史意义，认为他们作为"无根的一代"的幸运者和代言人，在创作中都体现了这一代人具体的生活经验和人生体验。该文把两人创作基本的精神特征归纳为：沉沦与救赎。^④实际上，莫言的乡土叙事中大苦痛与大悲悯相互交融，既表现出一贯的审美救赎的民间艺术情怀，也潜隐着作家精神自救的焦虑，如《檀香刑》《蛙》等。

现有成果既有对莫言与中国百年乡土作家作品的微观比较，也有对莫言与中国乡土文学传统关联性的宏观考察。有研究者通过对

---

① 栾梅健：《从"启蒙"到"作为老百姓写作"——莫言对鲁迅文学传统的继承与创新》，《南京社会科学》，2015年第1期。

② 藤井省三、林敏洁：《莫言与鲁迅之间的归乡故事系谱——以托尔斯泰〈安娜·卡列尼娜〉为辅助线来研究》，《小说评论》，2015年第3期。

③ 张艳梅：《齐鲁作家的文化伦理立场——以莫言、张炜、尤凤伟为例》，《文艺争鸣》，2007年第8期。

④ 张均：《沉沦与救赎：无根的一代——重读莫言、刘震云》，《小说评论》，1997年第1期。

乡土如何被现代作家"发现"并成为书写对象，乡土文学如何承载现当代作家的文化想象，乡土文学创作者对写作姿态和写作立场如何进行选择等不同问题的研究表明，莫言乡土文学创作对现代乡土文学传统既有承袭也有突破。①具体有何承袭与突破，《莫言小说与中国乡土文学的两个传统》有进一步的阐析。该文认为，莫言继承了鲁迅启蒙主义传统和沈从文文化守成主义传统，开创了中国乡土文学的新的可能性。沈从文最根本的问题是把原始生命形态理想化，莫言继承了沈从文这一传统，而且"比沈从文挖掘的乡土题材更具历史纵深，只是莫言的民族国家想象失去了沈从文的激情与浪漫而变得异常凝重与苦涩，他感叹种族的退化，表现社会的停滞，描写高密人的原始野性被消耗到无谓的杀伐和斗争当中，他看到民族国家所担负的现代化的落魄，就此而言，莫言又更加亲近鲁迅传统"。③对此，学者张志忠换个角度，运用格雷马斯矩阵来阐析"莫言和鲁迅不一样的地方，莫言自己的原创性，莫言、鲁迅和世纪中国乡土文学作家的差异"。③

　　综上所述，现有关于莫言的叙事学、文体学的研究，莫言与百年乡土文学关系的研究多集中于个案研究。或对莫言做个案式的叙事学、文体学考察，或将莫言与现当代乡土作家作品进行平行或影响研究。由此，本论著将莫言置于中国百年乡土小说发展史的脉络中，通过梳理和勾勒乡土叙事方式、主体、立场的衍变，考察其在百年乡土小说史中的位置，与其他作家相比，有何继承与反拨，有何衍化与新质，思考他如何用中国方式讲述中国故事，从而以点带面地探析中国百年乡土叙事的创新变革之路。本书的创新之处在于侧重从乡土小说发展史的动态视域出发，阐析莫言与百年乡土叙事变与不变的传承、衍变关系，以此发掘莫言乡土叙事的新质、贡献

---

① 凌云岚：《莫言与中国现代乡土小说传统》，《文学评论》，2014 年第 2 期。
② 刘洪涛：《莫言小说与中国乡土文学的两个传统》，《当代作家评论》，2006 年第 6 期。
③ 张志忠：《从鲁迅到莫言：表述乡村》，《中国作家》，2013 年第 4 期。

莫言与当代中国文学创新经验研究

及不足，探索新世纪乡土叙事的新命题与新空间。

本论著的学术价值在于，在世界性与本土性的交汇点上，立足莫言，探析中国百年乡土叙事的创新变革之路，为中国乡土文学的发展提供理论启示，凸显其为世界乡土文学所提供的独特丰富的中国经验与审美新质，使中国乡土作家以更独立、平等、多元的姿态，建构本土性与世界性同构的乡土中国形象，彰显文化自信力。本论著的社会价值在于，通过考察中国百年乡土作家如何不断追问乡土中国贫穷、落后、愚昧的根源，超越城/乡二元对立的价值拘囿，思考全球资本一体化时代，传统农耕文明日渐崩溃后，中国如何以文学叙事的方式重建乡村生态文明，实现乡村文化振兴。

第一编　百年乡土叙事方式的衍变与莫言叙事文体的创化

　　独特的审美形式具有否定、超越给定现实的解放功能。作家通过建构自成一界的艺术形式与审美秩序，使文学世界与现实世界区别开来，以获得自由无界的可能性。作品形式化的过程是作家将内在生命冲动转化为审美符号的过程。一个作家文体风格的形成取决于审美形式的创化能力。百年乡土叙事的衍变首先直观地表现为叙事方式与审美形式的变革。纵观之，百年乡土叙事经历了由现代化目的论式及物叙事向自在自洽的不及物叙事的衍变。

　　在此，及物与不及物叙事的说法基于将整个叙事行为视为一个及物或不及物动词。诚如托多罗夫所说，书中的每个故事都可以视为由专有名词（人物）、形容词（特征）、动词（行为、情节）组构的拉长了的句子，找准了动词，即可放手编造句子。诚然，作家成熟、独特而完整的思想图式往往会结晶为一个自成一界的意象。它既可以是名词意象，如钱锺书的"围城"、莫言的"红高粱"；也可以是动词意象，如庄子无为无不为的"逍遥游"、鲁迅笔下过客直面虚无的"走"。若说作者的叙事行为可视为一个动词，那么不同的叙事方式与目的旨向便使这个动词有了及物与不及物之分。若说及物写作多遵循主谓宾的叙事语法，编织清晰的情节结构，故事有个明确的宾语对象、目的旨归；那不及物写作不追求有始有终的情节结构，叙事行为不带宾语对象，没有明确的目的导向，叙事意旨呈生成而非完成状态。不及物叙事不带宾语，悬置目的，叙述立场模糊，意义主旨不确定，或者说叙述行为本身构成歧义丛生的意义森林。因为没有明确的目的导向、意义旨归，不及物叙事是自在自洽的。不及物叙事拆解线头，打破逻辑，淡化中心，以散点式无序格局对抗及物叙事线性历史的因果逻辑与道德刚性。

罗兰·巴特曾依据"及物写作"与"不及物写作"，提出"可读文本"与"可写文本"概念。"及物写作"生产"可读文本"。"及物写作"的作者确立了表达的意图与宗旨，写作不过是一种工具性的活动，目的就是要把读者带入文本所描绘的世界中去。写作行为是通往外部世界的通道，是完成性的、目的论的。"可读文本"是静态、自足、固化的现实文本，文本的意义是可以解读、把握的，读者不是意义的生产者，而是消费者。"可读文本"的有限解释由某种意识形态的代言人——作家和批评家提供。"不及物写作"生产"可写文本"。"不及物写作"是一种纯粹的写作行为，写作的目的是文学本身，写作是语言范围内的言语表达活动，是一个符号系统，是一个意义多元生产的符号编码过程。写作行为是生成性的、过程性的。"可写文本"是动态再造功能的生成文本，是一种可供读者参与重写的文本，其意义是不确定的、生成性的，于再创造中扩散。

及物与不及物叙事与二十世纪现代、后现代的思想语境相关。二十世纪以来，中国一方面从古老的农耕文明转入现代化的急弯道，一路追赶西方的工业化进程。百年中国乡土叙事便在现代化目的论的思维框架下展开，呈现出及物叙事的色彩。现代化目的论以进化论为基点，将现代化目标化，借助科技理性，让人类对世界有真理式解答，并将之视为救世的福音。然而，现代化目的论将科技理性真理化、权威化、神圣化的同时，也极端化。福柯便运用知识考古学的方法，质疑现代理性及其规范，揭露"启蒙的理性神话是如何压抑多元性、差异性和边缘性的"[1]。由于激进的现代化乌托邦想象，中国一度走向极左的深渊。另一方面，西方后现代的价值解构也带来当下大众文化时代不谈理想与终极、娱乐至死的意义抽空与价值悬置。当然，后现代主义解构也具有积极的建构功能，即以边缘话语对抗规范话语，还原事物被压抑的多元性、异质性和边缘性。二十世纪下半叶，西方思想界出现了后现代的过程学转向。作为一种建设性的后现代主义话语，以怀特海为代表的"过程哲学"主张世界即过程，反拨反思本质主义目的论。若说及物叙事具有目的论导向，那不及物叙事则是解构性的过程论。这在二十世纪文学中有所体现，如加缪笔下西西弗斯循环往复的"推"，贝克特笔下荒诞虚无的"等待"，安德烈耶夫《墙》中毫无希望的"撞"，还有鲁迅笔下过客直面虚无的"走"等，均体现了一种解构实有与目的、反抗虚无与荒诞的过程美学。当代中国许多先锋作家的现代、后现代主义叙事实验也呈现出不及物写作的色彩。

一般而言，一个叙事模式的形成与破坏源自诸多条件的辏集——思维方式、认知方式、审美意识、社会结构的转型、价值信仰体系的重构等。近代以来，现代"人"的主体意识的觉醒使得小说结构范式发生转向：由古典小说的故事情节为主导向现代小说的性格情绪化衍变，人的内心与个性日益被关注，小说抒情化、意象化、散文化。叙事日渐由及物转向不及物。

纵观二十世纪中国小说，及物与不及物叙事的方式衍变折射了叙事主体权限的变迁。近代以来，中国小说叙事的转变之一就是由传统全知叙事变成限制叙事。一个叙事视角的松动撬动的是整个叙事板块。人物的有限视角是全知全能叙述主体权力分散的一种表现，正如学者赵毅衡所言："五四小说中的叙述者以前所未有的自由度朝各个方向变化。这些变化的共同方向是降低叙述者的主宰地位，或是变成全隐身，或是变成参与式叙述者，即变成作品中的一个人物。叙述者也不再用大量干预控制释读方向。叙述控制的这种全面解体，使整个叙述文本开始向释义歧解开放。"①百年乡土小说由目的论导向的及物叙事向过程化的不及物叙事衍变，实则是作家

① 赵毅衡：《苦恼的叙述者》，四川文艺出版社2013年版，第167页。

的"主体性在不断下移，也就是意义控制渐渐离心化，隐指作者渐渐无法控制叙述者，叙述者渐渐变得不可靠，而逐渐将控制语言的权力让给其他言语主体，让给各个人物。这一切都给释义歧解创造了较大的自由度"①。

限制视角的出现，意味着及物叙事全知视角下一言堂的大团圆模式被打破，关系主义思维觉醒。因为不及物叙事涉及对叙事主体"我"之位置的重新定位，以及"我"与世界关系的重新认知。第一人称"我"的视点局限在于，整个世界不过是每个主体从"我"的视点出发所理解的世界。无论世界怎么复杂多变，终究还是从"我"眼里看到、想象、编织并叙述着的世界。这是一种浪漫的本质主义幻想，即认为"我"拥有一个强大的心灵，是一个客观公正的观察员，具有全知全能、超然而开阔的视野，这个言说主体可以避开各种关系的干扰而获得一个撬动世界的阿基米德支点。不及物叙事打破这种本质主义、目的论式的幻想，将言说主体"我"重新置于某种关系的限制中。因为"思想只有同其他思想发生重要对话关系之后，才能开始自己的生活，亦即才能形成、发展、寻找和更新自己的语言表现形式，衍生新的思想"②。处于关系中的叙事主体是一个不可靠的叙述者，其价值立场的矛盾丰富性生成文本的开放多义性，叙事行为没有明确的目的导向，叙事过程本身被凸显出来，叙事呈现出不及物的自在自洽性。

① 赵毅衡:《苦恼的叙述者》，四川文艺出版社 2013 年版，第 72 页。
② （俄）米哈伊尔·巴赫金:《陀思妥耶夫斯基的诗学问题》，刘虎译，中央编译出版社 2010 年版，第 108 页。

第一章 百年乡土及物叙事与不及物叙事

　　百年乡土小说大体遵循两种叙事路径：一、以传统写实手法讲故事，如五四乡土小说、左翼乡土小说、土改小说、革命现实主义乡土小说、社会主义现实主义乡土小说等；二、以现代写意手法描摹意境，如京派乡土小说将中国抒情性的诗骚传统植入乡土文学。不管是写实主义，还是写意主义，中国乡土小说多为及物叙事，即在现代化思想方案的统领下，以乡村为承载知识分子思想启蒙、文化守成、社会革命、精神借言等叙事意图的宾语对象。尤其写实主义乡土及物叙事以乡土人物命运为中心，起承转合地编织故事情节，借外力冲突，突转手法，形成现实再现型结构框架与焦点有序的叙事格局，完成思想启蒙或社会革命等主旨。及物叙事有充裕的作者权限与明确的目的导向，这使得叙事声音趋于独白。在及物叙事中，"作者对主人公所作的终极的完成评价在本质上是背面评价，它不推测也不考虑主人公自己方面对此评价可能会有什么回答。主人公的终极话语没有表现出来。主人公无法打碎使他完成的、作者背面评价的坚实桎梏。作者的态度不会遇到来自主人公方面内在对话的抵抗"[1]。也就是说，乡村是知识分子及物言说的对象，是沉默的、非主体性的。虽然在写实主义手法之外，乡土小说也融入现代表现技巧，写意主义乡土叙事甚至打破情节中心，散文化、诗歌化，但总体上仍在现代化目的论的价值框架下展开，乡土叙事是知识分子话语为体、乡村为用的及物叙事。

---

① （俄）米哈伊尔·巴赫金：《陀思妥耶夫斯基的诗学问题》，刘虎译，中央编译出版社 2010 年版，第 79 页。

现代化目的论是在工业革命与科技理性推动下，基于持续进步的、合目的性的、不可逆转的社会进化论而生成的价值体系。现代化目的论相信，"人类的进步，指的正是人类在每个不同阶段中对历史发展终极目的的加深、扩大、提升"①。现代化目的论推进了民族国家的历史实践，形成了民族国家的政治观念与法的观念，建立了高效率的社会组织机制，创建了一整套以自由、民主、平等政治为核心的价值理念。思想启蒙意识、民族革命话语都是现代化目的论的表征。在现代化目的论的价值引导下，乡村不是自在自洽的主体，而成为知识分子思想启蒙、文化守成、社会革命、精神借言等及物性言说的对象。对此，有研究者认为一个世纪以来，中国作家面临着"国家、民族、启蒙、救亡、战争、政治等宏大词汇无时不在的压抑"，"莫言是当代中国小说家中极少数能够听任想象驰骋挥洒自如的作家，莫言的小说从来不会锁定在一个主题，也不会僵死于一种模式"。②其实，《透明的红萝卜》之前的莫言小说也是积极响应时代宏大话语、主题先行、目的论式的及物叙事。正如他自己所言，"《透明的红萝卜》之前我写的很多小说实际上都是很'革命'的，是一种主题先行的小说。当时我认为小说能够配合我们的政策，能够配合我们某项运动是一件非常光荣、了不起的事情"。叙事自觉之后的莫言认识到，"中国作家难臻'自由'之境的原因还在于他们的'心魔'——他们的思想、观念、思维和精神，他们的文学目标总是太具体、太直接，总是能让我们看到他们在追求什么，思想什么，因此思想的深度、精神的高度、现实的广度、形式的创新度，等等，都反而成了他们走向'自由'之路的拦路虎"。③他开始由主题先行、目的论式的及物叙事转向感觉本位、

① （德）德罗伊森：《历史知识理论》，胡昌智译，北京大学出版社2006年版，第88页。

② 张瑞英：《世界在感觉中展开——莫言创作中的感觉与悟性探析》，张志忠、尹建民：《莫言与新时期文学研究》，中国石油大学出版社2016年版，第45页。

③ 莫言：《我把要讲的故事放在高粱地里》，高晓春：《有理想就有疼痛：中国当代文化名人访谈录》，安徽人民出版社2013年版，第82—83页。

自在自洽的不及物叙事，即用感觉恢复乡村的肉身，将它现象学还原为泥沙俱下、自在自洽的存在。

第一节　及物叙事的目的论导向

及物乡土叙事的目的论导向基于现代化思想方案下的直线历史观。"这种直线历史观，表现出了现代性思维的一些特性，即越新就越好，就越进步，历史是一种二元对立的新与旧的关系"，由此"形成一种将'新'简单地等同于'进步'的绝对化的本质主义理念"。[1]五四倡导的民主科学新思潮包含着"现代性"的追求，知识分子、作家抛弃传统的循环历史观，确立了现代化目的论式的线性史观。黄子平说："大约在19世纪20世纪初，一种来自西方的'进化史观'（直线的或螺旋发展的）戏剧性地取代了传统的'循环史观'，并且自始即渗入'历史演义''历史小说'的叙述写作之中。"[2]当现代化成为乡土叙事的目的旨归时，乡土想象的历史也就是一种以新代旧的直线历史。

在这样的观念转变中，五四乡土小说开启"人"的觉醒之门。现代理性精神的确立使得以鲁迅为发端的乡土叙事既非唯农最苦的哀怨，也非农家乐式的陶然，而是理性的呐喊与彷徨。他们以横截面手法象征性地呈现乡土社会病态的精神图景，落脚点是探究国民性问题。国民性问题的产生可追溯至梁启超的"劣下之根性"、邹容的"奴隶之根性"、章士钊的"奴隶国"等思想。国民性问题基于社会进化论思想与启蒙主义精神，相信国民人格需随社会制度一起进化更新。鲁迅较早从精神启蒙的立场出发，希望通过乡土叙事揭露国民劣根性，以引起疗救者的注意。鲁迅也较早跳出并反观社会进化论式启蒙思想的拘囿，质疑启蒙话语的有效性，甚至悲哀于

①　禹建湘：《乡土叙事中的直线与循环历史观》，《海南师范大学学报》（社会科学版），2010年第2期。
②　黄子平：《"灰阑"中的叙述》，上海文艺出版社2001年版，第22页。

启蒙者的被反噬。正因为意识并触摸到启蒙的内在紧张与自反性，所以鲁迅的启蒙叙事一方面为了照亮黑夜，突兀地在《药》的结尾凭空添加一个花环，以维护启蒙叙事的意义自洽，表现出及物叙事的目的论导向；另一方面又呈现出颓废、虚无的不及物色彩，如《在酒楼上》《孤独者》以启蒙知识分子终点回到起点的循环，隐喻历史的循环。鲁迅反启蒙的启蒙叙事无疑有着及物/不及物杂糅的丰富色彩，具有超时代的深刻意义。

　　二十世纪三十年代，以茅盾为代表的左翼乡土叙事，遵循阶级对立的价值框架，全景式呈现乡土社会结构。基于革命目的论的乡土及物叙事自此开始，并日渐走向呼应官方意识形态的演绎性叙事。当然，也不乏异端，如七月派的心理体验与现实主义、表现与再现的超常态组合，是五四启蒙叙事与三十年代左翼叙事的衔接过渡。四十年代，山药蛋派与荷花淀派是革命现实主义乡土小说的两大重镇。最为典型的是，赵树理以中国古典小说与说唱艺术为资源，采用"革命现实主义"手法，编织以人物为轴心、以冲突为核心的农村故事，希望通过小说解决乡土社会问题。"赵树理方向"的提出，是五四"平民主义"向左翼"大众化"转变的风向标，其民粹主义的及物叙事体现了鲜明的革命目的论导向。四五十年代，土改小说的代表人物丁玲、周立波以革命目的论为创作导向，运用"社会主义现实主义"的创作手法，演绎土改运动的合理性与合法性。叙事的推演逻辑与目的旨向非常清晰，即遵循社会主义意识形态，通过小说的形式从思想上改造地主、教育劳动人民。土改小说以文学的形式演绎土改政策，是一种目的论导向的及物叙事。"文革"时期，浩然"写农民，给农民写"，遵循"三突出"模式，书写理想朝气的乡村新人新事，贯彻阶级斗争的最高指示。以浩然作品为代表的极左农村题材小说采用政治道德化的叙事策略，为贴合革命的清晰逻辑与道德刚性，筛选、删改、遮蔽乡土生活的原貌，以呼应、验证、演绎主流意识形态话语。

　　二十世纪三十年代至"文革"这段时期的农村文学，因为革命目的论、正义论的叙事导向而呈现出历史的车轮滚滚向前、革命的未来欣欣向荣的革命激情与乐观基调。这与传统"大团圆"的审美心理定式遥相应和。究其质，主流意识形态话语是革命目的论式乡土叙事的原动力。红色革命乡土小说遵循历史进化的直线时间观，相信"进步的一定取代落后的，新的阶级取代旧的阶级，新的生活比旧的生活更加美好，人类的未来充满希望与幸福。在革命化的乡土叙事中，表面上是无产阶级与地主阶级或资产阶级的阶级斗争，是新的阶级推翻旧的阶级，但潜在的意味是历史是前进的，以'阶级观念'对历史的重写其实是对现代西方的时间观念的一种认同"。中国红色经典中关于乡土的想象，都是追求和论证乡土如何走向更高社会形态，"即乡土从落后的封建社会必然朝向更为现代化的社会主义乃至共产主义进军"。①

现代化目的论导向使得二十世纪三十年代至"文革"这段时期的乡土叙事呈现出较明显的及物写作的特征。及物化的乡土叙事表现为以主流意识形态话语作为叙事出发点与原动力，叙述者与隐含作者立场声调一致，或者说叙述者就是隐含作者的传声筒，以便形成意志明晰的可靠叙述，完成明确而单一的叙事旨归——主流意识形态话语。叙事起点与叙事终点首尾呼应，逻辑自洽，形成自圆其说的循环图式。如"革命现实主义""社会主义现实主义"的可靠叙述者用政治意图、道德判断控制文本，遵循线性历史的因果逻辑与道德刚性，通过演绎叙事追求意义自洽。目的论导向的及物叙事理念先行的说教色彩较浓，词锋太露，弊病在于声调统一而直白。那种关于情节与结局如何安排、人物塑造如何"三突出"的形式规定，是"现实完全合乎理性的先入为主之见所产生的合乎逻辑的结果"，"而当我们专注于'研究事物本身'，专注于事实，专注于我们真正于其中存在的方式时，我们就不能不把它们抛弃了"。②目的论式乡土演绎叙事需要由先入为主、首尾呼应、合乎逻辑的循环

① 禹建湘：《乡土叙事中的直线与循环历史观》，《海南师范大学学报》（社会科学版），2010年第2期。
② （美）威廉·巴雷特：《非理性的人——存在主义哲学研究》，杨照明、艾平译，商务印书馆1995年版，第51页。

叙事转向事物本身。

新时期以来，思想解放带来西方现代、后现代思潮的涌入，中国传统民间文化也复苏，乡土叙事呈现出新气象。以《红高粱家族》《古船》《白鹿原》《马桥词典》《笨花》《圣天门口》《农历》《受活》《活着》等为代表的长篇小说，通过构筑前现代、现代、后现代杂糅的乡土叙事时空，拆解了革命目的论式乡土叙事的整一规约与演绎图式，恢复被革命话语遮蔽的乡村小传统，重现民间乡土的真实面貌。乡土叙事日渐不及物化。百年乡土叙事由及物化到不及物化，在叙事形式上，表现为从"大团圆"到"小团圆"的循环图式的变迁。

第二节　循环图式：从"大团圆"到"小团圆"

现代工业化进程打破乡土社会古老封闭的、日出而作、日落而息的循环时空结构。中国百年乡土小说则表现出"从动力性情节转向静力性情节，时序的复杂错综则更加强因果链破碎的趋势"[1]。以鲁迅为发端，五四乡土小说徐徐开启现代人的觉醒之门。启蒙理性的自觉使得乡土叙事现代悲剧意识觉醒，美学风格由悲情走向悲剧，结构范式由故事情节主导转向性格情绪主导，叙事立场由及物转向不及物。古典文学封闭循环的"大团圆"模式被打破。

二十世纪中国文学有大小两个颇具隐喻意味的"团圆"。一个是鲁迅笔下阿Q临刑前"瞒和骗"的"大团圆"，一个是张爱玲笔下盛九莉解构性的人生"小团圆"。在此，借用大小两个"团圆"，隐喻百年乡土循环叙事图式的变迁：由古典目的论、"大团圆"式的及物叙事向现代过程化、"小团圆"式的不及物叙事转变。若说"大团圆"应和现代化目的论，是一种旨归明确、逻辑清晰、意义自洽的及物叙事，结局多为新战胜旧、黑暗战胜光明的"大团圆"

---

① 赵毅衡：《苦恼的叙述者》，四川文艺出版社2013年版，第163页。

模式，多有一个必胜的未来与光明的结尾，生命的裂缝被圆形图式弥合，如左翼、延安、"十七年"、"文革"时期的革命乡土叙事。反之，"小团圆"则戏仿、反讽、解构"瞒和骗"的"大团圆"，呈现过程化的乡土生命行状与悲剧意蕴，是不及物的反讽修辞。

一、圆形循环：太阳神话的元叙事

圆形循环的叙事图式源自农耕文明太阳周而复始的圆周运动所积淀、转化、生成的一种审美心理定式。中国叙事学研究者傅修延从太阳神话这一元叙事入手，追根溯源地考察圆形循环图式背后的深层文化心理结构。所谓"元者万物之始，元叙事为鸿蒙初辟之时与太阳运行有关的叙事"，因为太阳为世间万物之源、万事之始。先民认为，"创世主太阳神从黑暗中出生（升），创造成光明与黑暗二分的世界，它的循环运行钦定出东西南北和春夏秋冬，确立了人类赖以生存的宇宙时空秩序"。[①]太阳神话是东西方共同的原型神话。早自古埃及，太阳神便被认为是生命之源。埃及人相信循环式进步而非直线式进步，相信人同自然可以死而复生，恰如太阳日日升落，尼罗河年年泛滥。埃及法老被尊崇为太阳神"拉"的儿子，开始新的统治循环时，总是强调这个基本不变的循环法则。中国是日出而作、日落而息的农耕文明。太阳每日自东向西的循环轮转，给大地万物带来生机，这使得先民崇拜太阳，太阳神话成为元叙事。

这种元叙事在哲学上表现为道家的生死齐一、大化轮回，易经的阴阳循环、五行相克相生的圆形思维模式。在中国哲学中，"圆"有一种自转循环、生生不息的运行动力，如《老子》之"道"是"周行而不殆"。如《易经》中的太极是首尾相连的两条鱼，是抽象化了的太阳，阴阳两仪是生成宇宙一切二元对立与循环转化的范畴之

---

① 叶舒宪：《中国神话哲学》，中国社会科学出版社 1992 年版，第 219—226 页。

母。易学所强调的事物朝其对立面转变，"其原型乃是太阳在东西两个'极点'之间的往复运行。太阳的运行可概括为'遇极则返'，即到达'极点'后便向另一'极点'返回"。①总之，宇宙一切变化是阴阳一阖一辟，五行相克相生。

圆形的哲学思维模式生成循环叙事图式。因为太阳白天从东到西、夜间从西到东的运行轨迹，合起来在先民视觉上形成了一个圆形图式。这"为叙事提供了深层结构与基本冲突。这种周而复始运动所导致的循环论，启发了叙事思维中的'以圆为贵'，以循环论为内核的易学经典对后世叙事亦有孳乳之功"②。在中国文论中，《文心雕龙·定势》说"圆者规体，其势也自转"，流露了"以圆为贵"的思想。刘勰在《镕裁》《章句》《附会》等篇中多次提到"首尾圆合""首尾一体""首尾相援""首尾周密"，表明对首尾呼应、复合轮转的圆形结构的偏好。《文心雕龙·体性》中的"思转自圆""辐辏相成"可谓对圆形结构的提倡。钱锺书《谈艺录》也对"以圆为贵"的中西文论做了系统论述。他在《管锥编》中还专门讨论了"首尾勾连"的"蟠蛇章法"。③杨义认为，古代文学中广泛存在"潜隐的圆形结构"。"中国比较完整的叙事作品的深层，大多运行着这个周行不殆的'圆'"，是否可以在一定的意义上这样说，"中国历代叙事文本都以千姿百态的审美创造力，在画着一个历久常新的辉煌的'圆'"？④

那么，中国哲学与文论为何偏好圆形循环结构？因为"圆的'首尾相援'意味着结尾又回到了开始，这与太阳重新升起一样给人以新的希望。昼夜交替、四季循环、世道轮回与宇宙间的生生不已，都可以通过圆的形式表现出来。《礼记·大学》引汤之盘铭曰：'苟日新，日日新，又日新。'这句话可理解为太阳每天都是新的，

① 傅修延:《中国叙事学》，北京大学出版社 2015 年版，第 30—31 页。
② 傅修延:《中国叙事学》，北京大学出版社 2015 年版，第 3 页。
③ 钱锺书:《管锥编》(第一册)，中华书局 1979 年版，第 229—330 页。
④ 杨义:《中国古典小说史论》，中国社会科学出版社 1995 年版，第 562 页。

因此人也每天要有新的作为，中华先民的人生观由此可见一斑”①。总而言之，“植根于太阳运行的循环论已内化为国人心灵深处的元结构，其投影图形便是周而复始、无限循环的卦图与五行图”。“中华民族有两根取自易学的精神支柱，一为‘自强不息’的内在冲动，二为‘穷则思变’的通变思维，前者受了‘天行健’的激励，后者系‘穷则变，变则通，通则久’的浓缩。有了这两根支柱的坚强支撑，不管前面有多少艰难险阻，中华儿女都能把握自己的命运，奋力奔向黑暗隧道尽头的光明。”②圆形循环的心理结构既有天行健、日新不已的积极意义，也滋生了安于现状、原地循环的民族惰性。基于这样的深层心理结构，中国古典文学惯用“大团圆”的叙事模式将人生的悲剧化解于穷变则通的循环图式中，以化解生存、情感、精神的危机，获得心理结构的平衡。悲剧因为“大团圆”的结局而皆大欢喜。生命的裂缝被圆形循环图式弥合，周而复始，无限循环。

　　与中国“日新之谓盛德”的昼夜循环、日新不已的圆形思维不同，西方人认为“日光之下，并无新事”。《旧约·传道书》虽看到“日头出来，日头落下，急归所出之地”，却由其重复悟出“已有的事，后必再有，已行的事，后必再行。日光之下，并无新事”。“虚空的虚空，凡事都是虚空”，于是秉持线性时间观，积极进取，向往时间尽头彼岸天堂里灵魂的不朽。由此可见，圆形思维易导致自我催眠，封闭沉溺于“瞒和骗”的历史荒泽；线性思维则产生革命、创新、前进的历史射线。概言之，太阳周而复始，日出而作、日落而息的东方农耕文明生成大化轮回、阴阳循环的圆形哲学思维，圆形哲学思维生成圆形循环的叙事图式，循环叙事图式又生成“大团圆”的审美心理定式。

---

① 傅修延：《中国叙事学》，北京大学出版社2015年版，第29页。
② 傅修延：《中国叙事学》，北京大学出版社2015年版，第34页。

二、"大团圆"："瞒和骗"的大泽

"大团圆"的审美心理定式背后是历史因循造就的循环图式，人们习惯在这循环中安居乐业。正如封闭的"圆"，置身其间让人有无处突围的稳定感；而"圆"是具有永恒动感的图形，又不会让人有突然寂灭的窒息感。这种似动实静的永恒循环模糊了悲剧的尖锐性，于无解的循环中消解悲剧的痛感，进而生出流动感。"大团圆"的循环叙事图式是乡土中国几千年日出而作、日落而息的时间心理，正义战胜邪恶论的道德心理，分久必合、合久必分的历史心理的符号显现与文学表征。农耕时代，先民从太阳每日自东向西的循环轮转中，获取稳定的时空秩序与心理结构。"太阳每天有规律的升降，在我们祖先的脑海中留下了深刻烙印，唤起了'法则、秩序和必然性'等一系列概念。"如几千年的正义战胜论成为稳定的伦理价值结构。缪勒认为，这种对"'利塔'（"太阳的每日道路"昭示的世界秩序）的信仰，是安顿人类心灵的坚固磐石"，人们"坚信宇宙间有稳定的规则和秩序，有利于他们增强对世界的把握"。①

"大团圆"叙事模式在元剧中开始出现，到明代成为普遍的文学形态。"大团圆"模式折射了王权凌霸时代，老百姓对安定美好生活的向往。作家"惟痛其不全，故极写其全"的创作心理与读者"善有善终，恶有恶报"阅读期待不谋而合，久而久之，演变成古典文学固定的审美范式。

关于"大团圆"的中国文艺，鲁迅认为，这实则是对不团圆的现实真相的"瞒和骗"。"中国人的不敢正视各方面，用瞒和骗，造出奇妙的逃路来，而自以为正路。在这路上，就证明着国民性的怯懦、懒惰，而又巧滑。一天一天的满足着，即一天一天的堕落着，但却又觉得日见其光荣。……中国人向来因为不敢正视人生，只好瞒和骗，由此也生出瞒和骗的文艺来，由这文艺，更令中国人更深

① 傅修延：《中国叙事学》，北京大学出版社 2015 年版，第 34 页。

大地的招魂

地陷入瞒和骗的大泽中，甚而至于已经自己不觉得。""瞒和骗"的历史与"大团圆"的审美心理相生相长，于是一代代阿Q在精神胜利法的庇佑下，"永远都是得意的"。"大团圆"模式暴露了国民思想上的怯懦：不敢直面惨淡的人生，不敢正视淋漓的鲜血。鲁迅认为，这是"因为中国人底心理，是很喜欢团圆的，所以必至于如此，大概人生现实底缺陷，中国人也很知道，但不愿意说出来；因为一说出来，就要发生'怎样补救这缺点'的问题，或者免不了要烦闷，要改良，事情就麻烦了……所以凡是历史上不团圆的，在小说里往往给他团圆；没有报应的，给他报应，互相骗骗。——这实在是关于国民性问题"。因此作家"不敢正视人生，只好瞒和骗"，"于是无问题，无缺陷，无不平，也就无解决，无改革，无反抗。因为凡事总要'团圆'"。有感于此，鲁迅先生疾呼："世界日日改变，我们的作家取下假面，真诚地，深入地，大胆地看取人生并且写出他的血和肉来的时候早到了，早就应该有一片崭新的文场，早就应该有几个凶猛的闯将"，早就应该冲破包括"大团圆"模式包裹的"一切传统思想和手法"。①

由此，鲁迅主张唤醒国民的悲剧意识，以医治说谎的、"瞒和骗"的文学。胡适也认为，要"医治我们中国那种说谎作伪，思想浅薄的文学"，其"绝妙圣药"，乃是西方这种自古希腊以来的"悲剧的观念"。"有这种悲剧的观念，故能发生各种思力深沉，意味深长，感人最深，发人猛省的文学。"②其实，从王国维、蔡元培到鲁迅、胡适等，都对传统"大团圆"观念进行理性的反思与清理。他们以变革传统、改造国民性为前提，以西方的悲剧观念和写实主义作对比，呼唤"发生同情""发人猛省"的真实的文学。

鲁迅识出"大团圆"循环图式背后麻木、自欺、庸愚、肿溃的心理症候，以笔为刀，挑破脓疮，打破"大团圆"的结局，在封闭的圆形循环模式上挑开一个缺口，正如阿Q临刑前怎么也画不圆的

① 鲁迅：《坟·论睁了眼看》，《鲁迅全集》（第一卷），人民文学出版社1981年版，第237页。
② 胡适：《胡适文萃》，作家出版社1991年版，第55页。

圆，留着一个蝌蚪的尾巴，这个缺口就是出口。在"大团圆"的刑场上，围观的未庄看客们（更多的阿Q们）不再得偿所愿地看见砍头的"大团圆"结局，倒是麻木如阿Q者看见看客饿狼般的"又钝又锋利"的眼睛撕咬灵魂，精神胜利法在临刑前最后一秒失效，生命的痛感觉醒，终于喊出了"救命"，冲破看客要看见杀头才算"大团圆"的心理惯势。说到底，鲁迅不忍让麻木的阿Q完全无药可救地沉睡于黑暗的铁屋子，在临死前唤醒了他。他要于"瞒和骗"的大泽中辟人荒，打破"大团圆"的精神自闭与命运循环。《阿Q正传》以悲剧的喜剧化，又以喜剧的悲剧化手法，打破麻木者"大团圆"的迷阵，裸露民族的悲哀，唤醒疗救者的注意。

　　鲁迅一面以现代性的言说拆解"大团圆"的循环图式。他不忍麻木的国人彻底无药可救，于是秉持启蒙立场，让临刑前的阿Q痛感觉醒，喊出"救命"，以打破未庄"大团圆"式围观的精神自闭与历史循环。此时，他的叙事是解构"大团圆"的不及物叙事。他又以人物重复循环的圆形命运图式，反讽民族的沉疴与历史的凝滞，反思启蒙话语的有效性。如代代循环的水生—闰土、盘辫剪辫又留辫的七斤、病愈赴任的狂人、终点回到起点的吕纬甫等，无不在日复一日、年复一年的怪圈中沉沦。此时，他的叙事是反及物的，即对以乡村、农民为思想启蒙对象的知识分子及物叙事的反向解构。另一面，他又不忘在夏瑜的坟头凭空添上一个圆形的花圈，给革命者的母亲一个圆满的安慰。这种安排表现出革命目的论式的及物色彩。由此可见，鲁迅乡土叙事的循环图式既是不及物的，又是反及物的，也是及物的。这是鲁迅的矛盾所在，也是鲁迅的深刻所在。

　　承续鲁迅的传统，萧红的《生死场》以不及物的循环图式，呈现了乡村这一封闭、轮回的生死道场，体现作者深沉的悲悯情怀与悲剧意识。《呼兰河传》以一条流转不息的河、一个生死循环的小城隐喻乡土旧中国因循守旧的命运图景。正如东二道街上的那个大泥坑落下去，又干了，车马陷进去，再抬起来，循环往复，却没有一个人想把它填起来，旧中国在因循守旧的精神大泥坑中沉沦。小说从冬天的清晨写到秋天的黄昏，这是四季轮回的小循环；从生写到死，这是生命轮回的大循环。小说将小循环嵌入大循环，形成永恒循环的浑天仪式的套层结构，呈现古老农耕文明的结构图式。细加辨析，这种大循环中套着小循环的叙事图式与"易学是用无数细微的循环趋势来组成小循环，又用无数小循环来组成大循环"的思维图式相呼应。不同的是，易学"高度关注变化的可能与循环的趋势，'剥极必复''否极泰来'等都是易学提炼的事物变化规律"[1]。只是，当中国由古老的农耕文明向现代工业文明转型，以期获得新生时，这种依四时轮转而生死轮回的生命样式已不能剥极必复、否极泰来，而沦为一种精神惰性与生命沉沦。正如东二道街上的人，都是"天黑了，就睡觉，天亮了就起来工作。一年四季，春暖花开，秋雨，冬雪，也不过是随着季节穿起棉衣来，脱下单衣去的过着。生老病死也都是一声不响的默默的办理"。正如卖豆芽菜的王寡妇"一年一年的过去"，"一年一年的卖着豆芽菜，平静无事，过着安详的日子"，虽然在独子淹死后疯了，但到底还晓得卖豆芽菜，虽然忘不了自己的悲哀，"隔三差五的还到庙台上去哭一场，但是一哭完了，仍是得回家去吃饭，睡觉，卖豆芽菜"，仍"平平静静的活着"。麻木的人被强大的生活惯性推动着，以致死亡也无法打破因循封闭的圆圈。这样一些卑微的生命只是随四季循环，于生死中轮回，默默地来来往往。"呼兰河的人们就是这样，冬天来了就穿棉衣裳，夏天来了就穿单衣裳。就好像太阳出来了就起来，夜阳落了就睡觉似的。""春夏秋冬，一年四季来回循环的走，那是自古也就这样的了。"精神的麻木惰性带来生命的沉沦与原地循环，既不"发生同情"，也不"发人猛省"。"他们过的是既不向前，也不回头的生活，是凡过去的，都算是忘记了，未来的他们也不怎样积极的希望着，只是一天一天的平板的，无怨无尤的在他们祖先给他们准备好的口粮之中生活着。"小说反复出现"一年一年的""一天一天的""一夜一夜的"这样重复循环的句式，以此营构反讽的循环叙

---

① 傅修延:《中国叙事学》，北京大学出版社 2015 年版，第 30—31 页。

事图式，于不动声色的叙述中寄寓作者深沉的悲悯情怀。

　　若说鲁迅笔下的历史循环是反讽性的，萧红笔下的生死循环是悲悯性的，那沈从文笔下的命运循环则是批判性的。沈从文的《萧萧》以乡村循环往复的婚嫁陋习，揭露封闭的乡土文化所滋生的人性悲剧。《萧萧》结尾，儿子牛儿接童养媳的"这一天，萧萧抱了自己新生的月毛毛，却在屋前榆蜡树篱笆看热闹，同十年前抱丈夫一个样子"。乡村女性悲剧命运的因循是守旧的心理结构使然。当然，这种封闭的命运循环，在《边城》中以开放的结局打破——"这个人也许永远不回来了，也许'明天'回来！"两个"也许"既是翠翠未知的命运，也是乡土中国未知的命运。当然，"也许"不再是循环，而是冲破循环的可能。因为翠翠在杨马兵告诉她事情的来龙去脉，"把事情弄明白后，哭了一个夜晚"。自此，她从懵懂中觉醒，独自在渡口等待未知的未来。这是沈从文乡土叙事的不及物性所在。不仅乡村，在都市，旧中国连环套式因果循环的命运悲剧也在张爱玲的《金锁记》中被触目惊心地披露——七巧的女儿长安，在旧式封建家长专制的幽闭空间里，长成了新时代另一个七巧。"三十年前的月亮早已沉下去了，三十年前的人也死了，然而三十年前的故事还没完——完不了。"这些循环叙事图式是具有反讽、隐喻功能的"有意味的形式"，是以循环的叙事图式解构古老乡土中命运的封闭循环，从而与革命乡土叙事应和现代化目的论、遵循光明战胜黑暗二元思维的"大团圆"图式区别开来。

　　继五四乡土启蒙叙事短暂打破因循的怪圈之后，二十世纪三十年代至"文革"的乡土革命叙事又落入"大团圆"的窠臼，陷入"瞒和骗"的大泽。继鲁迅、萧红、沈从文之后，乡土文学需要走出"瞒和骗"的"大团圆"，走向"新时期"的"小团圆"。

三、"小团圆"：反讽的循环

　　与阿Q临刑前的"大团圆"时隔半个多世纪，盛九莉的人生"小团圆"出场。张爱玲的《小团圆》讲述了传统与现代交错期，一个

大地的招魂

解构"大团圆"的人生"小团圆"的故事。小说开头结尾首尾呼应，形成循环的叙事图式。"大考的早晨，那惨淡的心情大概只有军队作战前的黎明可以比拟，像《斯巴达克斯》里奴隶起义的叛军在晨雾中遥望罗马大军的摆阵，所有的战争片中最恐怖的一幕，因为完全是等待。"没落封建大家族出身的现代女性盛九莉的人生就是从一个未知的等待开始，在一个等待的休止符上结束。首尾循环的叙事图式有种人生还没开始就结束的恍惚感、荒诞感。小说用反讽性的"小团圆"作标题，意在消解"大团圆"的圆满欢喜。张式的冷峻笔触轻轻一点，便将几千年来安稳圆熟的"大团圆"式谎言戳破了。正如戏台前的九莉"狼犺的在一排排座位中间挤出去"，"十分惋惜没看到私订终身，考中一并迎娶，二美三美团圆"。而旧式无行文人邵之雍恰恰希望她，"等有一天他能出头露面了，等他回来三美团圆"。《小团圆》现代性的言说背后隐藏批判古老旧中国"大团圆"心理定式的锋芒，作者的叙事是不及物的。

在此，化用张爱玲的"小团圆"一词，视之为不及物的反讽修辞，借以戏仿、反讽、解构"瞒和骗"的"大团圆"。若说"大团圆"是一种虚假的、无意义的循环，那"小团圆"则是一种反讽的、解构性的循环。百年中国乡土叙事经历了延安、"十七年"、"文革"时期"农村题材小说"光明战胜黑暗的"大团圆"模式，在"新时期"重续五四启蒙乡土叙事传统，由"大团圆"转向"小团圆"。循环图式因其叙事的不及物性，具有了"小团圆"式的反讽、解构色彩。李锐的《青石涧》、余华的《活着》、曹乃谦的《到黑夜想你没办法——温家窑风景》、史铁生的《命若琴弦》、莫言的《生死疲劳》、贾平凹的《古炉》、陈忠实的《白鹿原》、张炜的《古船》等无不以圆形的叙事图式反讽中国"大团圆"式的文化怪圈，表达一种解构性的"小团圆"意识。

李锐的《青石涧》以循环的叙事图式重述民间放羊娃的故事，解构"放羊娃放羊生娃，生娃放羊"的绕口令式的生命轮回。放羊娃的故事是古老乡土中国生存境遇的隐喻。《青石涧》通过重述流传久远的放羊娃的故事原型，激活这个故事的能指，于代代循环的命运裂缝中，照见底层个体生命的卑微凄凉与丰盈流动。作家以反讽而悲悯的笔调讲述古老中国的乡土故事，通过放羊娃命运的循环图式表达解构性的"小团圆"意识。与《青石涧》相似，周大新《哼个小曲你听听》中的五爷从放羊娃变成放羊老头，无不是放羊娃循环叙事图式的变体。余华的《活着》也呈现了中国农民的生命样板：活着。不为什么，像猪狗一样生死轮回地活着。福贵的祖上是这样发家的："养一只小鸡，鸡养大后变成了鹅，鹅养大了变成了羊，再把羊养大，羊就变成了牛。"到了福贵的爸爸手里，"徐家的牛变成了羊，羊又变成了鹅"。传到福贵这里，"鹅变成了鸡，现在是连鸡也没啦"。这是一个由 0 开始，逐渐累加，再逐步递减，重新归0的圆形循环图式。乡土中国一代代人就在这圆形结构中循环自足。余华以冷酷的叙事一点一点地剥夺福贵活着的希望与温暖，直到垂暮之年留下一头牛与他相依为命。也许余华可以残酷到底，连这头牛也写死。倘若如此，福贵还能活着吗？笔者想，他还能活着。因为他可以从头开始，先"养一只小鸡，鸡养大后变成了鹅，鹅养大了变成了羊，再把羊养大，羊就变成了牛"，代代循环。这就是中国式的"活着"精神，乡土中国的循环往复、生生不息的生命力之所在。"放羊娃放羊养娃，养娃放羊"的循环图式是关于乡土中国人如何"活着"的一种有意味的形式。乡土中国就是在这代代循环的圆中"生死疲劳"地"活着"。这种圆形循环图式体现了内陆农耕文明土生土长的生存韧性与代代重复的生命哲学。

　　与《青石涧》《活着》相似，曹乃谦的《到黑夜想你没办法——温家窑风景》讲述了一代代温家窑人悲苦宿命的生死轮回。"温家窑的人就这样被自己的观念钉实、封死在这一片苦寒的小小天地里，封了几千年，无法冲破，也不想冲破。"面对温家窑人无形、封闭却有力的思维定式与圆形结构，作者无可奈何之情贯穿始终，"问题是他们觉得这样的生活很好，他们不觉得这样的生是可悲的"。由此可见，知识分子启蒙话语面对冷硬的现实，多么虚弱无力，"没办法"。对此，汪曾祺认为："我们从曹乃谦对这样的荒谬的生活作平平常常的叙述时，听到一声沉闷的喊叫：不行！不能这样生活！作者对这样的生活既未作为奇风异俗来着意渲染，没有作轻浮的调侃，也没有粉饰，只是恰如其分地作如实的叙述，而如实的叙述中抑制着悲痛。这种悲痛来自对这样的生活这里的人的严重的关切。我想这是这部作品的深层内涵，也是作品所以动人之处。"[1]笔者认为，小说最大的特色在于，叙事形式非常朴素，可谓与生活形式的浑然一体。作者经常运用重复或相似的句子，这种重复、相似造成一种重叠往复的内在韵律，与温家窑人世世代代封闭循环的生存怪圈呼应，增加了叙述的力度。语言上，作者采用农民的方言土语、山歌小调尽可能白描原生态的底层生活。这里没有外来者，只有一片混沌自在的乡土社会。曹乃谦的语言带有雁北人的莜麦味，简练而有嚼劲。虽然小说没有知识分子语句、语调、语法的介入，多采用价值悬置的留白叙事。但在貌似零度、冷静、节制的客观白描中，仍蕴藏着作者局外人的理性观照与悲悯情怀。这可见于小说标题：正标题"到黑夜想你没办法"是局内人的生存视角，流露了温家窑人饱受苦难的无奈情感；副标题"温家窑风景"则是局外人的观照视角，体现了作者的理性旁观。尤其"风景"二字，典型地体现了作者局外人的观照意识，甚至观光客的审视目光。当然，正因为作者局外者的审视目光，温家窑封闭的生存怪圈才有突破的可能。

若说李锐以故事新编的方式解构中国农民"活着"的循环图式，曹乃谦以冷静节制的白描呈现它，那么史铁生的《命若琴弦》则以哲学思辨、宗教信仰、美学升华的方式超越循环的命运图式。小说由三代瞎子的命运因循，纵深发掘出过程就是目的的哲学启示，并依此走向过程美学。小说中老瞎子的师傅、老瞎子、小瞎子一代一代循环往复地弹着三弦琴，行走江湖，说书为生。小说开篇与结尾首尾呼应："莽莽苍苍的群山之中走着两个瞎子，一老一少，一前一后，两顶发了黑的草帽起伏攒动，匆匆忙忙，像是随着一条不安

① 汪曾祺：《代跋 读〈到黑夜想你没办法〉》，曹乃谦：《到黑夜想你没办法——温家窑风景》，长江文艺出版社 2017 年版，第 191 页。

静的河水在漂流。无所谓从哪儿来，也无所谓到哪儿去，每人带一把三弦琴，说书为生。""一老一少，一前一后"是一种生命的代际传承，"不安静的河水"隐喻生命欲望的奔腾。活着就是一种生命力的奔腾。"无所谓从哪儿来，也无所谓到哪儿去"隐喻生命的漂泊状态。小说结尾由开头的一老一少"每人带一把三弦琴，说书为生"，变为"也无所谓谁是谁"，表达了作者的由个体见众生、见天地的通透与智慧。小说以老少瞎子重复循环的命运结构象征中国人"命若琴弦"般"活着"的过程，同时在拉紧琴弦、弹好就够的过程中，升华出超越循环的过程宗教。史铁生且"弹"且"舞"的过程宗教解构目的，推崇超越自我亦深入自身的审美化过程，具有宗教与美学的双重意味。

莫言的《生死疲劳》则以六道轮回、生死循环的方式反讽乡土中国历史的沉疴、文化的积垢、心理的惯性、"活着"的疲劳，同时以"小团圆"的循环叙事图式解构古典章回小说"大团圆"的审美心理定式。《生死疲劳》于生死循环中，蕴含着历史轮回的梦魇与现代悲剧意识，表现出圆形循环、凝滞静止、封闭没有出路的美学特征。古老乡土中国便在这轮回的时间转盘上"生死疲劳"。文中写道，西门闹进入六道轮回的环形时间轨道，作为一头驴第一次站在1950年元旦上午的阳光里。在此，东方佛教圆形的轮回时间与西式公元纪年的线性时间交错并置，隐含着宗教轮回观与现代进化论的博弈。小说以西门闹讲述"我的故事，从1950年1月1日那天讲起⋯⋯"开始，以其六道轮回转世的蓝千岁讲述"我的故事，从1950年1月1日那天讲起⋯⋯"结束，形成一个圆形、轮回的叙事结构。历史的畸变轮回在蓝千岁这一喻象人物身上得以集中体现。最后，《生死疲劳》以佛教轮回的圆形时间解构现代化历史的线性时间。正如二十世纪九十年代西门欢击碎名贵表壳的瞬间，现代工具理性化的"数字分崩离析，时间成为碎片"。不管是风声鹤唳的政治运动时代，还是戾气四起的商业时代，时间成为轮回的梦魇。在此，轮回循环的宗教时间更具精神力度、深度与长度。正如某论者所认为的，"直线历史观是现代性的特征之一，当现代性成为乡土叙事的最终追求目标时，直线历史观在乡土叙事中得以充分体现出来，意在表达一种对乡土现代性的渴望。但随着现代化进程对于乡土的种种破坏，在后现代语境下，一种循环历史观重又返回在乡土叙事中，这种历史观的轮回表明了中国知识分子对现代性的犹疑心态，也表明了中国现代性的复杂性与曲折性"①。

除了六道轮回的圆形时间结构，《生死疲劳》古典章回小说的文体结构与中国古老稳定的文化心理图式相对应，也有着循环往复、圆形静止的美学特征。章回小说"因为强调连续流动的'整体性'，使得中国古典叙事文体去除了明显的方向感而产生了一种'静止'的印象"②。《生死疲劳》章回循环的叙述格局还与佛教六道轮回的宿命同构，隐喻历史癔症的荒诞轮回。整部小说由此呈现出稳定、静止、循环、重复的美学特征。在这部小说中，形式成功地反戈，革了内容的命，开拓了当代革命历史叙事的新边界。《生死疲劳》将章回小说故事环环相套的循环结构、革命历史的内在循环与佛教的六道轮回互文同构，成功地实现本土内容与传统形式的创化结合。究其质，古典章回体例与佛教轮回结构背后是个体自由伦理与革命历史伦理的一次次较量。尤其民间佛教信仰的轮回观念促成视角的时空越界，形成对抗主流意识形态的美学张力。不仅如此，佛教六道轮回的故事作为前文本，为小说文本提供了整体的叙事框架与超越悲悯的宗教视野，让人看到人身上的人性，人身上的兽性，兽身上的兽性，兽身上的人性，打破历史轮回的梦魇。

同为土地题材小说，《生死疲劳》的价值立场、意义旨归，比《太阳照在桑干河上》模糊、歧义、丰富、复杂，以六道轮回的循环结构表现叙事的不及物性。《生死疲劳》多采用不可靠叙述，追求模糊的意义旨向，对抗及物革命乡土叙事的目的论导向。小说的主旨因为叙事的不可靠性、不及物性，变得暧昧不明。相较而言，

① 禹建湘：《乡土叙事中的直线与循环历史观》，《海南师范大学学报》（社会科学版），2010年第2期。
② 王德威：《想象中国的方法：历史·小说·叙事》，生活·读书·新知三联书店2003年版，第91页。

莫言与当代中国文学创新经验研究

《太阳照在桑干河上》是一种演绎性的及物叙事。叙事的对象、旨归一开始就预设好，叙事只是沿着阶级革命的既定逻辑轨道滑行。这种经验绝不仅仅属于土改，而从属于整个人类文明。莫言的《生死疲劳》小说没有目的论式土改叙事的明晰逻辑与政治正确性，只是以不及物叙事的方式翻开土改历史的另一面。历史的真相往往在背面。这是五十年代的及物化的土改叙事与九十年代的不及物化的后土改叙事区别之所在。

　　同样以循环结构隐喻古老乡土中国历史轮回的还有贾平凹的《古炉》。小说写了一个古村的旧人旧事。面对逝去不远的"文革"与依旧四季循环的村庄，贾平凹在记忆与使命感的驱动下，将乡村"文革"的集体记忆与乡土中国的文化记忆曝光，成此《古炉》。《古炉》以乡土社会四季轮回的原始时间结构文本，解构"文革"所导致的乡土秩序的历史轮回。《古炉》四季循环的叙事结构是古老乡土中国顺应四时、混沌循环的时间观念在叙述结构上的呈现。这种结构如此稳固，以至于革命进化论也无法将其打破。

　　乡村大中国，中国大乡村。古老的乡土中国从久远的刀耕火种的岁月深处，一路走来。火是生命聚聚散散的源头，是文化生生灭灭的象征。狗尿苔火绳的微光曾映见了古炉村日常世界的宗法人伦秩序，而随后的一场"文革"之火，既烧死了引火自焚的革命暴动者灶火，也烧死了山神庙的传统文化传道者善人。小说结尾，废墟灰烬上的古炉村还象征性地活着三个人：代表秩序的支书，代表革命的霸槽儿子，还有似乎永远长不高的、代表文化守火人的狗尿苔。那么，留给读者和时间的是这样一个问题：谁能承续古炉之火？是支书——一个"文革"中伏低做小、以水攻火而顽强活下来的人？还是霸槽儿子？抑或支书与霸槽儿子间又一轮秩序与革命的纠缠？还是那个来路不明去向未知，永远长不高，接了善人心的狗尿苔？在最后的公审大会上，小说写道，狗尿苔"后悔出来没有带火绳。但是，即便他们要问他，他又知道什么呢，能回答什么呢"。这是狗尿苔的自疑，也是作者的质疑。毕竟，狗尿苔也是围观的看客之一。看客们说："古炉村啥都没有了！——还有瓷货么。——

（大地的招魂）

是有窑哩，准又再会烧窑？就摆子吗？——还有狗尿苔，让狗尿苔烧！"狗尿苔听出了戏谑与取笑，于是对审判大会的"看客"说："我明年就上学呀，你以为我将来就烧不了窑？"这反问也是贾平凹想对《古炉》的"看客"——读者说的吗？狗尿苔长不高是历史或文化的循环封闭的象征，结尾他要读书是象征乡土中国要冲出历史与文化的循环？

贾平凹以文学白描的形式，呈现中国乡村四季轮转的日常，通过循环的日常解构"文革"的反常，裸露乡土中国的问题："只有这样的农村状态，才使'文革'之火在土地上燃烧，而燃烧之后，灰烬里又长出草木了，恢复原状了，一切又是如此。这就是中国乡下的现实，也是最要命的问题所在。"①谁能承续古炉之火？这是烈火喧嚣后的《古炉》留给读者的不尽思考。当然，笔者仍相信，小说结尾那不管日常还是非常时期，都自顾"红得像火一样"盛开的牵牛花也会在想象中照亮古炉村！中国百年的乡土叙事不是一直以圆形循环的反讽修辞，试图冲破如古炉村般重复循环的文化心理结构吗？正如《小鲍庄》的隐喻时空，《爸爸爸》的反讽话语，《白鹿原》上翻烙饼式的革命轮回，《古船》里人性欲望的轮回，乡土中国的凝滞感、轮回感、文化惰性因作者营构的循环图式可见一斑，也因作者解构性的"小团圆"意识而有了突破的可能。从"大团圆"到"小团圆"，循环叙事图式的变迁标志着百年中国乡土叙事伦理的自觉。

① 贾平凹、李星：《关于一个村子的故事和人物——长篇小说〈古炉〉的问答》，《上海文学》，2011年第1期。

第二章　莫言自在自洽的不及物叙事

若说乡土及物叙事是基于社会进化论、线性历史观、二元对立思维的目的论式写作，那么乡土不及物叙事则解构二元对立的价值秩序，模糊叙述立场，追求意义旨向的不确定性、开放性。在拆解革命乡土叙事铁板一块的话语规约上，莫言以其狂欢的感觉、天马行空的想象、先锋的形式实验，成为一马当先的闯将。他用感觉将乡村还原为自在自洽的乡野世界，其不及物的乡土叙事具有解构意识形态思想板结地的政治潜能。当乡村不再是思想启蒙者、文化守成者、社会革命者、精神借言者及物言说的对象，它便成了自在的主体，呈现出独有的真实面貌。莫言的不及物乡土叙事，以感觉编织故事，拆解情节线头、打破逻辑、淡化中心，以散点无序格局对抗及物化乡土叙事的因果逻辑与道德刚性。莫言的乡土叙事有着独特的感觉世界、象喻系统、民间文化资源、神话原型结构等，具有意义丰饶、旨向模糊的美学特征。在此，笔者主要从狂欢的梦幻叙事与幽闭的梦魇叙事两个角度考察莫言乡土叙事自在自洽的不及物性。

莫言的不及物叙事表现为梦幻与梦魇两个向度。狂欢的梦幻叙事与幽闭的梦魇叙事，是莫言小说风格"轻"与"重"的两种表现。梦幻叙事与梦魇叙事是作家进入世界的两种方式。一般而言，梦幻是精神的止痛剂、情绪的体操，是用幸福的幻景保护人们不毁于残酷苦难真相的直观，使绝望虚无的个体得到抚慰与复元。写意抒情传统的乡土叙事便呈现出梦幻化的美学特征。如京派乡土作家的梦幻叙事有着东方诗意、宁静的意境美与日神般均衡、安宁、优美的形式美感。其中废名仿梦写意、唐人绝句式的叙事方式，充满意象化的象征隐喻性；沈从文的乡土叙事运用神秘主义、象征主义、意

大
地
的
招
魂

47

识流手法，营造出空蒙梦幻的意境；萧红的乡土叙事散文化、诗歌化、情境化、象征化；后继者还有汪曾祺的《受戒》、何立伟的《白色鸟》等。相较而言，莫言狂欢的梦幻叙事有着庄子的齐生死、平万物、忘乎内外、怡然自得的逍遥游精神，体现了中国传统文人的大写意。正所谓"不可言而言者曰狂，可言而不言者曰隐"[1]。莫言者，不正是不可言而言，无不可言之狂。其叙事的狂欢也体现了希腊悲剧的酒神精神。

莫言狂欢化的梦幻叙事表现出野性爆发的酒神精神：想象天马行空，感觉爆炸狂欢，追求逸出生活常态的、新奇的力与美，有一种奇幻、魔幻、梦幻的色彩，呈现出梦与醉的美学状态。或者说，莫言狂欢化的梦幻叙事既有东方古典、蕴藉、静态的意境美，日神均衡、比例的形式美，又追求冲破形式束缚的自由，呈现出梦与醉的生命美学，正所谓酒醉方能酣梦，酒神的迷狂状态有一种置身忘川却超然自得的自由自在性。梦与醉，究其质，是日神与酒神精神外化的两种美学状态。日神遵循美的原则，酒神遵循悲剧的原则。因为酒神的痛苦，所以需要日神的美幻。艺术家用日神美幻的外观拯救酒神意志冲动时的痉挛，使眼睛不去直视存在的深渊、生命的虚妄。所以尼采认为，酒神精神是本源性的，日神精神是派生性的。[2]悲剧虽求诸日神形式，但本质是酒神艺术。悲剧诞生的过程便是痛苦的酒神意志不断向日神的形象世界腾跃的过程，即从痛苦中跳脱，转而审美观照。莫言狂欢的梦幻叙事包裹着悲剧的精神内核，幽闭的梦魇叙事则呼唤酒神的狂欢外衣，梦幻叙事与梦魇叙事互为变体，是莫言精神"轻"与"重"的平衡术。

① 徐彦伯：《枢机论》，刘昫：《旧唐书》，中华书局校点本，第3006页。
② （德）弗里德里希·尼采：《悲剧的诞生》，周国平译，译林出版社2014年版，第13页。

第一节　狂欢的梦幻叙事

　　莫言不及物叙事的狂欢梦幻色彩在《红高粱家族》中表现得淋漓尽致。莫言笔下的"红高粱"世界不是千古文人站在画外观摩想象的桃源山水，而是扎根其中、泥沙俱下、野蛮生长、感同身受的"第二世界"。"第二世界"是巴赫金"狂欢诗学"理论里的一个重要概念。相对于官方意识形态规范下的秩序化的常规世界，"第二世界"处于民间的潜隐状态，在此生命以一种"狂欢"与"戏谑"的形态存在。巴赫金认为"狂欢"是一种"激越的生命意识"，构成了制度化权威的反面。"戏谑"作为狂欢化基本逻辑之一，以其"戏仿"性构成了一种否定性美学原则。①莫言便以一种狂欢戏谑的方式，表现出乡野世界农民自在自洽的生命形态，呈现出不及物的梦幻色彩。

　　《红高粱家族》具有独特的民间立场，浸润深厚的民间内涵，以一种狂欢化的艺术思维表现乡野世界的生命形态：自由与野性、背叛与逃离、死亡与再生，并以此营构中国式的酒神王国。这个酒神王国的主角是农民。此种农民式的酒神狂欢精神还表现在《檀香刑》《生死疲劳》《丰乳肥臀》等长篇小说中。《红高粱家族》是莫言用十年时间做的一场高粱梦，又用这十年高粱梦酿成一杯醇厚甘洌的高粱酒，作为后辈子孙准备的供祭献给祖先。他在《十年一觉高粱梦——〈红高粱〉创作谈》中如是说："《红高粱》将埋葬1921—1958 年间，我的故乡一部分父老的灵魂……我希望这株红高粱成为我的父老们伟大灵魂的象征。"②《红高粱家族》是为山野农民树碑立传，也是自由颂歌，是感到"种的退化"的子孙们以长焦距的外在旁观和短聚焦的内在感觉，跨时空地体验祖辈们肆无忌

大地的招魂

　　①　（俄）巴赫金：《弗朗索·拉伯雷的创作与中世纪和文艺复兴时代的民间文化》(导言)，《巴赫金集》，上海远东出版社 1998 年版，第 1 页。
　　②　莫言：《十年一觉高粱梦》，《中篇小说选刊》，1986 年第 3 期。

惮的原始野性，以及迸发出来的生命的力与美。

一、狂欢与戏谑的基调：自由与野性

《红高粱家族》是莫言用高粱心、高粱梦、高粱酒筑成的"第二世界"，而这一狂欢戏谑世界的基本调式是自由与野性。这里有着人类的生、老、病、死、爱、恨、情、仇；有农耕文明原始野性的蛮力与刚勇，也有现代文明身体心智的阴柔与委顿；有升天堂的大喜大乐，也有下地狱的大痛大悲；有肉身欲望的狂欢放纵，也有灵魂心神的梦幻欢悦。作者有一种天马行空般的野性和雄风，有一种往上帝的金杯里撒尿的狂放不羁与自由野性。《红高粱家族》红色的帷幕，扯在1939年古历八月初九高密东北乡胶平公路的上空。在这方鲜血染红的天幕下，上演的是这块黑土地所孕育的红高粱般健壮儿女们的英勇事迹、悲壮史诗。他们"杀人越货、精忠报国"，决斗比拼、抽烟喝酒、男欢女爱、争风吃醋。这是一支土生野长的原始民间力量，被历史卷入三十年代的战火硝烟中。历史让他们经历了时代的风云变幻，承担着民族的耻辱仇恨。

小说一开篇便是一群由土匪、流浪汉、轿夫、残疾人等组成的，衣衫不整、光头黑面、参差不齐的未被驯化的野蛮之族、乌合之众伏击日本汽车队。在这里，作者有意突出故事发生的背景——抗日战争，但莫言不想塑造一群抗日英雄、爱国将士，《红高粱家族》也不是传统意义上的抗战题材小说。他将战争从现代文明所赋予战争的维护主权独立与民族尊严的祭坛上请下来，剥掉政治意识形态的外衣，取掉帝王将相、文治武功的神圣光环。在他笔下，战争只是人类一种赤裸裸的求生行为，服从自我保存与种族延续的大规律。食色受阻是战争的主要动因，战争的胜果与冠冕便是获得生命的自由与自在，而不是英雄光环、家国功勋。因此，《红高粱家族》的乡土战争叙事具有了自在自洽的不及物性。

当抗日主旋律退隐为泛音与背景，莫言展示了另一个狂欢的"第二世界"。在这个世界里，"红高粱"是苦难乡土大地上真正的主角。它是顽强地生存在这块黑土地上的万物灵长、宇宙精华，遵循自在自洽的生物周期、生命逻辑，既为这块土地上的原始生民提供物质食粮，也为他们提供精神狂欢的舞台。"红高粱"是乡野民间"第二世界"生命形态的整体象喻。高密东北乡的一群豪男烈女，如红高粱般拥有一种原始野性的、敢爱敢恨的生命冲动。他们肆无忌惮地绽放着原始的力与美，汪洋恣肆地体验着生命的痛与乐。余占鳌身上强悍、凛然的阳刚之气，纯种好汉的力与勇，高粱烈酒般鲜烈的性格，棱角分明的爱恨情仇，粗野狂放的原始生命力，便是高粱精魂的集中展现。他杀人放火，欺男霸女，争风吃醋，拉帮结派，唯我独尊。他与单家父子、花脖子、黑眼铁板会的一系列争斗，都是围绕着"奶奶"这一绝世美女展开，"色"是这一个草根英雄行动的直接动因。当面临着日本马兵的"美丽温柔的女人"和"天真无邪的男孩"，他大刀一挥，将二人劈成两半。这里有战争残酷性的一面，但也从中看出"爷爷"因痛失妻女而疯狂、变态的报复心理。而"爷爷"将日本兵们的生殖器割下置于个人嘴中，这里也有着一种最原始、最粗鄙的战胜者对战败者肆意凌辱的快感。在余占鳌这里，爱国主义者的家国情怀，英雄主义者的大义凛然让位于人性与兽性并存、爱与恨交织的原始本能。作者有意消解战争英雄一贯被赋予的社会光环和历史意义，将人物还原为黑土地上高粱地里自在自洽的生命主体，并按其乡野民间自身的生存哲学与价值逻辑自在自律地行动。以余占鳌为代表的"红高粱家族"，"意志顽强，善斗不屈也；体魄强健，力抗自然也；依赖本能，不依他为活也；顺性率真，不伪饰自文也"[1]。他们遵循自在自洽的"物竞天择、优胜劣汰"的内在法则，营构着狂欢化的时空体，并以一种戏谑的生存姿态与主流的规范秩序进行着对话与交锋。莫言以不及物的叙事笔法，让农民的直观感觉代替知识分子的理性法则，农民的狂欢感觉拆解叙事的时间逻辑，以此营构一种自由自在的、狂欢

大地的招魂

---

[1]　陈独秀：《今日之教育方针》，《独秀文存》，安徽人民出版社 1987 年版，第 20 页。

51

戏谑的叙事时空体。这集中体现在几组民间狂欢戏谑场景上。

踩街。轿中的奶奶"鲜嫩茂盛，水分充足"，轿内"刺绣的龙凤图案却黯然失色，正中间油渍了一大片"；轿外"银灰色的高粱穗子飞扬着清淡的花粉"，轿内却"破破烂烂，肮脏污浊"，它"像具棺材，不知装了多少必定成死尸的新娘"。大红大紫的色彩搭配，大喜大悲的情绪氛围，形成强烈的审美张力。于是，在轿子颠动的节奏和鼓手们凄美的乐声中，"所有人却能体会到任何幸福后面都隐藏着等量的痛苦"。此情此景下的"踩街"便使得原本悲伤、凄然、幽郁难释的婚娶过程蜕变为一种飞扬与放纵的、对给定的现实的变相反叛与短暂逃离。"踩街"过程中轿夫们对新娘的善意调笑与逗弄便是一种戏谑性的民俗，是民间"第二世界"中自设的法则与自由（"轿车夫们在路上开新娘子的玩笑，如同烧酒锅的伙计们喝烧酒，是天经地义的事，天王老子的新娘他们也敢折腾"），并在这短暂的狂欢中，体验着属于生命的片刻的自由平等与野性放纵。

野合。若说"踩街"是戏谑的片头，那"野合"便是狂欢的高潮。"风平浪静的正午"，"炽目潮湿的阳光"，动极生静，静中有动，生命以一种蓄积已久的冲决式的爆发力突破任何内在外在、有形无形的束缚与阻力，展露着原始野性的潜能，放纵着生命的冲动与幻想——高亢、凄凉、壮丽、悲切，撕心裂肺的痛苦与快乐。这是生命的狂欢节，是对原始力与美的慕赞，也是对苍白、孱弱现代文明的嘲讽，是对正统伦理秩序的公然挑战，更是对民间生命形态自在法则的张扬。

曹梦九断案。一个具有模拟讽刺效果的戏谑性场面（或曰"戏仿"），曹梦九便是其中的丑角。此人身为地方父母官，却有"相当多的邪门歪道，行为荒诞"，一改公堂打杖板的惩罚惯例，而另立捣屎罐、舔屁股、打鞋底的行刑法则。其断案作风极富民间戏谑色彩，断案形式也一扫公堂的严肃静穆，变得诙谐滑稽、半真半假、亦庄亦谐。曹梦九本人作为丑角，具有亦官亦民的双重身份。在涉及"九儿—土匪—单氏父子"这一三角案件过程中，曹梦九往日办案的游刃有余在奶奶那"一团乌云，如瀑下泻"前，显得拘谨尴尬，明辨是非，而又不辨是非。对"爷爷""奶奶"叛行逆举的察而不问、默然认可，并给予奶奶合法的单家继承权，实则是对其所代表的整个官方意识形态的自行颠覆与解构。更具喜剧意味的是，奶奶机警灵活，反戈一击，认官作父。曹梦九一扫威威公堂威仪，在完全被动的情境下，为"匪"作伥。他作为官方秩序的规约者，以滑稽、诙谐的姿态消解了官方禁令的威严。真可谓诙谐反讽，让人忍俊不禁。

在此，山野农民的生命狂欢，以及对官方权威的戏谑性解构，体现了莫言"作为老百姓写作"的叙事立场，寄寓了作者对自由野性的民间生命形态的认同。对此，有学者认为，1986 年的《红高粱家族》典范地体现莫言从启蒙历史主义到新历史主义的过渡，"降解庄严的文化启蒙使命和改用纯粹诗学的眼光来审视历史，便成为寻根小说之后文化历史主义写作潮流的一个出路，《红高粱系列》就这样应运而生了"①。

二、狂欢与戏谑的变奏：背叛与逃离

若说自由与野性是狂欢与戏谑的基调，那背叛与逃离则是狂欢与戏谑的变奏。在抗战卫国宏大号角的和声中，余占鳌吼出的《妹妹，你大胆地往前走》是一支惊心动魄的变音。一群未受现代文明"阉割"的"我爷爷""我奶奶"们以奔放的生命冲劲对世俗的种种限定与框架进行了一次成功的背叛。在战火纷飞中，他们仍不放弃生命的狂欢法则与自由野性，以人性兽性神性魔性浑然一体的原生状态彰显自在自洽的个体存在。而作为孙辈的"我"，在远离故乡多年后的今天，则因孱弱苍白的生命力从历史与家族中逃离。莫言聚合想象、联想、印象、感觉，设置一个超时空的舞台。在这个舞台上，孙辈与祖辈、爷爷与奶奶、爷爷与父亲、奶奶与父亲，进

① 张清华:《莫言与新历史主义文学思潮——以〈红高粱家族〉〈丰乳肥臀〉〈檀香刑〉为例》,《海南师范学院学报》(社会科学版),2005 年第 2 期。

大地的招魂

行着多重对话，"爷爷—父亲—儿子"构成一贯穿始终的生命链，两个节点便是两次背叛与逃离。

"爷爷—父亲"。非法定的父子关系，却有着纯天然的血缘亲情。父子关系没有因为现实的不合法而受到任何影响，婚姻的法律秩序在自然人性法则面前不堪一击。"爷爷"是"父亲"心中的英雄，"父亲"是"爷爷"眼中种的传衍者，是另一个"自我"。父与子表现出精神气质上的一体性和延伸性，这实则是对传统威权式父子关系的一次成功的背叛与逃离。"爷爷"与"父亲"的和谐共振体现了一种强劲质朴、充沛饱满的自由自在的民间理想状态，这是作者对"爷爷""奶奶"梦幻般浪漫结合的肯定，这种结合弥散着生命绚烂的野性与温柔的人性，它蔑视人间法规，无视社会规范。而"父亲"作为一个亲临亲历的"历史在场者"，还填补了"爷爷""奶奶"们的主体缺席。年少的"父亲"跟"爷爷"余占鳌参加血腥残酷的伏击战，亲睹奶奶轻鸽飞旋般宁静庄严的死，是"父亲"的感觉造就了一个"整体的时空体验，一个体验中的时空整体"①，复活了莫言心中的"高粱梦"，也体现了莫言崇尚生命的平等与自由自在的价值精神取向和狂欢立场。

"父亲—儿子"。尽管"父亲"与"我"一直处于某种潜隐的隔离状态，没有太多直接的对话，但是关于"种的退化""力的衰竭"的对话交锋一直存在。"父亲"跟随着"爷爷"在枪林弹雨的考验中长大，是历史的亲历者。"父亲"是历史和现代的中间物，既是历史的见证人，又是现代的启示者，也是原始与文明这条生命链中必不可少的一环。"父亲"承袭了"爷爷"的骁勇好战，却仍然无法逃脱人类越文明、生命力越衰竭这一社会进化的悖论。"父亲"在人狗之战中失掉了一个睾丸，也失去一份果敢与粗放。直至孙辈的"我"，在现代文明的浸染下，又遗失了另一个精神睾丸，得了软骨贫血症，缺钙又缺铁，苍白而孱弱。在四十六年后的一次拾捡

① 孟悦：《荒野中弃儿的归属——论莫言的"红高粱家族"》，王晓明：《二十世纪中国文学史论》（第三卷），东方出版中心 1997 年版，第329 页。

骨殖活动中，"我"的恶心呕吐、落荒而逃，把文明人的虚弱疲软裸露得淋漓尽致。这是子辈对父辈、祖辈的一次耻辱的逃离与叛逆。正如孙辈的"我"在"父亲"的青石墓碑上撒尿，这一举动实则是作者对历史的一种否定性的戏谑与反讽。

"爷爷—父亲—儿子"这一生命链的力的递减、衰竭，证明文明往往以自反的形式前行。"父亲"与"儿子"理应如"爷爷"与"父亲"般处于一种和谐的动态平衡中，却因"生命力的衰竭""种的退化"，发生了裂变。这里，长大后的"我"深感到，人类在"追求富裕、舒适的生活条件"的同时，"正在用自身的努力，消除着人类的某些优良素质"，"这就不可避免地产生了一个令人胆战心惊的深刻矛盾"。子辈在萎缩地逃离父亲的控制同时，困于工具、理性与技术的漩涡，成为一种失去了生命力的退化、凝滞的物化符号。在失去了原始的生命强力之后，"我"变成了一个聪明伶俐的为文明所驯化的"家兔"，可怜、孱弱、猜忌而又偏执。生命成为一个毫无生气的封闭体，无任何超越的可能。孙辈"我"失去了生命的狂欢体验，只能在感觉世界中体验与追怀祖辈当年的自由与快乐。这是自然对文明的一种间接的报复与警示，也是作者民间价值立场的衍射。在背叛与逃离的代际关系中，隐含着祖辈与孙辈、历史与现实、原始与文明的正负关系。颇有意思的是，在莫言笔下，爷爷是祖先崇拜的投射，父亲则是长老威权的表征。爷爷对孙辈"我"而言，是一种令人向往的传奇；父亲对子辈"我"则是一种令人生畏的威权。《爆炸》中"父亲"粗暴的巴掌打在"我"的脸上，与《红高粱家族》中的爷爷粗粝的巴掌抚摸在"父亲"的头上，这样两种截然相反的、离心与向心的代际关系，折射了作者代际叙事的复杂情绪。

向来，乡土作家习惯通过书写父／子的代际关系，实现对乡土社会的伦理构建。百年乡土叙事的父／子关系，多以审父、叛离、革命的关系模式出现。自《红楼梦》的"宝玉挨打"开始，乡土中国的父／子关系开始逆转。乡土中国的父权是社会威权的表征，从贾政的三哭便可看出乡土社会父子关系的逆转、长老权力的崩溃。

大地的招魂

贾政所代表的乡土宗法礼教让位于宝玉代表的现代个体自由伦理。"宝玉挨打"一节既是全书的一个高潮，也是几千年乡土中国父性权威溃败的发端。这一具有文化象征寓意的场景无疑"草蛇灰线，布局千里"。随着中国现代化进程的加速，乡土中国的父/子关系开始戴上叛离忠孝的金箍，从巴金的"家"三部曲，到莫言笔下父亲的巴掌，文学中父/子关系的变迁折射了乡土中国社会结构的变迁。二十世纪三十年代，农民父子的关系则是，破产的老一代农民被历史抛出时代的轨道，新一代农民走向革命以寻求新生。有一个例外，那就是《白鹿原》白嘉轩/白孝文间的父子关系。二者关系的传承与叛离实则是乡土中国长老权力的附魅与祛魅的过程，体现了作者文化守成主义的叙事立场，这与启蒙主义、革命主义的立场区别开来。总的来说，百年乡土叙事中祖父、父亲都是相对于孙辈子辈的长老权力的符号化身，后者只有在对前者的反叛与逃离中，才能完成主体的蜕变。由此观之，莫言笔下爷/孙、父/子间向心与离心的代际关系，无疑承袭又丰富了百年中国乡土小说的伦理书写。

　　莫言的《红高粱》通过祖、父、孙三代的"族系级差"叙事，讽喻工业化进程中乡野世界生命力的递减与"种的退化"：爷爷绿林草莽、野性十足，父亲睾丸减半、余威尚存，孙子内在阉割，代表文明的孱弱。种的退化还通过祖、父、孙三代的爱情故事对比出来。在莫言的家族叙事中，祖辈的爱情叙事多带有英雄传奇色彩，如《红高粱》《秋水》《食草家族》中爷爷奶奶辈的爱情传奇。父辈的爱情则充满暴力经验，如《挂像》《四十一炮》中父亲对母亲的背叛离弃，甚至杀害。孙辈"我"的爱情则多冷漠、隔膜，如《爆炸》等。一个有意思的现象是，在家族代际化的爱情叙事中，莫言反复书写奶奶辈的传奇，如《红高粱》中奶奶在高粱地交响乐般壮丽的爱与死。《老枪》中爷爷被强干的奶奶打死。《姑奶奶披红绸》中的姑奶奶侠肝义胆。这种重复出现的叙事倾向无疑寄寓莫言向久远的母系社会的回望。这种回望在《红高粱》中以死亡与再生的形式表现出来。

三、狂欢与戏谑的回旋：死亡与再生

《红高粱家族》乡野世界的生命形态之狂欢与戏谑的多声部展开，不仅表现于自由与野性的基调和这一基调之上背叛与逃离的变奏，还表现于死亡与再生的回旋。

死亡与再生的回旋，在这一自在自洽的乡野"第二世界"，表现为一种整体性、永恒性的存在。在此，笔者从女性的死亡与再生这一特殊角度出发，观照其与乡野生命的整体性关联。在"爷爷—父亲""父亲—儿子"的两次背叛与逃离中，女性是代际裂变中恒定的常数。在这块高粱地上，莫言将生命的一系列活动还原为最基本的吃、喝、拉、撒、性爱与暴力。一种纯动物本能化的生命延续方式使得女性在这种原始的生存竞争中处于必不可少的重要地位。莫言赋予笔下的女性生殖地母般的共性：同男人般能吃会喝，体格健壮，生育力旺盛；作为生命的孕育者和创造者，对丈夫、儿子有着大地般广博的母爱。女性如野生的红高粱，孕育着这块古老黑土地上的芸芸众生，她们的包容、宽恕与庄严、伟大在这里大放异彩。

"奶奶"健壮丰满、美丽风流，当家、打猎、喝酒、吸烟、赌博却面如桃花，神清气爽。她"大行不拘细谨，大礼不辞小让"，"她就是造物主，她就是金口玉牙，她说蝈蝈出笼就出笼，她说鹿背上长树鹿背上就长树"。在"奶奶"心中天地均为我，我既是天，也是地，不畏天也不畏地。蔑视人间法规的不羁心灵促使她抛父弃夫，与轿夫野合，承受着彼此的愉悦与痛苦，并让"爷爷"如中魔中邪般，先后与单氏父子、花脖子、黑眼铁板会冒死肉搏。在此，女性是男性尊严与骄傲的成就者，而庄严盛大的"高粱殡"则是男性对女性的顶礼膜拜。而在父亲叫着的"一声声'娘'里，渗透着人间的血泪，骨肉的深情，崇尚的缘由"。

若说"奶奶"是白色的天使，那"二奶奶"便是黑色的精灵。"二奶奶"与"奶奶"有着某种天然的互补关系。"黑色的皮肤"，

"像紫色葡萄一样丰满的嘴唇"，"弹性丰富的年轻肉体"，"瓦蓝色的眼睛"，"一生癫狂，无法无天地向肮脏的世界挑战的，也眷恋着美好的世界"。这里莫言极力展露女性的肉体美，张扬顽强的生命力。二奶奶身上粗放的野性和博大的母爱，是现代文明人所不能企及的。当日本兵用刺刀指着小姑的嘴时，"极度锥心的痛楚，一种无私的比母狼还要凶恶的献身精神，使二奶奶清醒了"。面临着凶蛮的日本兵，为了保护年幼的小姑姑，她毅然地脱下了衣服。这里，女性的美丽、庄严、圣洁、纯净大放光芒。

　　莫言以一种梦幻的、狂欢化的感觉方式，将笔下的女性还原为一股野蛮生长、死亡中再生的回旋力量，表达了一种强烈的女性生殖崇拜。在苦难的乡土大地上，女性是红高粱家族精神的象征。她们以一种野性而顽强的生命力孕育了一代又一代枝繁叶茂的纯种高粱。若说"奶奶"身上体现了乡野世界人性自由自在的释放，她的爱与死具有一种废黜一切又更新一切的积极力量，挑战庸俗的道德秩序，激活被凝滞的生命感觉，那"二奶奶"的死亡与再生则证明女性与生俱来的母性是生命创化的第一原则。女性如大地般亲近生命，生命于女性血与肉的挣扎、痛与乐的纤微颤动中诞生。女性作为一种生命的再生孕育者，是大地，是母亲，具有容纳一切的孕育本能，也有生生不息的再生本能，是生命的起点与终点。在莫言笔下，"死亡"升华为一种再生的仪式。他让"奶奶"与"二奶奶"一个死得静穆伟大，连死神也有"高粱般的深红的笑脸和玉米般金黄的牙齿"；一个死得壮烈神奇，"以诡奇超拔的死亡过程，唤醒了我们高密东北乡人心灵深处某种昏睡着的神秘感情"。而正是这种感情"生长、壮大成为一种把握未知世界的强大思想武器"。她们的死昭示了一种生命力量，它是个人的护身符、家族的图腾和传统的象征。在此，女性如大地般埋葬又播种，死亡又再生。女性的身体是一个孕育无限可能的开放场域，其生命的创造性超越了死亡的终结性。"奶奶"交响乐般恢宏的死，"二奶奶"诡谲莫测的奇死，无不寄寓了莫言的女性崇拜与生命崇拜。

　　但另一方面，对完美理想女性的审美想象也掩盖不了作者思想深处的一些父权、夫权意识。女人的地位被强调突出，并不意味她们拥有与男性对话的话语平等权，文本深层潜存的男权话语或隐或显地夹杂在字里行间。当爷爷"轻轻地握住奶奶那只小脚，像握着一只羽毛未丰的雏鸟，轻轻地送回轿内时"，奶奶被这一温柔举动感动，爷爷也正由这双小脚，产生了对奶奶的"怜爱"（注：小脚是一种准性器官，娇小玲珑的尖脚使那时的男子获得一种包含着很多情欲成分的审美快感）。不能否认，爷爷与奶奶相识是因这双小脚，相爱也有这双小脚的原因。这种"怜爱"之情是建立在男性对女性的一种天生的生理优越感上的。而奶奶与二奶奶在有生之年一直为了爷爷争风吃醋，可见女性仍然是男性欲望征服的客体与精神的附属物。另外，余占鳌月夜杀死与母亲偷情的和尚，被莫言以冷静而优美的文字一笔带过。试问，谁赋予余占鳌剥夺母亲幸福的权利？

总的说来，《红高粱家族》中梦幻、狂欢、戏谑的乡野"第二世界"，是一部循环、轮回、重复着的民族历史，是有关人类文明的现代神话和寓言。这一片茂盛的高粱地对莫言来说，凝聚了古老中华民族的自由精神与野性力量，伟大的、粗鄙的、沉重的、飞扬的、苍凉的、梦幻的一并熔铸成一缸浓烈醇厚的高粱酒与一支粗犷豪放的高粱曲。对此，有研究者认为，"《红高粱家族》经由张艺谋改编成电影而红极一时，它契合了80年代中后期，中国民众在现代化的历史进程中所表现出的民族认同愿望，以及渴望'民族/自我'强悍的时代心理，为那个时期提供了共同的想象关系"[1]。另有研究者认为，莫言"乡土世界的种种残酷、黑暗、压抑、滞后很容易在狂欢中转化为东方式奇观，认同民间、认同乡土的意义也就随之模糊起来"[2]。

《红高粱家族》颂扬山野农民原始的生命强力，以映照工业文明下知识分子的贫血缺钙。当然，在莫言笔下，农民既没神圣化、

① 陈晓明：《莫言小说的形式意味》，杨扬：《莫言研究资料》，天津人民出版社 2005 年版，第 445 页。
② 凌云岚：《莫言与中国现代乡土小说传统》，《文学评论》，2014 年第 2 期。

大地的招魂

也没妖魔化。彪悍勇猛如余占鳌者，也有冷漠自私鲁莽愚蠢之处；坚执如蓝脸者，也有一根筋的倔强之处。这便体现了莫言叙事的不及物性与艺术的辩证法，即把好人当坏人来写，把坏人当好人来写，把自己当罪人来写，把恶魔上升到人的高度，把神下降到人的位置。这扭转了五四以来乡土作家将农民视为思想启蒙或社会革命的及物对象，对农民进行启蒙或革命式的俯视。当代文学史上，除了莫言的家族小说，张炜的《古船》等家族小说也以诗性回归的方式，与农民、乡村、家族历史、民间传统对话。

第二节　幽闭的梦魇叙事

目前，学界关于莫言的狂欢叙事多有论述。在此，笔者着重论述狂欢叙事的变体——梦魇叙事。若说狂欢化的梦幻叙事追求逸出生活常态、突破规范边界的力与美，以及广场狂欢般的"世界感受"[1]，呈现出开放、自由的特征，是一种具有精神重量的轻；那幽闭型的梦魇叙事则以一种布满界限、束缚与压抑的内向形式，于高密度的时空横剖面上，聚焦一种被不可知的力量压倒，挣扎也无用的感觉，呈现出诡异、重复、酷虐的美学特征，是一种召唤轻盈一跃的重。莫言的梦魇叙事是狂欢叙事的变体，是狂放话语之外"搔弄、侵扰、逾越了寻常规矩"[2]的异类"恶"声与精神平衡术。在他的诸多作品中，《怀抱鲜花的女人》《拇指铐》《生死疲劳》呈现出较典型的梦魇化景观。

① （俄）米哈伊尔·巴赫金：《巴赫金全集第1卷：哲学美学卷》，晓河等译，河北教育出版社1998年版，第54页。
② 王德威：《女作家的现代"鬼"话》，《众声喧哗：30与80年代的中国小说》，远流出版公司1988年版，第237—238页。

一、梦魇：一种有意味的形式

所谓"梦魇"，医学上指睡眠时由于大脑皮层的运动中枢比感觉中枢先进入抑制状态，从而造成运动瘫痪、神志清楚的症状。梦魇症患者因梦中受惊吓而喊叫；或觉得有重物压身，不能动弹，伴之以胸闷、压抑感。文学上，梦魇常被用来比喻神秘、可怕、噩梦般没有出路的经历。陀思妥耶夫斯基将梦魇描述成一种被不可知的力量压倒、挣扎也无用的感觉。

梦魇叙事是一种有意味的形式。在西方，很多现代派作品以梦魇的形式隐喻工业资本主义时代人的异化、荒诞、虚无处境。如瑞典斯特林贝格的《梦的戏剧》直接描写噩梦；美国荒诞派作家阿尔比的《美国之梦》营造了一种观众明白而剧中人不明白的梦魇情境；卡夫卡的《变形记》《城堡》《审判》，贝克特的荒诞派戏剧《等待戈多》，萨特的存在主义戏剧《禁闭》，美国的黑色幽默流派小说《第二十二条军规》等均喻示存在的梦魇特征。西方梦魇感觉的产生源自焦虑时代历史的混乱、荒诞和人的异化、无力。荒诞、异化的世界就是梦魇世界。正如罗素所言，我们称之为醒着的生活可能仅仅是一种不寻常的、持续不断的梦魇。

在中国，现代风格的梦魇叙事早自鲁迅的《狂人日记》就开始。从几千年吃人礼教的梦魇中独自醒来的狂人被视为癫狂之人，这无疑是先行者梦醒之后更深的梦魇。五四以来科学理性话语一路驱妖赶鬼。胡适就曾提出近代中国的"五鬼"：贫穷、疾病、愚昧、贪污、扰乱。之后，革命现实主义、社会主义现实主义一路盛行，因为相信清朗明澈的现实主义立场能促成历史向心力，驱动历史车轮滚滚向前。只是，古老中国的魑魅魍魉仍不时四起弥漫。二十世纪八十年代以来，文坛魔幻、玄怪、后现代之风盛行，如残雪、余华等作家怪诞、冷酷的梦魇文风。残雪自称"黑暗灵魂的舞蹈"①，

① 残雪：《黑色的舞蹈·自序》，民族出版社 2000 年版，第 1 页。

以怪诞梦魇化的文体风格独步文坛，讲述"世俗之上、虚无之下的中间地带""灵魂的黑洞洞的处所"的人性的梦魇。[1]余华笔下也出现过梦魇化的冷酷叙事，如《古典爱情》对古典人鬼之恋的拟仿，《现实一种》中兄弟间的循环复仇。王德威认为，当代梦魇玄怪之风是"传统中国神魔玄怪的想象已在这个世纪末卷土重来。作家们向'三言''二拍'、《聊斋志异》借镜，故事新编，发展宜属自己时代情境的灵异叙述"[2]。这种借想象照见现实的叙事法则，可以上溯至晚明清初一系列的喜剧鬼怪小说。虚实驳杂的神魔叙事使历史的真相变得疑窦丛生。梦魇是现实、人性的折射，是陌生、变形的真相，是以理性破产、灵魂出窍的方式直视真相。梦魇世界才是真实的世界，这是梦魇叙事作为一种有意味的形式美学力量之所在。在《怀抱鲜花的女人》《拇指铐》《生死疲劳》中，莫言的叙事也呈现出梦魇化的美学特征。

神秘的人物、诡异的命运。在三部小说中，人物出场神秘，身份不明，缺乏性格与行动的清晰逻辑，如《怀抱鲜花的女人》中立交桥下突然出现的来历不明的女人，《拇指铐》中翰林墓旁来去神秘的老者，《生死疲劳》中地主西门闹猝不及防、是非难辨地由人变成鬼，又莫名其妙地由鬼变成兽。这些人物没有语言或拒绝语言逻辑，如女人一直笑而不语，老者粗暴蛮横、语言逻辑链断裂，西门闹神志清楚、行动瘫痪、拼命挣扎却失语。因为神秘人物的介入，主人公命运逆转，变得诡异，如王四、阿义分别被神秘人物卷入死亡的梦魇，西门闹则被历史裹入轮回的梦魇。三位梦魇者被不可知的力量压倒，身心分离，难以自主，跌入挣扎也无用的感觉深渊。不仅这三部小说，莫言魔幻式的神话思维使得他笔下出现"大量反智性的人物和宿命般的故事，构成高密东北乡最炫目的人文景观，这使他迅速进入人类学的意义空间"[3]。

荒诞压抑的故事、重复循环的结构、不及物的情节、意义的迷

① 廖金球：《残雪——黑夜的讲述者》，《文学评论》，1995 年第 1 期。
② 王德威：《魂兮归来》，《当代作家评论》，2004 年第 1 期。
③ 季红真：《莫言小说与中国叙事传统》，《文学评论》，2014 年第 2 期。

雾。三个梦魇故事均没有理性逻辑、正义伦理，具有荒诞压抑、西西弗斯式的原型结构。人物于徒劳、反复的挣扎中产生梦魇的感觉。如《怀抱鲜花的女人》中的"我"一进一退、循环往复地与神秘女人纠缠，直至死去。《拇指铐》中的小孩一次次声嘶力竭、徒劳无功地呼救，直至死去。《生死疲劳》中的西门闹循环往复地在六道中轮回，一次次死去。反复挣扎的梦魇感觉自我缠绕，生成周而复始、重复循环的圆形叙事结构。由于重复，理性的边界被拆除，存在呈现出荒诞压抑的特征。每一次重复都成为对现实 / 历史、他人 / 自我确定性的怀疑与拆解。在重复中，情节的推进没有逻辑明晰的因果链，没有目的明确的叙述动力，没有立场鲜明的主旨走向，从而呈现不及物的特征。不及物的情节编织出反秩序、反逻辑、反意义的叙事迷宫，凸显一种陌生的现实、变形的真相。由此，梦魇成为一种异在，揭示出那些在日常生活中尚未看见、听到、述说的东西，小说的意义陷入不确定性的迷雾。说到底，梦魇世界是竖立于现实世界前的一面镜子。

　　酷虐、荒诞的美学效应。梦魇故事多于封闭的心理境遇中展开，通过营造循环、凝滞的圆形叙事时空，形成密集压抑、封闭狭小、呼吸不畅的梦魇感觉。人物感觉的深渊、心理的秘戏往往通过内视内觉的方式呈现出来，于高密度的时空横剖面上自体繁殖出酷虐、荒诞的美学效应。

　　颇有意味的是，作者曾说最喜欢的短篇是《拇指铐》，中篇是《怀抱鲜花的女人》，长篇是《生死疲劳》。那么，好谈鬼怪神魔的莫言想借三个梦魇故事表达、释放或平衡什么？

二、个体欲望的梦魇

　　《怀抱鲜花的女人》这部小说的灵感源自作者骑车去往哥哥家的路上，穿过一个铁路隧道，遇见一位抱着塑料花的洋气女人。作者借此展开想象，通过回乡军人偶遇美人、纠缠至死的梦魇境遇，戏仿、解构《聊斋》类书生夜遇艳鬼的故事，裸露了中国男人欲望 /

大地的招魂

63

伦理挣扎中几千年不变的人性症候。现代背景下古典式的艳遇无疑带有梦幻般的传奇色彩，这种传奇在莫言笔下反复出现，如《怀抱鲜花的女人》《长安大道上的骑驴美人》《夜渔》等。在城市立交桥的钢筋水泥柱间，在车水马龙的长安大道上，在夜色朦胧的河面上，不同的男性偶遇神秘女人与明艳的花。这类反复出现的情节与意象无疑具有隐喻意义，寄寓作者理想而矛盾的女性想象。这种想象早在童年黑夜里，作者听老人讲狐仙变美女的故事时，就已生根发芽。

在《怀抱鲜花的女人》中，作者以慢镜头、长镜头加特写镜头的方式聚焦女人的形貌。王四眼中怀抱鲜花的女人是这样的："穿着一条质地非常好的墨绿色长裙"，头发是浅蓝色的，脚上穿着一双棕色小皮鞋，质地优良、古朴华贵，怀里抱着的"那束花叶子碧绿，花朵肥硕，颜色紫红，叶与花都水灵灵的，好像刚从露水中剪下来的一样"。"花朵团团簇簇地拥着她的下巴，花瓣儿鲜嫩出生命、紫红出妖冶，仿佛不是一束植物而是一束生物"。又如为追随他而涉水，女人在王四眼里变成这样："她的鲜花好像植根在她的胸脯上，不上升，不下垂，水无法改变它们的形状。满河金黄流水，半截碧绿女人，一束艳丽鲜花，背景如烟似雾，构成一幅油画，很美很辉煌。"濒于溺水的女人"粉红的手，金黄的手，宛若一枝兰花。她的手指间好像生着一层透明的薄膜"。"手死死地搂着那束花，没有丝毫放弃的意思"。在这些油画般的场景里，女人与花构成互文性的审美修辞关系。鲜花意象成为作者想象性建构女性形象的重要语言。

作为对照，再看看《长安大道上的骑驴美人》侯七眼中与想象中的骑驴美人："红裙是用绸子缝成的，绸子是好绸子，朦胧地透着明"，头发乌黑繁茂，"但中央一撮却是红的"，"美丽像一道灿烂的阳光"。油黑的小驴、大红衣裙的少妇、雄伟的白马置于灰白都市水泥钢筋的背景，在读者脑中唤出一副具有强烈视觉冲击的油画。随后，莫言以灵动之笔写她骑到高大宽厚的黑砖墙外，在一盆蓝花前停住，"先是伸出纤纤玉指，去抚摸花朵上的茸毛；那些花朵便像蝴蝶一样颤动着，蓝色的花瓣变成了蓝色的翅膀"。"美人掐了一朵蓝花，叼在嘴里，现出一种潇洒之美，好像一个女侠，或者像个女匪"，英气四射。"她身上散发出的气味是赤子的气味，与那朵蓝色花的气味混合起来，便成了大爱的催化剂。不仅仅是爱美人，还爱这地上的一切。"由此可见，两篇小说中女人与鲜花两相映照的镜头有异曲同工之妙。颜色的奇异搭配与强烈对比有着油画般的视觉冲击力，刺痛晦暗生命的感知神经，唤醒潜伏的欲望冲动。

两部小说都由色彩奠定叙事基调，由色彩激活感觉，由感觉推动情节。两篇小说人物、动物、植物三位一体，《怀抱鲜花的女人》中有女人、狗与花，《长安大道上的骑驴美人》中有女人、驴与花。如《怀抱鲜花的女人》中的"女人痴迷地站着，怀中的花朵瓣瓣如玉片雕成。黑狗静静地蹲着，宛若一尊雕像"。"她时而微笑时而流泪，狗也一样；她颤抖不止，狗也一样"。这些神秘突兀的自然之物在都市社会划出一方小小的乡土世界。作者借此赋予女人贴近大地的草本性、动物性。女人的自然、丰盈、鲜嫩，唤起王四充沛、原始的生命欲望。那种原始的情欲是大地上浓稠的腐草味儿，带着骡马、雨水与植物的味道。这种原始生命感觉无疑与现实的婚姻伦理相排斥。

在王四反反复复、热胀冷缩的感觉缠绕里，女人一会儿可爱，一会儿可怕。一部人性情景剧通过王四对女人既爱慕又恐惧的心理循环展开，形成胶着的内心冲突与凝滞的叙事结构。他陷入着魔／驱魔轮番碾压的梦魇境遇。他"简单回顾了这二十多个小时的经历，痛感到这是一生中最悲惨的一段时光，所谓的黑暗地狱也不过如此了。遭此炼狱般煎熬的根本原因是自己的荒唐。他想自己不应该去吻她，不应该去厕所救她，应该把她从河中救上来，但不应该在桥头鬼迷心窍般地回首，更不应该赶走前来搭救自己的堂弟"。与王四欲望感觉／伦理禁忌的反复缠绕相对比，女人的感觉世界是屏蔽的。怀抱鲜花的女人没有语言，只有微笑。小说中二十四处写到了她的微笑，由开始的妩媚迷人，变为灿烂，变为高深莫测，变为可怕。女人一次次无言的微笑在王四内心造成没有交流的幽闭空间。笑由琼浆玉液变为恐惧的梦魇："他感到眼前全是那微笑化成的赤红的火焰，而那十几朵鲜花则是火焰中央最炽烈的部分，女人身上那绿裙子也像绿色的火苗在抖动。他觉得自己伸出去的手臂和刀子正在火焰中熔化着。"这背后是否依稀可见《聊斋》中爱笑的婴宁的影子？由于蒲松龄的影响，莫言笔下的女性多基于地母情怀衍生仙妖一体的奇异女子。自魏晋志怪小说开始，鬼、狐是古代梦魇故事两个常见的归罪对象。但在蒲松龄笔下，鬼狐却被赋予人性、灵性。若说蒲松龄笔下鬼怪、狐仙、花妖、木魅、山精，多有着神妖怪一体、妖而仙、仙而魅的气质，那莫言则让女人由仙而妖，由狐狸精变身鬼魅。在笑中，作者让女人慢慢褪下魅惑性的面纱，露出狰狞的面目。有学者认为："小说的那个神秘的女郎又恰似《游魂》画面上那个模糊不清、虚实难辨的幽灵。"①

作者一次次用女人顽固、坚执、无言、诡秘的笑编织王四热胀冷缩的心理世界，一方面让人物自行在梦幻中沉迷，在梦魇中挣扎，循环往复；另一方面让叙述者置身事外，不介入地冷静描述。叙述者以特写镜头加长镜头的缓慢速度，打开、放大、膨胀王四的感觉，让敏锐的感觉推进故事缓慢前行。故事速度与叙事速度过于缓慢，给人物与读者造成窒息、压抑的感觉。与高粱地里的感觉狂欢的梦幻叙事相反，小说一笔一画，以精雕细刻的写实笔法营构往复缠绕、步步紧逼、无路可逃的梦魇气氛，召唤怪力乱神的梦魇世界。小说的感觉是内缩的，缩至无处可缩，呈现出梦魇化的叙事特征。这种梦魇般的感觉还见于车站广场式的公共空间与各种各样密集拥挤的腿的狭小间隙的张力对比中，而藏匿在腿间的王四裸露了中国小男人猥琐、蜷缩、封闭的心理症候。正如他躲在车站人群里，从各色各样的腿、各色各样的屁股上看到人脸上的人性表情。封闭凝滞的梦魇感觉还表现在叙事节奏上。小说第一节篇幅最长，

---

① 李洁非：《回到寓言——论莫言及其近作》，《当代作家评论》，1993年第2期。

近乎全文一半。在这一节无法挣脱的梦魇感觉与凝滞静止的叙事节奏相生相长。随后篇幅递减，节奏递增，人物在欲望的追赶中一路狂奔，直至死亡。极慢与极快的叙事节奏，让习惯了张弛有度的读者无所适从。力比多推动下的欲望冲动在与道德禁忌的博弈中，反复缠绕成无法逃脱的梦魇。越缠越紧的叙事链条最终只能以死亡的方式让人物与读者解脱。最后，鲜花萎谢，黑狗悲鸣，王四与赤裸的女人在性爱仪式中相拥而死。小说于欲望/原罪的结构性关系、爱欲/死亡的吊诡中达到高潮。至此，读者不由得长嘘一口气。

　　读完，笔者疑惑作者对女性形象进行梦魇式祛魅，意在何为？这来路不明的神秘女人莫非是王四心造的幻影？莫言借此镜像映照几千年来中国男人无法直视个体欲望的虚伪、怯懦心理？在这场男人与女人追逃纠缠的伦理境遇剧中，人性的罗生门慢慢打开，欲望包裹下男人的伪饰、自私与丑陋裸露无遗。同样的情境在《辫子》中也出现。小说中妻子郭月英与情人余甜甜不约而同地用一句"只要我的辫子在，你就别想跑！"营构封闭的梦魇境遇，反复缠绕，压迫男主人公怯懦的神经。对此，学者李洁非发出这样的疑问："这个女人究竟是一个怎样的象征？是诱惑的化身？某种想躲也躲不开的必然？抑或相反，是使一切前功尽弃的偶然性之可怕象征？"[1]

　　可以说，《怀抱鲜花的女人》的结局宣告了作者女性想象的破产，正如王四悲哀地想："狐狸就是狐狸，女人就是女人，想凭借鬼狐故事解救自己出困境的幻想彻底破灭了"。这表达了主人公潜隐的情爱幻想破灭后的恐惧。还乡的艳遇逆转为死亡的梦魇，究其质是男人欲望的心魔使然。而现代人的处境之一就是发现地狱一样非理性的、黑暗混乱的内心。个体欲望滋生的混乱心魔就是可怕的梦魇。对此，莫言有过直白的剖析："女人的爱情之火一旦燃烧起

大地的招魂

---

① 李洁非：《回到寓言——论莫言及其近作》，《当代作家评论》，1993年第2期。

来便很难扑灭，而男人在关键时刻总像受了惊吓的鳖一样，把脖子缩起来，把女性妖魔化，反映男性不敢正视女性力量的强大，体现了男性的懦弱。"①不同于斯特林贝格《梦的戏剧》认为情欲是阻碍人类得救的祸根，最后走向神性的祈盼，莫言笔下的人物因情欲遭遇黑暗的梦魇，于性/死合一的升华中召唤理想主义的救赎之光。王四在拯救女人与自我拯救的矛盾中徘徊，小说也随之在审美叙事与伦理叙事间切换。借用王德威论述张爱玲鬼魅世界的话说，"从文学史的角度看，这一亦古亦今、幽明并存的世界是有承自《聊斋志异》之处"②。究其质，这篇小说探究人性潜意识的幽暗深渊，折射男性对爱欲、婚姻、死亡的幽闭恐惧，这无疑与《红高粱》追求的自由野性的欲望狂欢形成强烈的反照，这背后是否潜隐了作者生命自由狂欢背后的幽闭恐惧？

与《怀抱鲜花的女人》对男人的梦魇纠缠相对照，创作于1998年的《长安大道上的骑驴美人》，作者则让侯七为首的一群男人对骑驴女人展开一场仪式化盛大的美学追踪，最终等来的却是白马与黑驴翘起尾巴拉出的十几个粪蛋子。作者给骑驴美人一个绝尘而去的开放式结局，在女性想象破产之后又重新给理想的女性披上一层神秘的面纱。"长安大道""驴""美人"的意象拼贴是都市钢筋水泥结构下的美学逸出，具有都市/乡土、现代/古典的后现代美学意味。乡土/都市、驴/马、男人/女人的组合，隐喻都市文明下非驴非马的骡子的种的退化与生命力的衰弱。侯七是现代都市的格格不入、晦暗不明的生存者。朝九晚五的流水线式的生活轨迹因千年难遇的日全食与长安大道上的骑驴美人的出现，出现了裂缝。在骑驴女人转头的一瞬，"人们，起码是侯七，感到眼前一片红光闪烁，黑暗的心灵深处出现一道耀眼的光明，就像日全食食甚之后的贝利珠"。这个后现代油画般的场景唤醒了侯七古典乡土浪漫主义

---

① 莫言:《白棉花》,《莫言文集卷4·鲜女人》,作家出版社1996年版,第548页。

② 王德威:《想像中国的方法:历史·小说·叙事》,生活·读书·新知三联书店2003年版,第217页。

莫言与当代中国文学创新经验研究

的还乡情怀。闯红灯的骑驴美人打破了工业化都市的秩序规则，像一部古典的乡土传奇，成为穿越、拯救都市工业化时代晦暗灵魂的一道闪电。在此，莫言又重拾在《怀抱鲜花的女人》中被解构的女性神话。

这种女性神话的营构还体现在充满悬念、猎奇与围观心理的叙事手法上。小说开篇，叙述者就以古典小说悬疑、插叙的方式讲述侯七的看："侯七侧目西望，猛然看到——"，为情节的展开笼上一层审美的面纱，在视觉面纱下如天外来物般凭空而降的骑驴美人就被围观者的眼光编织成一个盛大的美学事件。小说的叙事呈现出突兀的、传奇的、悬疑的、荒诞的美学意味。叙述者重复使用"人们，起码是侯七"这一句式，借此拉开自己与围观者的审美距离，同时提示这是侯七的视角想象，而侯七也只是"人们"中的一人。叙述者与人物侯七的双重视角，构成看与被看的反讽关系。侯七看骑驴美人，叙述者叙述（看）侯七的看。侯七看美人是与现代都市文明格格不入者对古典与乡土的回望与想象；叙述者看侯七，则是更高审视者的眼光反观侯七的想象。小说叙述者不动声色，以一路尾随的方式建构侯七的古典想象，最后以戏谑的笔触反戈一击，解构这种想象。作者通过叙述者与人物的双重视角与双层叙述，表达了游弋于工业都市／古典乡土间的微妙情愫。

爱欲／死亡的吊诡体现了莫言矛盾而真诚的女性想象。矛盾的女性想象使莫言的叙事呈现出梦幻与梦魇两种不同的景观。若说"我奶奶"、上官家众女儿、眉娘身上寄寓了作者对女性自由野性生命力的颂扬，以及基于生殖图腾、创世神话的母性崇拜；那怀抱鲜花的女人则因紧追不舍的情欲纠缠，呈现出诡异的面容，裸露了男性叶公好龙式的恐女症。与《红高粱》中欲望的张扬、狂欢相反，《怀抱鲜花的女人》营构了步步紧逼、无路可逃的着魔／驱魔反复缠绕的欲望梦魇。莫言笔下女性的欲望因观照距离的不同，呈现出梦幻与梦魇的两种不同的景观，是否裸露了莫言叙事立场的暧昧游移？正如有论者所言："对于民间奇女，莫言的处理方式是暧昧的，一方面他深深被奇女吸引，因此奇女有时得以逍遥和逃逸出既有的性别权力格局;另一方面他又表现出一种恐女症,有时又囿于既有的性别权力秩序,在文本中对之实施隐秘惩罚。"①

莫言女性想象的矛盾还表现为小说叙述者、人物视角的矛盾游移。小说中,叙述者和人物王四的视角有时叠合,如看女人时男性化的欲望视角;有时分化,如当王四一次次想挣脱女人,最终又不忍时,叙述者视角游移在外,旁观审视。他冷静、不动声色地叙述着王四内心欲望/道德的梦魇纠缠,并一路逼至绝境。细加辨析,二者的声音存在内在的紧张,叙述者对人物时而感同身受,时而冷峻旁观。尤其结尾处,叙述者视角与人物视角更替频繁。小说先从王四的人物视角写道:"他知道自己对女人毫无兴趣,但他还是很急地走上前去,搂抱了她赤裸的身体。"此时,叙述者呈现与人物感同身受的矛盾心理。随后,从叙述者的视角写道:"女人的舌头冷冰冰地伸进了上尉嘴中。上尉感到血液都冻结了。"这里,叙述者跳出人物之外,以旁观者的身份进行感觉白描。之后立马又转为人物视角:"他疲倦地随着女人倒下去。在最后那一刻,他模模糊糊地听到一条狗在黑暗中悲鸣不止。"此刻,叙述者立即转身随人物一起倒下、哀鸣。最后,又转为叙述者的视角:"第二天,村人发现上尉和女人紧紧搂在一起死去了。为了分开尸体,人们不得不十分残忍地弄坏了他们的口舌,折断了他们的手指。"叙述者与人物一路相伴而行,时而感同身受、惺惺相惜,时而旁观审视、嘲讽批判。最后,叙述者还是同情王四的。细加辨析,二者的声音存在内在的紧张,这也是莫言女性想象的矛盾紧张。莫言的矛盾是真诚的,在他看来"作家内心深处的矛盾冲突肯定要改头换面地、曲折地、隐晦地在他作品里得到表现"②。这是作家创作能力的表征。

---

① 周显波:《莫言小说民间奇女形象论》,《山东女子学院学报》,2016年第1期。
② 莫言:《莫言对话新录》,文化艺术出版社 2010 年版,第 170 页。

三、人际暴力的梦魇

若说《怀抱鲜花的女人》书写了鲜花笑靥下个体欲望的梦魇,《拇指铐》则讲述了一个莫名其妙的鬼铐手的人际梦魇。作者一开始就给故事一个莫名其妙的开端,不顾叙事动力的不足,让荒诞的发端牵引出一个噩梦缠身、步步紧逼的悲剧结局。小说透过小男孩阿义的视角观察翰林墓旁突然出现的鬼样老人:紧抿着紫色的嘴唇,像一条锋利的刀刃,目光像锥子一样扎人,站起来,身上的骨头发出"咔吧咔吧"的响声。阿义看到这个怪异的老人高大腐朽的身体,背着灿烂的朝阳逼过来。他想跑,双腿却像生了根似的移不动。"他想走,却发现自己已经失去了自由。"阿义的感觉不就是鬼压床的梦魇感觉吗?

整篇小说围绕阿义的梦魇感觉展开,由阿义感觉的膨胀、收缩、变化、流动来推动情节缓慢前行。随着拇指铐越勒越紧,人物与读者心里自由的氧气越来越稀薄,叙事空间越来越幽闭。如"香气弯弯曲曲,好像小虫,钻进了他的心","干渴的感觉便像泼了油的火焰一样轰地燃烧起来"。下午一点多,太阳毒辣,获救无望,身心疲惫至极点时,阿义做了噩梦:"他感到自己身体悬挂在崖壁上,下边是深不可测的山涧,山涧里阴风习习,一群群精灵在舞蹈,一对对骷髅在滚动,一批批饿狼仰着头,龇着白牙,伸着红舌,滴着涎水,转着圈嗷叫……他看到母亲的脸扭曲了,鼻子弯成鹰嘴,嘴巴里吐出暗红色的分叉长舌。"整篇小说叙事基调梦魇般压抑、阴森、恐怖。叙事节奏缓慢、凝滞。叙事情节梦魇般无头无脑无逻辑性。梦魇般令人恐惧的是,荒诞偶然的开端引发了悲剧性的必然结局。

那么,古墓旁的这个古怪恐怖的老男人为什么突然铐住阿义?无冤无仇,只是因为阿义走路眼睛乱看? 读者的疑惑正如路人老Q的疑惑:"怪事不?"在此,拇指铐意象所指为何? 一种禁锢、危险与死亡的符号? 一种非理性、反理性的黑暗与疯狂的喻象? 抑或一种借以展开人性实验的符码? 抑或隐喻日常生活中荒诞未知的力量? 这一恶鬼施虐行为是否寄寓作者对人性异化所造成的人际暴力的恐惧？或卑微弱小的个体为他者世界的秩序结构所囚禁的恐惧？王小波认为，幽闭型小说的特征在于把囚笼和噩梦当作一切来写，小说充满幽闭、压抑的情调。拇指铐对个人来说，是小的囚笼；对社会来说，则是大的噩梦。突然出现又无所不在的囚禁可能是现实世界的底色，他人即是地狱，这未尝不是极左年代人际暴力与人性症候的隐喻？

《拇指铐》通篇弥漫着神秘主义的荒诞气息。小说有意模糊悬置叙事的时空背景，使故事的隐喻空间扩大蔓延。全文隐约从路人老Q的言辞中透露故事的背景："我们这一代人，眼泪见得太多了！眼泪后面有虚伪也有真诚，但更多的是虚伪！"这种人际暴力梦魇与莫言童年经历的阶级斗争是否相似？即一部分人"因为各种荒唐的原因，受到另一部分人的压迫和管制"。作者小学五年级就被赶出学校，途经村办听见拷打所谓坏人时凄惨的声音，感到"这恐惧比所有的鬼怪造成的恐惧都要严重"，由此明白"世界上，所有的猛兽，或者鬼怪，都不如那些丧失了理智和良知的人可怕"。"造成成千上万人死于非命的是人，使成千上万人受到虐待的也是人。而让这些残酷行为合法化的是狂热的政治，而对这些残酷行为给予褒奖的是病态的社会。"虽然极左年代已经结束，但"像我这种从那个时代过来的人，还是心有余悸"。[①]作者为何叙述这样一个梦魇故事？是以此隐喻借尸还魂的历史暗影对新鲜生命的窒息，以此打破童年的梦魇记忆与时代的创伤体验？抑或讲述人性的寓言，以此召唤人类集体无意识的救赎母题？抑或折射自己梦魇般被围攻的现实境遇？1995年莫言因创作《丰乳肥臀》引发文坛的强烈争议，由此他退伍转业。停滞两年后，他创作《拇指铐》。《拇指铐》中的阿义莫名其妙被一个老头铐住拇指，是影射现实中莫言因《丰乳肥臀》被一群老批评家攻击批斗吗？《丰乳肥臀》的批判者站在政治和道德的制高点上，给莫言上戴一个"拇指铐"，使他无法挣脱。《拇指铐》中阿义通过自断双指获得母爱的救赎，是对现实中他亲自写信请求出版社禁书的回应吗？莫言曾说，好讲鬼怪故事往往与

---

① 莫言:《莫言讲演新篇》，文化艺术出版社2010年版，第110页。

落后、封闭、没有通电的黑暗环境有关，不是吗？

此外，小说与鲁迅的看客主题互文，进一步讲看客的施救。小说写到四个路人：老 Q、黑皮衣女、大 p、小 D，和鲁迅一样用这种代名词指代不同的四种人。如老 Q 从衣兜里摸出一个放大镜，低下千沟万壑的头面，专注地研究着拇指铐，好像一个昆虫学家在研究蚂蚁。高个男人拍了一下他隆起的脊背，瓮声瓮气地问道："老 Q，干什么你？装神弄鬼吗？"他抬起头，掏出一块砖红色的绒布，仔细地揩着放大镜，赞叹道："好东西，真是好东西！地地道道的美国货。""老 Q，瞎编吧你就！进口彩电有，进口冰箱有，就是没听说过进口手铐。"高个男人说着，也把脸凑上去看了看："不过这小玩意儿，的确是精致。"黑皮衣女子用充满同情的腔调问道："小孩，你怎么搞的呀，是谁把你铐起来的？"这一段老 Q 明显是冷漠利己主义者，首先考虑的不是怎样施救，而是以看客的视角研究受害者的刑具是多么奇妙、精致。拇指铐作为一种精密的囚禁工具，被赋予荒诞的象征意味。然后连续发问，解释可怜之人必有可恨之处，体现了看客的冷漠。黑皮衣女，明显是一个母性形象，实际上是一种无能为力的伪善。大 p 的话，则显示看客的愚昧。小 D 是个机灵鬼，想到各种方法解开拇指铐，或者说是一种沉溺于自编的拯救的神话，陶醉于自我的高尚和聪明，而关注的不是受害者本身。

自始至终，关于事件的原因与真相，有限视角的叙述者并没有比疑惑的读者知道得更多。是不是因为一味凝视荒诞的黑暗是残忍的，直观真相会使人石化，陷入绝望虚无的境地？所以作者有意讲述一个不知真相、但求解救的悬案。这关涉如何拯救荒诞、虚妄人生的命题。对此，尼采推崇悲剧艺术对精神的拯救力量，认为"生命则通过艺术拯救他们而自救"[1]。莫言的梦魇恐惧里也蕴藏了文学的种子。作者曾说，"在'红色恐怖'的年代里，我希望能得到人们的友谊和关爱。恐惧使我歌唱着奔跑"，"我们希望人类永远地

① （德）弗里德里希·尼采：《悲剧的诞生》，周国平译，译林出版社 2014 年版，第 47 页。

大地的招魂

摆脱恐惧，但恐惧总是难以摆脱"。正是这种恐惧与希望推动莫言通过文学创作呼唤人性的真善美，寻求灵魂的救赎。梦魇叙事便是如实袒露这种恐惧与希望。

《拇指铐》实则讲述了一个救赎是否可能的梦魇。细加辨析，不难发现，这个梦魇故事是在母/子拯救/被拯救的循环吊诡中展开的。阿义为救母亲，在买药途中遭遇囚禁的噩梦。作者一次次地让外围解救失败。阿义像西西弗斯，一次次徒劳的挣扎是对诡异命运的反抗。他甚至不惜以死冲破由妒恨、侵犯、控制铰接而成的生存怪圈。最后，在母爱的驱动下，阿义咬断双指，以死亡的形式，于凌厉的美中获得"从未体验过的温暖与安全"。在此，母爱的光芒与温暖让阿义由梦魇走进梦幻，于死亡的幻觉中获得灵魂的救赎。至此，这个梦魇故事才来到叙事最后的落脚点，即通过个体的创伤体验，以梦魇叙事的形式召唤出人类救赎的母题。"创伤的经验"指的是一种经验在一个很短暂的时间内，使心灵受一种最高度的刺激，以致不能用正常的方法谋求适应，从而使心灵的有效能力的分配受到永久的扰乱。①莫言童年的恐惧，包括人际暴力，而母亲是抚慰他创伤体验的温暖源泉。在莫言笔下，母爱意味着温暖、安全、拯救、回归，让阿义由梦魇走进梦幻。母爱的光芒与温暖"能够把生存荒谬可怕的厌世思想转变为使人活下去的表象"②。作者用母爱梦幻的光芒拯救阿义于幽闭禁锢的痉挛，使眼睛不去注视死亡的恐怖、现实的荒诞。所以阿义的悲剧求诸梦魇形式，本质仍是寻求自由的酒神艺术。说到底，艺术比真理更有价值，或者说艺术与爱是更高的真理。不是吗？其实，莫言小说中经常出现被酷虐的小孩形象，如《透明的红萝卜》中的黑孩、《秋水》中的"我"、《枯河》中的小虎等，这是不是作者童年人际暴力梦魇与创伤记忆的释放，以及对爱的救赎的祈盼？

---

① （奥）弗洛伊德：《精神分析引论》，高觉敷译，商务印书馆1986年版，第216页。

② （德）弗里德里希·尼采：《悲剧的诞生》，周国平译，译林出版社2014年版，第48页。

莫言与当代中国文学创新经验研究

四、历史轮回的梦魇

《生死疲劳》以本土形式书写革命宏大话语下历史轮回的梦魇。小说开篇就呈现了地狱里阴森恐怖的场景。正如卡夫卡笔下的格里高尔一夜醒来变为甲虫，西门闹一场噩梦醒来，阎王爷把他从人变为猪狗。非常时代，人鬼相杂。土改中被枪毙的地主西门闹六道轮回、投胎转世为驴的过程充满不公、冤屈。但最致命的是，轮回路上历史亲历者失语的恐惧。西门闹的冤魂在被送回高密东北乡投胎转世的归途中，目睹物是人非的故土与故人，却被扼住喉咙，发不出半点声息。这正是无所归之冤魂。当"我"遇到自家的车马，"想冲上去问个究竟，但鬼卒就像两棵缠住我的藤蔓一样难以挣脱"。当识文解字的堂堂乡绅西门闹糊里糊涂地被枪毙，又稀里糊涂地变成一头驴子，"我""感到无比地羞耻和愤怒，努力吼叫着：'我不是驴！我是人！我是西门闹！'但我的喉咙像依然被那两个蓝脸鬼卒抑住似的，虽竭尽全力，可发不出声音。我绝望，我恐惧，我恼怒，我口吐白沫，我眼睛泌出黏稠的泪珠。"面对妻子白杏儿，"我恨驴的躯体，我挣扎着，要用人声与你对话，但事实无情，无论我用心说出多少深情的话语，发出的依然是'啊噢～～啊噢～～'"。人兽异道，人声变驴叫，这是历史发了癔症后真相迷失的症候隐喻。历史亲历者失语后，历史就成了真假莫辨、晦暗不明的人间地狱。就算冤杀，到了地狱，阎王爷也善恶难分。正所谓上天无道、地狱无理。西门闹百口莫辩，失去人语，在畜生道里轮回，无疑是跌入了梦魇的深渊。对此，有论者认为："阎王明明知道西门闹的冤枉，而面对鸣冤时却仍然使其不断轮回而不直接让他转世为人，原因何在，就在于西门闹如果怀着仇恨来到人间，那么人间将会更加不得安宁，复仇式的恶恶循环将会有始无终。"[1]诚然，连阎王爷

---

[1] 丛新强：《莫言研究的倾向问题及其回应》，《潍坊学院学报》，2016年第1期。

也无法改变冤情，复仇式轮回便成了历史的梦魇。只是该论者认为六道轮回后的西门闹最终没有了仇恨，体现了转世为向善这一世俗伦理的最高境界。笔者认为，冤杀致死的西门闹六道轮回之后忘掉了仇恨，恰是轮回的梦魇、历史的黑色幽默，如此之善有何善可言？

为了跃出瞒和骗的历史荒泽与迷障，地主西门闹借西门驴、西门猪、西门狗的声音发出土改地主被时间软埋的声音。人兽混杂的声音复调具有解构革命历史话语的美学力量。正所谓"鬼魅流窜于人间，提醒我们历史的裂变创伤，总是未有尽时。跨越肉身及时空的界限，消逝的记忆及破毁的人间关系去而复返，正有如鬼魅的幽幽归来。鬼在死与生、真实与虚幻、'不可思议'与'信而有征'的知识边缘上，留下暧昧痕迹。"① 在此，动物视角不仅逆转了人与兽的主奴地位，而且一跃而成历史梦魇的旁观者。在莫言笔下，动物通人性，有了灵性，可以旁观"狂热的人们在虚构出来的胜利中大发癔症"。通过人兽视角的颠倒转换，历史裸露出癔症般的真相：人间—地狱—人间、人—兽—人的梦魇轮回。莫言小说中相类似的梦魇循环结构还有《我们的七叔》。当革命群众"我们"冒雨押解反革命七叔连夜向公社进发的途中，大伙儿鬼打墙般七次遇到一模一样的一老一少一牛。最后火把熄灭，四周忽然响起嘿嘿的冷笑。借助神力，七叔逃过了这一劫，批斗他的领导回村却去世了。这个鬼打墙的梦魇情境与西门闹六道轮回的梦魇场景都具有重复循环的结构特征，寄寓了作者以民间鬼神与佛教信仰中因果报应的伦理价值对抗、解构所谓的革命正义秩序。

除了失语的恐惧，历史轮回的梦魇还表现为历史亲历者记忆的吊诡。一方面进入六道轮回前的西门闹不甘冤屈打翻孟婆汤，"要把一切痛苦烦恼和仇恨牢记在心"，否则"重返人间就失去了任何意义"，而保留记忆则是生而为人的尊严之所在。另一方面，转世为兽后的西门闹被陈年的记忆折磨得苦不堪言，"那些沉痛的记忆像附骨之疽，如顽固病毒，死死地纠缠我，使我当了驴，犹念西门

① 王德威:《魂兮归来》,《当代作家评论》,2004 年第 1 期。

闹之仇；做了牛，难忘西门闹之冤"。西门闹的灵魂被困在不同的兽身中，无计可施，只能带着人类的记忆，一次次进入肮脏、耻辱的轮回。而每次投胎都像要摆脱梦魇一样身不由己、拼命挣扎。在此，作者以黑色幽默的笔法，让人的记忆随着动物进入轮回的转盘，在人兽视角的碾磨中生成一种新的时间序列与意义结构，以佛教圆形的时间秩序消解革命线性的历史逻辑。佛教轮回的意义在于，清空前世记忆，破除尘世执念。西门闹拒喝孟婆汤，在一次次轮回中借助记忆对抗遗忘，正所谓"人之所以苦就是因为放不下，最终安放我们的是这片土地"。但他最终敌不过时间的转轮，"随着他的不断转世，慢慢地认同了动物性，而淡忘了最初他坚持的人性，反而是动物性越来越强，直至高过原有的人性"，"当他最终转世为人后，只剩下一个局外人的身份"。① 沦为自己前世苦难的局外人，这无疑是西门闹的悲剧。更为可悲的是，个体的痛苦记忆并不能唤醒举国皆狂、集体癔症年代的疯狂梦魇。由此可见，《生死疲劳》也是一部关于记忆和遗忘的人性寓言。正如米兰·昆德拉在《笑忘录》中借人物米雷克说出的一个观点，人与政权的斗争，就是记忆与遗忘的斗争。一个健忘的民族不是生生不息，而是未老先衰，被遗忘的历史将会以轮回的形式卷土重来。如畸形大头儿蓝千岁，他不正是历史畸变轮回的表征吗？小说结尾，庞凤凰与西门欢在车站广场耍猴卖艺，而那猴子正是他们的爷爷西门闹的五世轮回。广场意象的狂欢功能被这一代际变异的滑稽表演瓦解，这无疑是人类最愚蠢、滑稽的悲剧。最终，这只由爷爷转世的猴子——人类始祖的象征——被得知兄妹乱伦真相而精神崩溃的蓝开放打死。小说用戏剧化的快节奏将半个世纪的历史梦魇一枪惊醒。历史最后裸露的真相是，孙辈枪杀祖辈，人枪杀自己。最后，兄妹乱伦所生的蓝千岁恰是曾祖西门闹的第六世轮回。蓝千岁——曾经的爷爷，如今的孙子——重新开始向祖父蓝解放讲述自己的历史。生命在历史中轮回，历史在叙述中轮回。循环的叙事时间或故事时间，形成

大地的招魂

---

① 　莫言：《莫言对话新录》，文化艺术出版社 2010 年版，第 308 页。

循环的叙事结构。说到底,《生死疲劳》是一部民族的史诗与寓言。

历史轮回的梦魇还以封建"血统论"的现代翻版形式,内化为当事人对出身原罪的自觉指认。为了彰显阶级革命的立场,兽性大发的西门金龙无所不用其极地使用各种酷刑鞭打父亲转世的牛,结果那牛"作为一头完全摆脱了人类奴役羁绊的自由之牛",抖抖颤颤地站立起来,然后像一堵墙,沉重地倒下去。西门金龙身为地主西门闹的儿子,以弑父的形式,挣脱身上梦魇般纠缠的血统。这一历史场景特写镜头凸显了极左时代人性 / 兽性的逆转,裸露了历史的混乱、荒诞、恐怖。在此,历史以人伦断裂的形式露出狰狞、梦魇般的面目。正如面对前世儿子金龙的酷刑,叙述者蓝解放这样劝慰被虐打至死的西门牛:"六道轮回之中,多少人吃了父亲,多少人又奸了自己的母亲,你何必那么认真?"这也是为何小说以蓝解放与蓝千岁超越爷孙关系(互称哥们儿)的对话贯穿始终。西门闹人伦颠倒的轮回隐喻半个世纪中国历史是非颠倒的梦魇境遇。中国几千年的历史难道不是这样梦魇式地一次次轮回转世?正如巴特提醒我们注意历史话语循环重复的特质,以及语言本身所附带的意识形态力量。而蓝解放对西门牛讲述那段酷虐的历史,是因为"这是发生过的事情,发生过的事情就是历史,复述历史给遗忘了细节的当事者听,是我的责任"。在此,隐含作者的声音通过历史亲历者之口说出,是自觉的叙事伦理使然。若说强势的主流历史擅自筛选编造情节,以形成平顺规整的因果逻辑链,追求历史的整体性关联,那么后历史主义则解构历史自主陈述的神话,寻求历史的不连续性、溢出性、断裂性与离散性,主张对过去知识考古式的甚或探源研究式的了解。

时间结构上,历史轮回的梦魇表现为圆形循环、凝滞静止、封闭没有出路的美学特征。小说以佛教轮回的圆形时间解构现代化历史的线性时间,宗教时间比世俗时间更具精神力度、深度与长度。情节结构上,《生死疲劳》与欧洲冒险小说有相似性:冒险主人公是西门闹的"鬼魂"。这个鬼魂不是实体,能具有一切身份,具有生命奇遇与游历的纯粹功能。它是不能被自身形象所完成与预定

莫言与当代中国文学创新经验研究

的，它是一个超乎其外又入乎其中的声音。鬼魂的寄居于肉身的历险过程遭遇深刻尖锐的问题，并与不同的时代环境相遇冲突。作者将鬼魂推到可以揭露、激发他的特殊境遇时代语境里，是为了考验出他人身上的兽性、兽身上的人性、人身上的人性。西门闹六道轮回的灵魂冒险使小说具有了由悲剧而狂欢化而滑稽化的美学特征。风格的流变使小说旨归模糊，叙事复调，充满张力。《生死疲劳》把最底层的平民生活陌生化为特殊的境遇，遵循狂欢诗学的原则，把崇高的事物同荒诞的事物两相对照，裸露日常表面之下荒诞的里子。

　　除了时间与情节结构，莫言的梦魇叙事既有魔幻现实主义的象征意味，又有古典鬼怪章回小说的结构表征。章回循环式的叙述格局既与佛教六道轮回的宿命同构，又隐喻反讽历史的荒诞轮回。不仅如此，佛教六道轮回的故事作为前文本，为小说文本提供了整体的叙事框架与超越悲悯的宗教视野，让人看到人身上的人性、人身上的兽性、兽身上的兽性、兽身上的人性。人之不人，兽当道，这便是历史的梦魇。

第三节　梦幻与梦魇：精神平衡术

　　进一步追问，莫言幽闭型的梦魇叙事与狂欢化的梦幻叙事有何内在关联？究其质，梦魇叙事与狂欢叙事互为变体，体现作者精神的平衡术。狂欢叙事是作者童年饥饿孤独体验、暴戾梦魇记忆的代偿。梦魇叙事如实还原作者的胆怯和恐惧，虽然营构封闭缠绕的叙事时空，却呼唤酒神狂欢式的解放。如《红高粱》借助高粱酒，《檀香刑》通过猫腔艺术，实现爱与恨、刑与罚的逆转；《怀抱鲜花的女人》使欲望的梦魇在爱欲／死亡的吊诡中升华；《拇指铐》让母爱的光芒冲破人际暴力的梦魇；《生死疲劳》则呈现出历史梦魇化、梦魇轮回化、轮回狂欢化、狂欢滑稽化的美学流变。当梦魇被狂欢化，重重魅影变得轻薄、透明。沉重的梦魇轻盈一跃，精神获得轻与重的平衡。叙事表现出戏谑化、游戏化的柔性与弹性。梦魇的狂

大
地
的
招
魂

79

欢化尤其体现在《生死疲劳》中。作者通过以下几种方式实现梦魇的狂欢化。

人兽视角的颠倒逆转使梦魇狂欢化。作者让渡了传统叙述者的话语霸权，将人/动物声音平等并置，通过人兽视角的逆转编织一种反抗话语专制的叙事结构。小说通过动物视角将政治运动奇观化、轮回梦魇狂欢化，以对抗或解构革命历史话语的道德秩序和意义框架。动物视角赋予历史叙述以开阔的视野、超验的感知。作者让动物陌生、灵异的目光烛照历史的梦魇晦暗，打开历史叙事的新格局，影射历史真相。动物的主体化，使视角倒转逆袭，发现人身上的兽性、兽身上的人性。人兽视角的多元复调实现了叙事声音的民主。小说通过动物视角将政治运动奇观化、轮回梦魇狂欢化，对抗或解构革命历史话语的道德秩序和意义框架。大体而言，《生死疲劳》呈现出轮回的梦魇化、梦魇的狂欢化、狂欢的滑稽化的美学流变。

小说笔触飞扬，最为精彩的部分写出了"驴的潇洒与放荡、牛的憨直与倔强、猪的贪婪与暴烈、狗的忠诚与诿媚、猴的机警与调皮"。如写西门驴只想做一头自由自在、无拘无束、忘情于山水之间的野驴，"用最大的速度，积蓄着最大的力量，对着高墙上那道被夏天的暴雨冲出来的豁口，纵身一跃，四蹄腾空，身体拉长，飞出了院墙"；写西门牛面对西门金龙的酷刑，"作为一头完全摆脱了人类奴役羁绊的自由之牛"，抖抖颤颤地站立起来，成为政治狂欢广场上真正的主角；写西门猪个性倔强、我行我素，俨然阎王派来戏谑人类的使者，以非凡的势力、嗅觉、听力撒野、撒欢，创造了高密东北乡历史上的传奇，以原始艺术般的野精神反衬那个浮夸时代的虚伪，用"大智大勇和超常体能，干出惊天动地的大事，以猪的形体，挤进人的历史"；写西门狗的忠顺与机警。西门闹身为人的记忆梦魇，因动物的野性而狂欢化。

由此可见，《生死疲劳》中，一方面是历史运动导致群情亢奋的集体癔症；另一方面是动物原始生命力为冲破梦魇，打破虚假幻觉、日常界限、俗常的外壳和个体束缚，回归山野，在兽与自然合

一、浑然忘我中达到梦幻迷狂之境。西门闹为人时的梦魇记忆，通过转世为驴、牛、猪，从生命的内在天性中冲破升腾。这表达了个体生命通过生死轮回，复归世界本体的冲动，体现了强力意志的自由。在一种醉狂的言说中，个体面临的界限消解在酒神的忘我之境中。动物抒情诗人的"自我"是立足于万物基础之上的永恒的自我。西门驴、西门牛、西门猪从存在的深渊里奔逃、呼叫，试图摆脱个体化的界限而成为世界生灵本身，即使为此受苦，于生死疲劳中六道轮回，也在所不惜。作者笔至狂欢之处，恍如乐声四起，正所谓"悲剧吸收了音乐最高的恣肆汪洋精神"[①]。正所谓悲剧是最高的激情、审美游戏，荒诞年代的个体生命在六道轮回中，"甚至丑与不和谐也是意志在其永远洋溢的快乐中借以自娱的一种审美游戏"[②]。"它不断向我们显示个体世界建成而又毁掉的万古常新的游戏，如同一种原始快乐在横流直泻。"[③]作者通过悲剧梦魇的狂欢化、激活、释放民族生机，避免极左运动的禁欲和商业时代的世俗化对民族生命力的阉割。小说梦魇狂欢化的逆转背后是历史表象（色）与生命意志（空）二分的冲动。"痛极生乐，发自肺腑的欢喊夺走哀音；乐极而惶恐惊呼，为悠悠千古之恨悲鸣。"[④]酒神宴会具有救世节和神化日意味。动物视角赋予叙述以开阔的视野、超验的感知，让动物陌生、灵异的目光烛照历史的梦魇晦暗，开创了历史叙事的新格局。小说"站在六道轮回的角度，超出人，超出动物，也超出了鬼"，表现出"一种无形但巨大的道德力量"与"天然的自律"，[⑤]表现了佛教对欲念痴妄的透视，对六道众生无量苦的

① （德）弗里德里希·尼采:《悲剧的诞生》，周国平译，译林出版社 2014 年版，第 139 页。
② （德）弗里德里希·尼采:《悲剧的诞生》，周国平译，译林出版社 2014 年版，第 161 页。
③ （德）弗里德里希·尼采:《悲剧的诞生》，周国平译，译林出版社 2014 年版，第 162 页。
④ （德）弗里德里希·尼采:《悲剧的诞生》，周国平译，译林出版社 2014 年版，第 17 页。
⑤ 莫言:《莫言对话新录》，文化艺术出版社 2010 年版，第 309 页。

悲悯。这也是对梦魇的一种超越或超度。

概言之，西门闹历史梦魇的深刻痛苦与变身动物后强烈的生命欲望形成内在的张力，加之敏锐的感觉，作者运用狂欢化艺术阻止痛苦坠为悲观厌世，又将生命欲望提升至审美轨道。历史轮回的梦魇蜕变为天马行空的梦幻叙事，于历史癔症中迸发出逸出生活常态的新和奇。作者以动物视角建构狂欢戏谑话语，释放后革命/历史的政治激情。文本呈现出革命历史的严肃宏大、悲剧恐惧与后革命历史的黑色幽默、悲哀滑稽，现实主义的仿真表演与荒诞现实主义的陌生化写实相杂糅的斑驳色彩。小说在黑色幽默、荒诞现实主义的梦魇叙事中潜隐着历史真相。这种后革命、新历史主义写作的力量在于"叙述的形式所引发的'功能'"，"历史写作不单是一种将经验组织成形的方法，同时也是一种'赋予形式'的过程，而这种过程必定具有达成意识形态、甚至原型政治的功用"。[1]

感官的狂欢使梦魇狂欢化。感觉的狂欢包含"轻快、活力、劲道和纯粹生命力。确实，它几乎使你想起无限——提升灵魂，强化灵魂"[2]。真正的历史叙述就其本质而言，即是一种意识形态的回音，更是想象力的飞扬。在《生死疲劳》中，历史梦魇的狂欢化还通过想象力的张扬与感觉的狂欢来实现。因为动物视角使得感觉而非语言分外敏锐，所以作者用气味、色彩、声音唤醒感觉，感觉推动情节。感觉自体繁殖，语言跟随感觉滑行。在莫言笔下，历史叙事的重心不在于重述所谓历史的真实，而在于以诗的方式使历史人物复苏，用感觉帮历史重塑肉身。他的历史叙事帮助读者重新体验历史的真实情境，以感觉的方式直观历史。《生死疲劳》便是用充满想象力的感觉复苏历史潜隐的真相。

气味上，小说开篇地主西门闹因为政策，不明不白、猝不及防地被枪毙。但冤屈不明、梦魇似的枪毙过程却逆转为不乏梦幻的感

①　王德威：《想像中国的方法：历史·小说·叙事》，生活·读书·新知三联书店 2003 年版，第 299 页。

②　（意）伊塔洛·卡尔维诺：《新千年文学备忘录》，黄灿然译，译林出版社 2009 年版，第 43 页。

官体验："然后我就感到头飞了，然后我就看到了火光，听到了仿佛从很远处传来的爆响，嗅到了飘浮在半空中的硝烟的香气……"这种酷刑的审美化在后面猎猪队围剿野猪群时也出现了："这个生着好汉脸相的人，持一根木棍子——散发着也许是新鲜松木的香气，我不去想——对准我的脑袋就擂。"感觉的逆转使叙事带有狂欢色彩，这种手法在《檀香刑》的那根檀木棍上，也被浓墨重彩地铺开。

色彩上，小说一开始就奠定了蓝色油画般的叙事基调。蓝脸鬼卒有着人间的颜料永远也画不出的"高贵而纯粹的蓝脸"，人间以不变应万变坚守土地独立性的本色农民也有着一张罕见的蓝脸，并代代相传。这里蓝色如同《红高粱》中象征自由野性生命力的红色，被赋予主题基调式的美学意义。蓝色隐喻坚执、内敛、真实的大地本色，正如文中所言："只有当土地属于我们自己，我们才能成为土地的主人。"蓝脸扎根土地，立于半个世纪的历史风云，以不变应万变，印证土地的神性——"一切来自土地的都将回归土地"。作为古老乡土中国农民的标本，蓝脸的单干既是一个人为保持独立性，与社会潮流对抗，这种对抗通过西门金龙向蓝脸泼红漆，在蓝与红强烈的色彩对比中以直观印象冲击、触痛读者的阅读神经。蓝脸的单干还是农民本能式的反应，以农民的土地伦理对抗革命的政治伦理。当然，其中也裸露了农民迷信皇权、保守固执的本性。作为对照，蓝解放的单干则出自小孩的游戏心理，从而与成人世界的演戏式的政治运动、乌托邦化的社会游戏形成互文性的审美关系，是历史梦魇的狂欢化。

声音上，梦魇的狂欢化还出现在批斗驴县长的那场喧宾夺主的戏上。"打倒奸驴犯陈光第"的口号，经高音喇叭放大，形成声音的灾难。巨大的声音让大雁惊魂跌落，集上的人疯狂哄抢，而叙述者"我"则安全地在大树上，居高临下地目睹哄抢过程中人各种狰狞的表情。这种叙述空间上俯视的叙述视角赋予叙事政治性的结构功能与荒诞现实主义的美学色彩。以如此荒诞滑稽的哄抢作为批斗运动的背景，梦魇式的批斗便被喧宾夺主、游戏狂欢化。而在驴县长自己的叙述中，批斗使他恍惚进入了美妙的幻境，如希腊半人半马的神，体会到了一头驴的快乐和痛苦。莫言的狂欢戏谑手法让人忍俊不禁。

概观之，莫言的《怀抱鲜花的女人》《拇指铐》《生死疲劳》讲述鬼魅故事，以重复循环的结构、不及物的情节营构密集压抑的叙事时空，描述人物在个体欲望、人际暴力、历史轮回的梦魇中挣扎的诡异命运，于意义的迷雾中呈现荒诞、酷虐的美学特征。莫言梦魇叙事的源头可追溯至童年的恐惧体验以及时代的创伤记忆。作者曾说："在我的童年生活中，给我留下深刻印象的，除了饥饿和孤独，那就是恐惧了。"①而童年"对鬼的恐惧，这种体验直到今天还能感受到"②。学者樊星认为，山东地方的神秘文化、以《聊斋志异》为代表的鬼怪文化、民间的灵异文化深深影响了莫言的小说创作，表现为诡谲的文风。莫言童年的恐惧体验既有对妖狐鬼怪类神秘之物、未知之域的好奇与敬畏，也有极左年代思想改造带来的创伤记忆，如富裕中农的身份自卑与"不准革命"的痛苦。童年不正常的社会环境对人性的压抑，让莫言变成一个谨小慎微、沉默寡言的人。他压抑爱说话、爱热闹的天性，变得自卑、胆怯、敏感、害怕与人打交道，不喜欢大庭广众下说话，经常莫名地恐惧。这些恐惧源自集体无意识，浸透到个体潜意识，一并积淀在童年土壤里，野蛮生长，成为莫言梦魇叙事的源头。这些恐惧与阴影或以梦魇叙事的形式在小说中放大并释放，或以话语狂欢的形式获得代偿与平衡。在这个意义上，梦魇叙事与狂欢叙事互为变体，体现莫言精神的平衡术。他以梦魇叙事的形式反抗不正常的社会环境对人性的压抑，借此释放潜意识中关于人性／时代的梦魇记忆。笔者想，很少有读者能够从莫言那强有力的梦魇叙事中挣脱出来而不受伤害。他的梦魇叙事是真实而危险的。

莫言互为变体的梦幻、梦魇叙事是精神之轻与重的平衡术，具

① 莫言：《莫言讲演新篇》，文化艺术出版社 2010 年版，第 108 页。
② 莫言、杨扬：《小说是越来越难写了（对话）》，杨扬：《莫言研究资料》，天津人民出版社 2005 年版，第 7 页。

有一种不及物的美学力量。因为直视梦魇使人窒息，让人陷入绝望虚无的境地，一如美杜莎使人石化的目光，是生命不可承受之重。一味地凝视黑暗是残忍的，于是人需要借狂欢、梦幻的幻象来软化或平衡精神之重。作为一种精神的平衡术与有意味的形式，梦幻与梦魇叙事的美学力量在于，它们比及物叙事更混沌，也更接近真理。

第三章　莫言的文体创化

　　文体，是一个作家灵魂的皮肤。莫言的文体创化，表现为以感知革命推动形式革命，以形式革命开拓精神边界，自成一界、自由无界。他博采众长，创化革新，是旧艺术形式的挑战者、新艺术形式的创造者。他的每一部长篇作品都"包含宇宙的一个模式或宇宙的一个属性"[①]，创造了浑然天成的结构，具有着独特的文体形式、语言风格。

　　莫言的叙事有文无定法的"野狐禅"之风，给人焕然一新的感觉。但他的文学革新并非横空出世，而是在百年乡土文学史与中国文学传统的内部进行变革、创化。T. S. 艾略特认为，作家在写作中应该建立一种"史意识"："这种历史意识包括一种感觉，即不仅感觉到过去的过去性，而且也感觉到它的现在性。……有了这种历史意识，一个作家便成为传统的了。"[②]向来，"真正的创新是艰苦的生发过程，并且常常以深深扎根以往文学的方式来获得而不是失去什么东西"[③]。"凡是一种文学形式衰退的时候，挽救它的只有两种东西，一是民间的东西，二是外来的东西。"[④]诚然，莫言的叙事既有中国古典叙事资源的滋养，如神话传说、民间故事、庄子散文、魏晋志怪、唐传奇、宋话本、元曲、明清小说、民间艺术等；也有外来叙事资源的影响，如翻译小说、话剧、电影、油画、交响

① （意）伊塔洛·卡尔维诺:《新千年文学备忘录》，黄灿然译，译林出版社 2009 年版，第 119 页。
② （英）T. S. 艾略特:《传统与个人才能》,《艾略特文学论文集》，李赋宁译，百花洲文艺出版社 1994 年版，第 2—3 页。
③ （美）欧文·白璧德:《论创新》,《文学与美国的大学》，张沛等译，北京大学出版社 2004 年版，第 148 页。
④ 莫言:《莫言讲演新篇》，文化艺术出版社 2010 年版，第 332 页。

乐等。莫言以自觉的历史意识，高度混融复合的方式，将中外叙事资源整合创化，熔铸一体，形成独具一格、圆融自足的文体世界。

莫言小说的文体创化表现在，以世界性与本土性联通的方式，讲述中国故事。诚然，马尔克斯、福克纳、川端康成等外国作家一度启发了莫言现代主义、后现代主义的形式自觉。但莫言很快从学习拉丁美洲魔幻现实主义的短暂冲动中走出来，大踏步撤退，从中国民间文学传统中汲取营养。有研究者认为："真正对这位高密作家产生持久影响的还是想象奇特的齐文化，我们能从《生死疲劳》和《蛙》等小说中，看到《齐谐》和《聊斋志异》中'灵异叙事'的明显印痕，所以瑞典文学院在颁发诺贝尔文学奖时，有意不用'魔幻现实主义'（magic realism）而以'谵妄现实主义'（hallucinatory realism）一词概括其叙事风格。"[1]在此，本章重点探析莫言如何以本土与世界融汇的方式讲述中国故事，"如何将个人体验和历史记忆、不羁想象和乡间传说、民族痛史和农民品格等博采广收，自铸伟辞，在探索民族心灵史的同时，又对文学自身予以很大力度的变革和创新"。[2]

关于莫言的文体研究，学界成果丰硕。季红真、张清华、洪治纲等学者都有精到论述。在此，笔者着重考察莫言如何从感觉主义到形式主义建构乡土"艺术色情学"，"用耳朵阅读"的他如何运用听觉叙事建构独特的乡土音景世界，以及如何实现泛灵论思维下的跨文体熔铸。

第一节　"艺术色情学"：感觉主义与形式主义

莫言乡土叙事的不及物性表现在通过感觉的解放、形式的革新、文体的创化，拆解目的论及物叙事僵硬的逻辑壁垒与价值拘

---

① 傅修延：《中国叙事学》，北京大学出版社 2015 年版，第 23 页。
② 张志忠：《莫言研究的回顾与展望：1984—2013》，《海南师范大学学报》（社会科学版），2014 年第 6 期。

囿。莫言的乡土叙事以感觉为本位，感觉的狂欢带来想象的飞扬，想象的飞扬推动形式的革新。其叙事感觉饱满，以陌生化的感觉狂欢推动情节；以奇幻魔幻的想象构建形式；以不拘一格的形式实验生成召唤结构，把故事的阐释权、想象空间留给读者。莫言以天马行空的感觉、不拘一格的文体形式，营构独特的乡土"艺术色情学"。

"艺术色情学"出自苏珊·桑塔格。她在《反对阐释》中说：为取代艺术阐释学，我们需要一门艺术色情学。"艺术色情学"以身体即主体为价值前提，以艺术感受与形式为本体，旨归于生命爱欲与审美的自由。"艺术色情学"推崇艺术的现象学直观，赋予艺术感觉与形式以色情学的意味，以及审美超越的功能，对本质主义的阐释学进行抵制，具有后形而上学和反本质主义的色彩。他山之石可以攻玉，文学叙事亦可作如是观。在此，笔者从"艺术色情学"的视域出发，考察莫言乡土小说感觉主义与形式主义的文体创新。莫言的乡土叙事可谓用感觉与形式建构了一种中国乡土世界的"艺术色情学"。

一、以身体即主体为价值前提

"艺术色情学"的价值前提是身体即主体。西方哲学界自古希腊奠定的理性主义传统，至笛卡尔现象/理念二元对立的形而上学，便建立了身心二分的价值结构，以及心优越于身的等级秩序。本体论哲学强调灵魂对肉身的超越，身体的感觉为理性奴役。直至十九世纪末二十世纪初，胡塞尔、海德格尔、柏格森、尼采、弗洛伊德、萨特等的现象学、生命哲学、精神分析学、存在主义思潮出现，身体感觉才日渐解放。柏格森的创造性直觉"有意或无意地反抗理性，尊重本能的冲动胜于尊重自我，以及创造的自发性"[1]。

---

① （法）雅克·莫诺：《偶然性和必然性——略论现代生物学的自然哲学》，上海外国自然科学哲学著作编译组，上海人民出版社 1997 年版，第 19 页。

弗洛伊德肯定力比多是生命的原动力，肉体是人类生命的归属。存在主义则认为，人是一种"身体—主体"的存在（梅洛庞蒂语）。艺术色情学便在于唤醒身体的感觉潜能，向至高无上的理性权威发出挑战。

现代化的科学世界观造成的后果之一就是存在或生活本身被遗忘。工业化进程使得个体工具化理性化，流水线式的劳动分工使得个体存在原子化。人失去农耕时代个体与大地的直接的、完整的关联，成为一种工具化、碎片化的存在。自由、完整的人，当身心合一，诗意地栖居在大地上。艺术色情学强调身心合一，主张艺术向"身体—主体"回归。莫言以野性十足、诗性丰沛的乡土叙事召唤工业科技理性时代日渐退隐的大地诗性与神性想象，还原人的大地式、肉身化的整体存在。莫言的乡土叙事以身体即主体为价值前提，将大地身体化、身体主体化，呈现原生态的乡土感官世界与艺术色情。

莫言的很多乡土小说都凝聚、结晶出一种扎根大地的、身体主体化的意象，如《红高粱》中的红高粱，《透明的红萝卜》中的红萝卜，《食草家族》中的红蝗，《四十一炮》中的肉，《生死疲劳》中的驴、牛、猪、狗，《蛙》中的蛙，《丰乳肥臀》中的乳房等。这些乡土植物、动物、人物的身体意象，是大地的感觉触须。大地因这些身体触须的感觉编织，具有了血肉丰满的质感与主体性。大地化的身体意象拆解主流宏大话语对乡土世界的话语束缚，建构另一种诡谲奇异的乡野世界。如《透明的红萝卜》中大地精灵般的黑孩皮糙肉厚的身体与红萝卜透明灵异的身体，《红高粱》中奶奶地母般丰满的身体与红高粱健硕的身体，以异质同构的合力彰显乡土大地苦难与超越二位一体的灵性、野性。《蛙》中民间艺人郝大手捏泥人时如一匹梦境中的老马，心驰神往，迷狂迷醉。疙瘩般的泥巴因其精神之光的灌注，而脱胎为活生生的泥娃娃。他以灌注着灵气与灵魂的泥人，使姑姑从罪感中获得灵魂的救赎。泥人的身体也由此具有了罪恶与救赎二位一体的乡土神性。又如余占鳌眼中戴九莲让人爱欲勃发的小脚，《爆炸》中父亲那麦焦味、泥土气的巴掌等，均被赋予象征乡土欲望与威权的身体—主体性。莫言的乡土小说以诸多身体意象恢复乡土大地的血肉身躯，裸露乡野生命的灵性、野性、神性，营构了一个感觉丰沛、爱欲四溢的乡土艺术色情世界。

莫言的乡土艺术色情世界以扎根大地的身体感觉为原点，以之为矛，穿透中国百年乡土社会的历史、政治、革命、伦理的话语外壳，拆解思想启蒙、文化守成、社会革命类时代宏大话语对乡土感官世界的删减与遮蔽，裸露乡野世界的原初本色，唤醒乡野之民的原始生命力。如《透明的红萝卜》以黑孩的感觉为中心，谋篇布局，打乱故事时序，围绕透明的红萝卜意象，呈现流动、飘忽的感觉世界，以黑孩的丰富感觉对抗极左年代僵硬的话语规训。又如《天堂蒜薹之歌》通篇弥漫着蒜薹刺鼻的气味，传递出激愤的政治批判意味，这气味便是小说的主角。《生死疲劳》则通过六道轮回的动物们的感官视角，让地主的人间面目、内心声音浮出历史的地表。小说以通感的方式将大地上的人物、动物、植物联通，用六道轮回的感觉与想象营构开放、模糊、多义的乡土艺术色情世界，解构革命进化、目的论式的社会意识形态；以人物、动物感觉的民主，实现个体身体的主体化，释放身体感官的政治潜能，即以身体轮回的个体小历史解构宏大话语的大历史。

莫言的乡土叙事基于身体主体化的独特感受力，书写扎根大地的生命苦难与悲剧精神。在希腊文化中，悲剧是一种生命感受力。在莫言笔下，悲剧因非凡的生命感受力，被赋予酒神狂欢精神。如《檀香刑》中的孙丙以气贯山河的酒神精神，冲破极权与极刑加诸肉身的痛苦，反弱为强，成为宣泄民众愤怒的出口与感化人心的利器。结尾行刑者变成戏耍者，唱戏者反转为逼视人性的审判者。刑场上残酷的杀戮变成艺术的狂欢，民间艺人孙丙终借猫腔道成肉身！檀香刑是肉身的凌迟，猫腔则是灵魂的涅槃。莫言笔下的乡土大地具有最沉重的肉身，也具有最超拔的生命强力，身体即主体。

二、以艺术感觉与形式为本体

"艺术色情学"以艺术感受与形式为本体。艺术色情学呼吁批评回到感觉与形式，原因有两点：一、色情如此炫目，首先诉之于感觉，而非理性；二、色情对应于感官，因此与审美对象的形式直接关联。莫言的乡土艺术色情学便以感觉与形式为本体。

柏拉图在《大西庇阿斯篇》里最先提出：美就是由视觉和听觉产生的快感。莫言笔下的乡野世界是感觉的世界：天地人神共舞，鬼狐仙怪齐鸣，声色视听味嗅触，五蕴打通。莫言的每部小说自有一种味道、力道、劲道。他擅长运用感觉修辞，使感觉意象化，意象画面化，画面流动化。他笔下的乡土世界恰似一场感觉盛宴：父亲麦香的巴掌，母亲黄金或菊花般的笑容，刺猬会思考，公鸡说梦话，高粱会呻吟哭泣，太阳翠绿，大地飘荡旋转，雪夜飘芦香。或转化为一幅幅撞击读者眼球的浓墨重彩的印象主义油画，如《红高粱》灼热的红，《生死疲劳》刺眼的蓝。又如《食草家族》光影晕染、空气透视与意识流交错运用，营构印象主义的绘画世界。

莫言原发的生命感觉源自童年的乡土记忆："母亲坐在一棵白花盛开的梨树下，用一根洗衣用的紫红色的棒槌，在一块白色的石头上，捶打野菜的情景。绿色的汁液流到地上，溅到母亲的胸前，空气中弥漫着野菜汁液苦涩的气味。那棒槌敲打野菜发出的声音，沉闷而潮湿，让我的心感到一阵阵的紧缩——这是一个有声音、有颜色、有气味的画面，是我人生记忆的起点，也是我文学道路的起点。我用耳朵、鼻子、眼睛、身体来把握生活，来感受事物。储存在我脑海里的记忆，都是这样有声音、有颜色、有气味、有形状的立体记忆，活生生的综合性形象。这种感受生活和记忆事物的方式，在某种程度上决定了我小说的特质。"[①]莫言追求属于自己的小

---

① 莫言：《作为老百姓写作——与大江健三郎、张艺谋对话》，《说吧莫言：作为老百姓写作（访谈对话集）》，海天出版社2007年版，第295页。

说的气味，正如张炜所说，作家"重视自己所处的那片土地，重视在那儿获取的全部感觉"，"对生活、对置身的这个世界，总有自己最理解的部分，有自己能够表达的隐秘，把这些写出来，是一种责任"。①这也是工业时代莫言乡土叙事伦理的自觉。

工业时代，科技理性褫夺了人与自然的诸种联系，人与大地的整体性、生存性的关联被切断了。科技时代，人们的大脑格式化、精神固化、感官钝化，人失去对自然神秘之物的直觉洞察力，成了原子式、工具性、碎片化的存在。膨胀的物欲钝化了人们的感觉，导致群体性的感觉麻痹症。敏锐的感性体验正在机械复制中丧失，因此文学艺术"要去除对世界的一切复制，直到我们能够更直接地再度体验我们所拥有的东西"②。张炜说："精神可以改变人的味觉和嗅觉。"③其实，反之亦然，感觉也可以改变精神。因为"感觉、情感、感受力的抽象形式与风格，全都具有价值。当代意识所诉诸的正是这些东西。当代艺术的基本单元不是思想，而是对感觉的分析和对感觉的拓展（或者，即便是"思想"，也是关于感受力形式的思想）。里尔克把艺术家描绘成'为拓展个体感觉的领域'而工作的人；麦克卢汉把艺术家称为'感觉意识的专家'"④。

其实，许多天才艺术家都有"重感觉轻认知"的倾向，如约翰·济慈"宁愿过一种感觉的生活，而不要过思想的生活"⑤。T.S. 艾略特要人"像闻到玫瑰花香一样"⑥感觉到思想。莫言乡土"艺术色情学"的独特性在于，他扎根大地，从农民的原发视角与泛灵论的原始思维出发，站在本土性与世界性的交汇点，创造乡土世界陌

---

① 张炜：《诗性的源流》，文汇出版社 2006 年版，第 178 页。
② （美）苏珊·桑塔格：《反对阐释》，程巍译，上海译文出版社 2003 年版，第 9 页。
③ 张炜：《小说坊八讲》，作家出版社 2014 年版，第 29 页。
④ （美）苏珊·桑塔格：《反对阐释》，程巍译，上海译文出版社 2003 年版，第 348 页。
⑤ （英）约翰·济慈：《一八一七年十一月二十二日致本杰明·贝莱》，《济慈书信集》，傅修延译，东方出版社 2002 年版，第 51 页。
⑥ （英）T.S. 艾略特：《玄学派诗人（1921）》，《艾略特文学论文集》，李赋宁译，百花洲文艺出版社 1994 年版，第 22 页。

生、新鲜的感觉与形式，"以愉悦他人、培养良知和感受力"①。向来，实验性的艺术是感觉的混合物，非政治的，不说教的。莫言的乡土叙事通过"感觉—生命—艺术"一体化又个体化的感觉解放与形式革新，对乡野世界的动物、植物、人物进行现象学的感性体验与诗性直观，"起着某种既弄混我们的感觉、又打开我们的感觉的电击疗法的作用"②。莫言的乡土叙事既是个性化的个人表达，更是创造，是"一种用来改造意识、形成新的感受力"③的工具，是工业化进程中衰败的乡村文明有力的反戈一击。

康定斯基曾说过，颜色是直接对心灵产生影响的方式。莫言乡土叙事的感觉化首先表现在具有强烈的画面感与视觉冲击力，从中可见西方油画的影响。在解放军艺术学院的图书馆，莫言看到凡·高、高更等印象派画家的作品，"凡·高令人炫目的燃烧起来的色彩，高更热带海岛神秘幽深的原始风情，都给莫言以深刻的启迪，也影响了他的文学创作。他也讲到家乡高密的扑灰年画和剪纸艺术对他写作的影响"④。印象派以艺术家的个人感受来否定传统思想，以瞬间的印象表现事物，在背离绘画传统、"破坏"传统艺术视觉形象的同时，引导一个新的艺术时代的到来。印象派的主观印象使得莫言突破之前的作品的现实主义窠臼，颠覆古典绘画般的透视法与逼真性，放飞自己的感官印象。这最早体现在《透明的红萝卜》中。这部小说有两套笔墨，一套是现实主义黑白色调的笔墨，写桥梁工地的人、事、劳动场景，以及特殊年代人与人的冷漠；一套是印象主义的彩色笔墨，是黑孩主观印象中的动物、植物、黄麻地、河水等，呈现出秋天雾气氤氲的朦胧美感。前者是现实主

① （美）苏珊·桑塔格：《反对阐释》，程巍译，上海译文出版社 2003 年版，第 343 页。

② T.S. Eliot, *The Use o Poetry and the Use of Criticism*, New York : Barnes & Noble, 1955，pp.118-119. 文中为笔者回译。

③ （美）苏珊·桑塔格：《反对阐释》，程巍译，上海译文出版社 2003 年版，第 343 页。

④ 张志忠：《莫言研究的新可能性》,《中国现代文学研究丛刊》，2016 年第 4 期。

义的，后者是印象主义的。随后，《红高粱》如一幅印象主义的油画向读者迎面扑来。小说以红高粱为大幕、背景、主角，营造了漫天漫地的、浓烈灼目的红色海洋。高粱野性的红，奶奶新嫁娘的红，战争中血与火的红，一并赋予红色以生、死、爱、恨的美学意味。莫言的很多作品都可以抽绎出一个色彩基调或主调，如《透明的红萝卜》中的透明、《红高粱》的红、《生死疲劳》的蓝等。

印象派强调光和色的模仿，打破了传统绘画对物象形体线条的表现形式，对色彩的大胆运用启发了莫言。莫言还将同一物象置于不同光线和空气下，描摹其变幻无穷的外观与丰盈摇曳的灵魂，如《透明的红萝卜》《红高粱》中象征生命爱欲与自由的黄麻地、红高粱，被莫言从不同光线、角度、时间反复描摹，使之如主旋律般回旋往复于字里行间，弥漫成小说的灵魂。有时候，莫言的笔力密集于光线和空气折射下色彩与情绪的流变，如炉火旁的红萝卜、日光下的红高粱、月光下的蓝脸，这使得所描绘的受光物象不是最重要的，重要的是它折射出的情绪与印象。因而，莫言的文字记录下来的不仅仅是物象本身，而是生命主体投射其中的观照的过程。

莫言正是通过陌生化的感觉、印象化的叙事赋予乡土世界独特的色情美学。在莫言的作品中，经常有陌生化的色彩搭配，比如《怀抱鲜花的女人》中女人"穿着一条质地非常好的墨绿色长裙"；头发是浅蓝色的，脚上穿着一双棕色小皮鞋，怀里抱着的"那束花叶子碧绿，花朵肥硕，颜色紫红"。墨绿色、浅蓝色、棕色、紫红都是非常陌生化、对比强烈的搭配。《长安道上的骑驴美人》中红衣女子与蓝色花朵的强烈色彩搭配，既有印象画的浓墨重彩，又有民间扑灰年画的乡土喜感。《夜渔》中白月光下手持白荷花的白衣女子几乎完美地把握着光和色瞬间的关系，把大自然的神秘的美感表现得淋漓尽致。其中，关于月光下白荷花的描写具有印象派的朦胧美感："月亮的光辉突然洒满河道，一瞬间，我看到它颤抖两下，放射出几道比闪电还要亮的灼目白光，然后，那些宛若玉贝雕琢成的花瓣纷纷落下。花瓣打在水面上，碎成细小的圆片，旋转着消逝在光闪闪的河水中，那枝高挑着花瓣的花茎，在花瓣凋落之后，也随即萎靡倾倒，在水面上委蛇几下，化成了水的波纹……"

水是印象画派喜欢的题材。水像雾霭一般，使水边物象折射出抽象、虚幻的光影。在莫言的作品中，水也是一个经常出现的意象，如《秋水》《枯河》《夜渔》《生死疲劳》《蛙》等。这些小说均以水为背景，在水的衬托下，人、事、物灵动摇曳、氤氲虚幻起来，故事就随之由现实跃入超现实层面。如《夜渔》中这样描写水："我正赤身站在河水中，水淹至我的心脏，我的心脏的每一下跳动都使河水轻轻翻腾，水面上泛起涟漪。荷花虽然消逝了，但清淡的幽香犹存，它在水面上漂漾着，与清冽的月光、凄婉的虫鸣融为一体……"水使得画面灵动起来，也引领叙事由实入虚。当然，印象派也因追求感觉印象与形式美感，不关心作品的思想性，被人诟病。莫言的小说不是思想性的，而是感觉主义、形式主义的。他通过文字营造一种笼罩全篇的、现实又超现实的光影色调、氤氲气氛，让读者感受到这种光影气氛，并沉浸其中。莫言的作品与其说想对读者说什么，倒不如说想让读者感受什么。

莫言的感觉主义除了受印象画派的影响外，"画面感与高度的感觉化，是川端康成对莫言小说文体意识的最大启发，此后，他便开启了自己原本过人的感觉系统，将所有的故事都叙述得形色味俱全，而且饱满丰盈。大量运用的通感，渗透在修辞中。这也使它所有的小说，呈现出饱满的生命质感"[1]。奇绝、陌生的感觉系统的激活，打开了莫言形式实验的想象空间。其乡土叙事除了受绘画艺术色彩搭配的启发，具有油画般的视觉冲击力，还有着交响乐般恢宏复调的形式结构，如《红高粱》中奶奶高粱地里的爱与死如一曲绚丽、悲壮、回旋、升华的生命华章;《檀香刑》中猫腔的一唱三叹与孙丙生命的抑扬顿挫同构。另外，民间泥塑的造型艺术也启发了莫言小说的人物塑造。

莫言文气横逸，打破常规的感觉系统、语言规范与意义网络。其创作整体上表现出由早期感觉主义到中期形式主义的文体创化与

大地的招魂

① 季红真:《莫言小说与中国叙事传统》,《文学评论》,2014 年第 2 期。

衍变。莫言文体创化的枢纽在于，由感觉的陌生化，到关系的陌生化，到语言形式的陌生化。

感觉的陌生化表现为回归感官本源的新感受力的发掘。在此，新感受力有点类似于美国文艺心理学家 S. 阿瑞提所说的"内觉"。"内觉是对过去的事物与运动所产生的经验、知觉、记忆和意象的一种原始的组织，这些先前的经验受到了抑制而不能达于意识"，是 ·种"非语言的、无意识的或前意识的认识"。[①]作家在写小说时应该调动起自己的全部感觉器官，味觉、视觉、听觉、触觉，或者是超出了上述感觉之外的其他神秘感觉，如此小说便具有了生命的气息。它不再是一堆没有生命力的文字，而是一个有气味、有声音、有温度、有形状、有感情的生命活体。如《红高粱》既是视觉的盛宴，又有嗅觉、味觉排山倒海迎面扑来，把你裹挟进去。《天堂蒜薹之歌》可谓莫言最激愤的长篇。字里行间弥漫着一股刺鼻的蒜薹味，可以通宣理肺。莫言曾说，一个作家应该有关于气味的丰富的想象力。一个具有创造力的好作家，在写作时，应该让自己笔下的人物和景物，放出自己的气味。即便是没有气味的物体，也要用想象力给它们制造出气味。作家借助于无所不能的想象力，可以创作出不存在的气味，可以创造出不存在的事物。对莫言而言，作家的创作，其实也是一个凭借着对故乡气味的回忆，寻找故乡的过程。有自己独特气味的小说是最好的小说。

新感受力的发掘打开一个全新的感官世界，宇宙万物的关系随着感觉的陌生化而陌生化。关系的陌生化在于，通过视角的巧妙设计，于颠倒的关系中发现颠倒的风景，如《生死疲劳》中人与兽的视角错置，呈现了一个人兽颠倒的癔症时代与历史梦魇，于平常中见出非常。正如王德威所认为，莫言与沈从文"在营造原乡视野，化腐朽为神奇的抱负上，倒是有志一同"[②]。随着感觉与视角的陌

---

① 王一川：《语言乌托邦——20 世纪西方语言论美学探究》，云南人民出版社 1994 年版，第 59 页。

② 王德威：《当代小说二十家》，生活·读书·新知三联书店 2006 年版，第 216 页。

生化，语言的陌生化便自然而然产生了。好的作者总能用文字咬痛读者的神经。剜心的叙述，语言的利刃奇崛锋利，让读者防不胜防，如《红高粱》里奶奶爱与死的华彩乐章，感觉的爆炸带来的是语言的狂欢，如一部回旋往复中升华的交响乐。又如《麻风的儿子》中麻风儿子张大力吃牛屎那一段，让读者出乎意料、触目惊心、震惊震撼。莫言的句子有角度、气势，词汇有方向，行文有节奏，语言有韵律。一般而言，小说有内外两种节奏。外节奏，即故事节奏与叙述节奏；内节奏，指细节频率、语言调度。一般来说，通俗小说外节奏快，呈现人物的外在时间生活经历，忽略内在价值走向，纯文学外节奏太快就会影响艺术品质。莫言惯于由内在感觉节奏推动外在叙述与故事节奏。同为乡土作家，相较而言，贾平凹小说的内节奏慢，有精雕细刻之美，如《古炉》于炊烟袅袅中一点一点讲述四季轮回的日常故事。张炜也曾说："现代小说越来越不追求'故事'的膨胀，相反倒是不断地压缩它。而它的细节、细部在扩张。大的情节转换时，只简单交代一下。"[①]说到底，作家的艺术表现力主要在内节奏的吸引力。关于文学语言的骨骼与力量，当代有的作家喜欢放在名词和动词上面，如阿城骨感的句子、汪曾祺白开水样的文字；有的作家习惯放在形容词、副词上，定状补的修辞非常肥腻，如莫言习惯在枝繁叶茂的语言中释放桀骜不驯的个性，坚持倔强丰沛的自我，这是生命内在力量的表现。感觉的狂欢、想象力的飞扬让莫言的语言别致、犀利、怪异，放射出个性的光芒。

莫言的感觉自由无界、民主平等，陌生的感觉嫁接奇诡的想象，使得其小说形式如舞剑，妙而险，险而奇，奇而趣，趣而快，险绝而妙绝，险极而快极。可谓节节生奇，层层追险，陌生化、奇崛化、狂欢化并举。小说艺术就是用想象镂空现实的艺术。说到底，艺术家的特质在于内容与形式一体化、整体化的审美转化能力。在漫长的创作中，莫言形成了个人的精神语法，叙事形式一路常变常新，灵活灵动，摇曳生姿。如《红高粱》的感觉爆炸，《天

---

① 张炜：《小说坊八讲》，作家出版社 2014 年版，第 50 页。

堂蒜薹之歌》的文体嫁接,《酒国》的互文结构,《丰乳肥臀》的象征叙事,《檀香刑》的戏曲元素,《生死疲劳》的章回体例等。莫言小说形式的美感在微观上表现为内节奏快,缤纷缭乱,有满树繁花炸开之美。莫言小说形式主义的力量在于,化用古典、现代、后现代小说的结构手法于一炉,不拘一格,自创新招,让故事荡开些,获得叙述的独立性,避免故事的线性原则把叙述者牵住,而让讲故事的方式更自由、解放,文笔调度有生气,主动,天马行空。当然,叙事时间太快或体验时间太慢都不行,需调和均衡,以此避免情感过度沸腾而产生心理熵增。说到底,形式的边界在于,它是否以一种生动独特鲜活的形式传达出作品内在的活力与张力,否则就可能沦为削足适履、抽象架空的形式外衣或符号游戏。

向来,伟大的艺术创作"必须根据我们自身的感觉、我们自身的感知力(而不是另一个时代的感觉和感知力)的状况"[1]来进行。艺术不会在以数量取胜的大众面前妥协,重要的是恢复我们的感觉,以个体化的感觉穿越时代的噪音。有个性的艺术家在创造独一无二的艺术形式以愉悦他人、培养良知和感受力方面是无可替代的。作家通过开创一种新的结构形式,实现意义的启示。莫言的乡土叙事紧贴生命本能和感觉,五蕴接通,既扎根大地,又翱翔天际。其敏锐独特的感觉会带来新锐的形式,恢复、更新人对世界的感知,使万物复苏、文字鲜活。艺术的形式创化需要一种大开大合的心灵整合能力。莫言的乡土叙事便以其特立独行、大开大合的心灵整合能力,实现由感觉主义向形式主义的衍变。莫言通过独特的文体形式,别致、犀利、怪异的语言,放射个性的光芒。这就是他创造个性和内在生命的表现。反之,形式的焦虑是生命能量不能有力显现的表征。莫言正是在漫长的创作中,形成个人的精神语法,日趋灵活灵动、摇曳生姿起来。

当然,莫言之作在艺术上的长处,有时也会因其过分张扬自我

---

① (美)苏珊·桑塔格:《反对阐释》,程巍译,上海译文出版社2003年版,第16页。

的感觉而转化为短处。他运用大量的笔墨，戏剧化地夸大人物的内在感觉，以一种狂欢式的情绪营造着一个感觉空间。"余占鳌就是因为握了一下我奶奶的脚唤醒了他心中伟大的创造新生活的灵感，从此彻底改变了他的一生，也彻底改变了奶奶的一生。"过于主观化、随意化的臆想与感觉，在此便显得有些夸张和戏剧化。另见《高粱殡》一章，对奶奶棺木的浓墨重彩式的大特写，对掘墓过程的慢镜头放大式摄取，直至"我父亲扔掉奶奶的腿，掉过头去放声大哭着逃跑了……"才肯辍笔罢休。视觉、触觉、味觉的粗糙铺叙，联想、想象、幻象的泛滥描绘，意义何在？莫言在此走向了对纯粹感官刺激的张扬，对读者某种猎奇心理的撩拨。这些毫无节制的描写，也因其主观随意性太强而导致艺术形象的纷乱驳杂，乃至支离破碎。

三、旨归于生命爱欲与审美的自由

"艺术色情学"旨归于生命爱欲与审美的自由。"色情"一词在英语里，是 Erotic，而 Eros 也即马尔库塞所说的爱欲。Eros 是古希腊神话中执弓箭的爱神。在弗洛伊德理论中即指"爱欲"，与"死欲"相对。Erotic，当然可以翻译成"色情"的。这个词在英语世界没有什么贬义，译成了"色情"到了汉语世界就被赋予道德上的贬义。所以此词更为准确的中性译法应该是"情色学"。艺术色情学与追求审美解放的马尔库塞的爱欲主张有相通之处。爱欲作为一种生命力的表征，与审美有着共同的最终诉求：自由。马尔库塞说，必须从感性而不是理性的解放中，去寻求自由。换言之，要拯救被工具理性控制的文化，获取审美的自由，就必须消除文明对感性的生命爱欲的压抑。莫言的乡土叙事就是通过大地身体—主体化的感觉，张扬乡野世界自由蓬勃的原始生命力，批判现代文明压抑下"种的退化"，旨归于生命爱欲与审美的自由。

莫言由感觉主义到形式主义的乡土叙事祛除了乡土世界的话语遮蔽，以原生态、透明的体验方式接近乡野世界的本相，而"透明是艺术——也是批评——中最高、最具解放性的价值"①。若说及物化的乡土叙事将小说与一时一地的思想、文化、风向关联，如一个矿工试图借文学挖掘思想的矿藏，那莫言不及物的乡土叙事则以原发的感觉、奇崛的想象、陌生的形式呈现主流话语之外自在自洽的乡野"第二世界"，追求生命爱欲与审美的自由。莫言的乡土叙事非外来观光者搜罗土特产式的旁观，而是以土著乡民的身份挑衅着规训制度与礼教习俗，呈现古老乡村基本生存图式，裸露乡野世界原初生命形态——吃、喝、拉、撒，生、老、病、死，爱、恨、情、仇。由此，莫言的乡土叙事也因粗口、暴力、血腥、色情等重口味刺激读者惯常的审美定式，并一直被某些评论家诟病。其实，从乡土"艺术色情学"角度看，泥沙俱下的重口味叙事，正是莫言通过感觉世界的扩张，彰显乡野世界生命原欲与审美自由的表征。农民本位的写作视角、农民本色的审美趣味，使得莫言直接由欲而非情出发，裸露农民的感官世界，移情式宣泄被压抑的生命欲望，以身体狂欢的形式追求精神的自由。

感觉无边界，形式便无边界，这是审美自由的表征。莫言新的感觉与形式更新对世界的理解，其乡土叙事艺术是"对生活的一种拓展——这被理解为（新的）活力形式的再现。道德评价的作用在这里并未被否定，只是其范围被改变了；它变得不那么严厉，它在精确性和潜意识力量方面的所获弥补了它在话语明确性方面的损失"。诚然，审美自由有时候大于道德审判。正因如此，莫言小说生命感觉的充沛与道德立场的模糊相生相长。在《食草家族》中，作者借女戏剧家说下这样庄严的誓词："总有一天，我要编导一部真正的戏剧，在这部剧里，梦幻与现实、科学与童话、上帝与魔鬼、爱情与卖淫、高贵与卑贱、美女与大便、过去与现在、金奖牌与避孕套……互相掺和，紧密团结，环环相连，构成一个完整的世界。"在莫言这里，人之为人、艺术之为艺术的本原、本能、本体

① （美）苏珊·桑塔格:《反对阐释》，程巍译，上海译文出版社2003年版，第16页。

在于，更强烈、更深刻地去看、去听、去尝、去嗅、去感觉。所以莫言的乡土叙事听凭感觉推动，并无特别的题材禁忌，大便、腐尸、暴力、酷刑无不可写。在莫言这里，"一件伟大的艺术作品从来就不只是（或甚至主要不是）某些思想或道德情感的表达。它首要的是一个更新我们的意识和感受力、改变（不论这种改变如何轻微）滋养一切特定的思想和情感的那种腐殖质的构成的物品"[①]。富于想象力的生命爱欲与审美的自由是莫言叙事的最高道德，因为二者是对现实的反抗、对生命的解放。

史铁生曾如此评价莫言："莫言倒是没有那种思想家和社会良知的姿态，他有一个艺术家的姿态——小说艺术家的姿态，他的想象力非常丰富。"[②]诚然，莫言是一个以感受与形式见长的艺术家，而非以深刻与哲理取胜的思想家。正是扎根乡土大地的敏锐感觉与形式自觉，让莫言的乡土叙事气韵生动、率性自由。气韵是故事的灵魂，让故事鲜活、飞扬起来。莫言的叙事字里行间元气充沛、气韵生动、酣畅淋漓。莫言作为一个乡土作家，一直把自己的血肉，连同自己的灵魂，转移到乡野大地中。他"努力地写出感觉，营造出有生命感觉的世界"，坚持"作家在写小说时应该调动起自己的全部感觉器官，你的味觉、你的视觉、你的听觉、你的触觉，或者是超出了上述感觉之外的其他神奇感觉。这样，你的小说也许就会具有生命的气息。它不再是一堆没有生命力的文字，而是一个有气味、有声音、有温度、有形状、有感情的生命活体"[③]。莫言自由无界的感觉主义与形式主义便体现了他与没被异化的那个乡野大地接通的能力。读者应以敏锐幽微的艺术感觉与莫言的艺术世界内在联通，才有可能抓住其人其作"感觉—生命—艺术"一体化又个体化的精神内核。

大地的招魂

---

① （美）苏珊·桑塔格：《反对阐释》，程巍译，上海译文出版社 2003 年版，第 347—348 页。
② 莫言研究会：《莫言与高密》，中国青年出版社 2011 年版，第 159 页。
③ 莫言：《小说的气味》，《莫言讲演新篇》，文化艺术出版社 2010 年版，第 3—4 页。

总之，莫言的乡土"艺术色情学"强调艺术感受力与艺术形式，追求身心合一，主张艺术向"身体—主体"回归。莫言从生命现象学出发，用整个生命去体验感受乡野世界的身体—主体性。莫言的乡土叙事探索生命的奇迹，表达生命图腾崇拜，建构充满野性与诗性、强度与韧度的乡野"第二世界"，追求生命爱欲的释放与审美的自由。无疑，这个世界是乡土的，是中国的，是世界的，更是莫言的。

第二节　声音的诗学：众"声"平等

"用耳朵阅读"的莫言，通过奇幻的聆察，营构地籁、人籁、天籁合一，万籁自鸣、众"声"平等、野趣横生的乡土音景世界。①

"聆察"，与诉诸视觉的"观察"相对，是一种通过聆听探察世界的方式。观察有视角聚焦的限制，聆察则因声音无法聚焦，更具流动性与开放性。不同于观察将视觉形象尽收眼底，聆察需凭经验对声音推测想象。在调动人的想象力方面，听觉比视觉更开放。如何以"听"的方式"聆察"世界，庄子早有精奥论述。"若一志，无听之以耳而听之以心，无听之以心而听之以气！听止于耳，心止于符。气也者，虚而待物者也。唯道集虚。虚者，心斋也。"②人需专气凝神，心志专一，收视返听。耳止于聆听外物，心限于感知现

---

① 图像视觉研究之后的声音听觉转向是当下新生的学术兴趣点之一。傅修延在《中国叙事学》中提出"听觉叙事"这一概念。他认为："在高度依赖视觉的'读图时代'，视觉文化的过度膨胀对其他感觉方式构成了严重的挤压，眼睛似乎成了人类唯一拥有的感觉器官。听觉叙事研究的意义，在于通过弘扬感觉在文学中的价值，达到针砭文学研究'失聪'这一痼疾的目的。由于汉语中缺乏相应的话语工具，有必要创建与'观察'平行的'聆察'概念，引进与'图景'并列的'音景'术语。"见傅修延：《中国叙事学》，北京大学出版社2015年版，第239页。

② 郭庆藩撰、王孝鱼点校：《庄子集释》（上），中华书局1961年版，第134页。

象，气则空明清虚、涵容万物。"听之以气"，即纯气之守，以气悟道。道集于虚，虚即心斋。"听之以气"，才能心斋坐忘，玄览悟道，它是一种空虚心境，诉诸想象，感悟宇宙之道的"聆察"。

所谓"音景"，与诉诸视觉的"图景"相对，指由"声音"营构的独特"风景"，由耳朵"听"出的场域空间。[①]不同地域有不同的音景世界，如佛堂的木鱼、教堂的钟声、村庄的鸡鸣、都市的喇叭等。不同时代围绕一个定位声源，营构共听的声音网络与听觉空间，通过不同的声音纪念碑折射特定的时代语法。如农耕时代的鸡鸣狗吠、晨钟暮鼓，工业时代的蒸汽鸣笛，后工业时代的数字声音，等等。关于宇宙的声音景观，庄子提出"三籁"说。"籁"，原指箫，泛指声音，出自《庄子·齐物论》。子游曰："地籁则众窍是已，人籁则比竹是已。敢问天籁。"也就是说，"地籁"是风吹各种窍孔所发出的声音，草木虫鱼等众穴之徒无不是发声者；"人籁"是人吹丝竹管箫发出的声音，譬喻无主观成见的言论；"天籁"则指万物以天合天、自然而然的自鸣。只有摒弃机心我见，见素抱朴、游于万化、顺任自然，才能倾听天地的大音希声。庄子大音希声"听之以气"，便是一种空虚心境，诉诸想象，感悟宇宙之道的"聆察"。能够聆察"三籁"的作家须有感悟、感应浑然、混沌、玄妙天籁的禀赋，具有未被异化的、与大地联通的能力。

与工业时代让人沦为惯性倾听者的复制声音不同，乡土自然以个性化的声音，召唤人的主体性存在。莫言奇幻的聆察以敏锐的感觉与奇崛的想象，恢复现代人聆听大地的能力，创新性传承庄子大音希声"听之以气"的传统基因，建构地籁、人籁、天籁合一的乡土音景世界。在他笔下，万籁自鸣，众"声"平等，野趣横生。庄稼地的草生木长、虫鸣蛙声，河里的鱼蟹秘语，月夜下的野猪大战，秋天的大风声、洪水声，黑孩的心灵秘语，勾魂摄魄的猫腔等各种乡土声音，充满了奇幻、魔幻、野性、诗性的调式。莫言以声

大地的招魂

---

① 该概念由加拿大作曲家 R. 莫里·谢弗提出，指声音的风景、景观。
R.Murray Schafer, The Soundscape : *Our Sonic Environment and the Tuning of the World*, New York : Knopf, 1977.

音为引线，以想象为助力，历史与现实并行，现实与魔幻交叉，用奇崛、陌生的听觉润泽乡土琐细、平庸的日常，营构由深渊直抵巅峰的超越体验，赋予中国乡土世界原始自在、活色生香的生命活力与强力。

面对乡土世界，许多作家作为外来者仅用观光客的眼睛"看"乡土，土生土长的农民却"耳"濡"目"染于乡村一草一木的细微动静，这是从小亲近大自然的莫言得天独厚的优势所在。莫言奇幻的聆察源自他一直"用耳朵阅读"，是一个用声音"讲故事的人"。除了聆听民间口头文学，他"还聆听了大自然的声音，譬如洪水泛滥的声音，植物生长的声音，动物鸣叫的声音……"这开启了他对声音的敏感、通觉、想象与表达。莫言说："通过聆听，这种用耳朵的阅读，为日后的写作做好了准备。我想，我在用耳朵阅读的二十多年里，培养起了我与大自然的亲密联系，培养起了我的历史观念、道德观念，更重要的是培养起了我的想象能力和保持不懈的童心。"他认为："我之所以能成为一个这样的作家，用这样的方式进行写作，写出这样的作品，是与我的二十年用耳朵的阅读密切相关的；我之所以能持续不断地写作，并且始终充满着不知道天高地厚的自信，也是依赖着用耳朵阅读得来的丰富资源。"[①]他认为，把嘴巴讲述的东西用笔记录下来，这应该是一种很新的创作理念，可以调动叙述者的感觉力量。扎根泥土、贴近自然的莫言与乡土世界的花草树木、鸟兽虫鱼有着与生俱来的通感、共情能力。他如乡土大地的谱曲者，能用耳朵聆察天地万物隐秘的声音，联通地籁、人籁、天籁，恢复人与大地的整体关联。

统观莫言笔下的乡土音景世界，大抵由三种声音组成。一、作为"主调音"的"地籁"。"地籁"指乡土大地上鸟兽虫鱼、风雨雷电等背景音，它们编织大地的肉身，确定乡土世界野性、神性的基本调式，体现叙事声音的民主。二、作为"信号音"的"人籁"。"人籁"是背景之外的前景，因个性鲜明而醒人耳目。以黑孩为原型的

---

① 莫言：《莫言讲演新篇》，文化艺术出版社 2010 年版，第 318 页。

系列顽童的赤子之言，是童言无忌的"人籁"之音，折射摒弃机心我见，返归故乡—童年的初始情怀。三、作为"标志音"①的"天籁"。如惊天地泣鬼神，从苦难的大地升起，盘旋升腾至云霄的猫腔，是回旋往复的乡土主旋律，彰显生死齐一、游于大化的自由精神。地籁、人籁、天籁发乎自然，顺应天性，众"声"平等。莫言依凭感觉与直觉的推动，以内在的音乐性将三者统摄起来。

一、大地的肉身：主调音"地籁"

莫言乡土音景世界中作为"主调音"的"地籁"，指乡土大地上鸟兽虫鱼、风雨雷电等背景音。如《大风》《秋水》中的风声、水声，《蛙》里漫天漫地的蛙鸣，《生死疲劳》中驴、牛、猪、狗的声音。它们编织大地的肉身，确定乡土世界野性、神性的基本调式。

"地籁"之音扎根于乡野大地，是大地野性的表达，是农民原始生命强力的凸显。早在《大风》中，作者便以无声胜有声的留白手法，描写原始野性的大风中爷孙俩的生命强力。大风来时，"河堤下的庄稼叶子忽然动起来了，但没有声音。河里也有平滑的波浪涌起，同样没有响声"，"我们钻进了风里。我听不到什么声音"。与无声的大风声相映照的是爷爷"木木的，一点表情也没有"的脸，作者以静默的特写镜头，凸显强大台风下爷爷坚忍刚毅的生命强力。除此，作者还诸根互用，将听觉、视觉、嗅觉联通，呈现乡野世界原始、玄妙的音景："很高很远的地方似乎传来了世上没有的声音，跟着这声音而来的是天地之间变成紫色，还有扑鼻的干草气息，野蒿子的苦味和野菊花幽幽的药香。"

若说《大风》中的"地籁"之音充满大地的野性，那《秋水》《蛙》中的"地籁"之音则充满大地的神性。《秋水》中，高密东北乡的拓荒者"我奶奶"在风声、雨声、蛙鸣声、爷爷骂天骂地声

---

① 加拿大学者 R. 莫里·谢弗将声音分为"主调音""信号音""标志音"。
R.Murray Schafer, The Soundscape : *Our Sonic Environment and the Tuning of the World*, New York : Knopf, 1977.

中生产："大雨滂沱，旬日不绝，整个劳洼子都被雨泡胀了，罗罗索索雨声，犹犹豫豫白雾，昼夜不绝不散。爷爷急躁得骂天骂地。奶奶一阵阵腹痛。"随后，"雨声断绝，大地洼子里一阵阵沉重的风响"，"随着风响，无数的青蛙一齐鸣叫起来，整个洼子都在哆嗦。"此处密集的声音描写苍茫渺远，赋予奶奶的生产以宇宙洪荒、始祖创生的神性意味。《秋水》可谓洪水再生神话的原型衍变。同样出现大片蛙鸣的《蛙》则是生殖神话的衍变。小说写姑姑醉酒后在医院宿舍的夜路上，遭遇拉歌一样的蛙鸣："有一阵子四面八方都叫起来，呱呱呱呱，叫声连篇，汇集起来，直冲到天上去。一会儿又突然停下来，四周寂静，唯有虫鸣。"作者以静写动，反衬、凸显蛙鸣带给姑姑的心灵震撼。在此，蛙被赋予生命图腾的象征意味。蛙声里"有一种怨恨、一种委屈，仿佛是无数受了伤害的婴儿的精灵在发出控诉"。这声讨性的蛙声如梦魇，将姑姑缠住，"无论她跑得有多快，那些哇——哇——哇——的凄凉而怨恨的哭叫声，都从四面八方纠缠着她"。小说通过一场声势浩大的蛙鸣唤醒了计划生育工作者姑姑的罪恶之心，使她最终脱胎换骨，忏悔赎罪。这里的蛙鸣，一如"地籁"，具有灵魂洗礼的大地神性。

《生死疲劳》则以民间说书人的立场，祛除话语霸权，通过六道轮回中动物的声音，恢复感觉的天真，实现声音的民主。颠倒的关系可以发现颠倒的风景。小说将人与兽、视与听的关系错置互换，呈现异样的生命图景与音景。被冤杀的地主西门闹为了跃出"瞒和骗"的历史大泽，借西门驴、西门猪、西门狗的声音发出一个土改地主被时间"软埋"的声音。小说开篇就写被冤杀的地主轮回路上失语的恐惧。西门闹的冤魂在被送回高密东北乡投胎转世的归途中，目睹物是人非的故土与故人，却被扼住喉咙，发不出半点声息。这正是无所归之冤魂。当识文解字的堂堂乡绅西门闹稀里糊涂地变成一头驴子，"我""感到无比地羞耻和愤怒，只能努力吼叫着：'我不是驴！我是人！我是西门闹！'但我的喉咙像依然被那两个蓝脸鬼卒扼住似的，虽竭尽全力，可发不出声音"。面对妻子白杏儿，"我恨驴的躯体，我挣扎着，要用人声与你对话，但事实无情，无论我用心说出多少深情的话语，发出的依然是'啊噢～～啊噢～～'"。人兽异道，人声变驴叫，这是历史真相迷失后的症候隐喻。历史亲历者失语后，历史就成了真假莫辨、晦暗不明的人间地狱。就算冤杀，到了地狱，阎王爷也善恶难分，言而无信。正所谓上天无道、地狱无理。西门闹百口莫辩，失去人语，在畜生道里轮回，无疑是跌入梦魇的深渊。莫言通过动物的声音，打通视听的壁垒，通过感觉的挪移，赋予动物声音以政治性的解构功能与荒诞的美学色彩。人兽混杂的声音复调具有解构革命历史话语的美学力量，表现出一种叙事声音的民主。

声音的民主源自章回体说书人的逆袭带来的视听关系的陌生化。如果不是通过人兽、视听关系的转化，以听觉叙事代替视觉叙事，叙述是难以产生陌生化的梦魇效果的。在此，"逆袭"指说书人对文人书面化叙事伦理的反拨，对作者声音霸权的祛除。说书人的口头叙述使听众注意力由视觉向听觉转化，由精英的看转为民主的听，从而带来听觉的复苏与感觉的解放。《生死疲劳》中说书人作为乡土大地的行吟者，其拟书场的"听—说"互动模式激活言说者与倾听者的感觉力量，拆解文人"写—看"的强势叙事伦理，以旁逸斜出、闲语不闲的声音流动拆解革命宏大话语的因果逻辑与道德刚性，尤其"在集体主义占据上风的时代，'高音喇叭'更是充当了严肃的国家宣判与正义凛然的话语通告的角色，也由此变成了无所不在的空间的统治者"[1]。《生死疲劳》以承载民间伦理的动物声音拆解高音喇叭里的革命伦理，以民间小历史的演义"小"说解构宏大历史的大说特说，呈现众声喧哗的乡土音景世界。动物声音的挪用，莫言实则将底层农民的经验直觉与说书人的角色意识勾连，以农民的情感表达与思维方式，民间说书人的审美情怀与叙事方式反拨书面化、文人化的乡土叙事，以民间立场书写乡土音景，呈现众"声"平等的乡土"地籁"，体现叙事声音的民主。

---

① 周志强:《声音与"听觉中心主义"——三种声音景观的文化政治》，《文艺研究》，2017 年第 11 期。

在莫言笔下，乡土"地籁"构成了大地的肉身，"让听者感受到活生生的发声者的气息与经验，仿佛与之面对面交流"。大地如一个"伟大的布道者，那个圣人，将其声音、气口留在了这里，宛若与你同在！尽管声音来自各种各样的音源，风声、雨声、鸟鸣、水起，但是，声音的'肉身'依旧是声音文化政治的基础——如果不是因为肉身之间的声音交流，怎么会有对大自然各种声音信息的文化理解和感悟？"[1]莫言运用农民的生命直觉，营构众"声"平等的乡土"地籁"，体现了叙事声音的民主。

二、言说的救赎：信号音"人籁"

莫言笔下的"人籁"，是"地籁"背景之外的前景，因个性鲜明、醒人耳目而成为"信号音"。如《民间音乐》中小瞎子净化人性的乐音，《爆炸》中象征乡土社会父性威权的巴掌声，《红高粱》中原始野性、荡气回肠的高粱酒歌、民间小调、安魂曲等无不是标识乡野山民的生命行状的"信号音"。其中以黑孩为原型的系列顽童的赤子之言，折射出莫言摒弃机心我见，返归故乡—童年的初始情怀、赤子之心，是童言无忌的"人籁"之音。

莫言的声音敏感早在二十世纪八十年代初期的《民间音乐》中就有体现。小说中的小瞎子眼睛瞎了，但有着精妙的艺术感觉与敏锐的听觉。他有着精神触须般的透明颤动的耳朵，他的音乐一如"人籁"，使小镇上"人们欣赏畸形与缺陷的邪恶感情已经不知不觉地被净化了"。颇有意味的是，《民间音乐》中的小瞎子自始至终没有多少言语，但读者不难触摸到小瞎子沉默背后听觉的敏锐与心智的清醒。无独有偶，《透明的红萝卜》中沉默无语的黑孩也有着丰沛的感觉系统与奇幻的聆察能力。小瞎子与黑孩都是沉默晦暗现实之外灵异的聆察者，是乡野大地的灵异之人。

---

[1] 周志强：《声音与"听觉中心主义"——三种声音景观的文化政治》，《文艺研究》，2017年第11期。

莫言乡土音景世界最核心的标志音是以黑孩为原型的系列顽童的赤子之言，它体现了莫言故乡—童年一体化的原初记忆、赤子之心，是童言无忌的"人籁"。这些顽童具有通灵能力，如《透明的红萝卜》中黑孩能听到水声、鸭语、黄麻地的风声，《生死疲劳》中的"莫言"皮实、顽劣又通灵，《大嘴》中的小昌喜欢热闹、多嘴爱说，《四十一炮》中的炮孩子罗小通满嘴跑火车等。莫言小说中儿童的感觉最敏锐、奇幻。如《透明的红萝卜》中不怕烙铁烫手的黑孩，《铁孩子》中吃铁的孩子，《嗅味族》中靠嗅食物气味过活的小小长鼻人。诚然，"一个作家保持童年的敏感极为重要"，"他还必须把成年以后的复杂经验和最初的敏感结合起来"。①追溯原点，莫言笔下的系列"顽童"实则民间怪孩子原型的变异。艾伯华在《中国民间故事类型》中将此故事以"蛤蟆儿子"为题归类。在各地故事中，怪孩子脱胎于青蛙、鸡、葫芦、莲花、南瓜、拇指等。怪孩子一般具有超凡的本领，能创造奇迹、惩恶扬善等。除此之外，顽童还是童年莫言的原型。

童年的莫言调皮捣蛋，长期不正常的社会环境以及父母的告诫把他压抑成一个谨小慎微、沉默寡言的人。作为代偿，他笔下就经常出现一个话痨顽童的身影。莫言小说中听觉叙事的发达，"或许是因为身心的过于压抑而使他改变了自己的宣泄渠道。就像那幽灵般的黑孩：他不能与常人交流，便与万物交流；他听不到常人的说话，便听'逃逸的雾气碰撞黄麻叶子或深红或是淡绿的茎秆，发出震耳欲聋的声响'；他得不到抚爱，便在水中寻求若干温柔的鱼嘴在吻他；凡是他在这个世界听不到的，便在另外一个世界听到，而且是更奇异的声音；凡是人世间得不到的欢乐，他便在另一个梦幻的世界中得到加倍偿还。心灵感应的对象与途径变了，感觉的方式与形态也会相应变化"②。

莫言借助笔下的顽童保留、张扬童年被压抑的天性与童心。童

大地的招魂

① 张炜：《诗性的源流》，文汇出版社2006年版，第184页。
② 程德培：《被记忆缠绕的世界——莫言创作中的童年视角》，《上海文学》，1986年第4期。

莫言与当代中国文学创新经验研究

心之不可得、不可失，李贽早有论述："童子者，人之初也，童心者，心之初也。夫心之初曷可失也！然童心胡然而失也？盖方其始也，有闻见从耳目而入，而以为主于其内而童心失。……童心既障，于是发而为言语，则言语不由衷。"①童心之失，始自耳闻目见，显于言不由衷。细加辨析，不难发现莫言很多小说都有一个赤子之心、妄言妄听、童言无忌、童趣盎然的话痨子顽童穿插在字里行间。其中，以《四十一炮》中嗜肉善言的"炮孩子"罗小通为代表。之所以叫"炮孩子"，是因为罗小通特爱说话、会讲故事，也爱说谎，说话无边，信口开河。这无疑是以童年莫言为原型塑造的一个人物，他集中释放了莫言童年被压抑的表达欲。小说取名《四十一炮》源自"炮孩儿"之"炮"。对于"炮孩儿"来说，"炮"是一种言语爆炸、话语狂欢的状态，也是表达权利的获取与说话欲望的释放。作者曾言，《四十一炮》中的"罗小通"是"我的诸多的'儿童视角'小说中的儿童的一个首领，他用语言的浊流冲决了儿童和成人之间的堤坝"②。莫言在话痨子罗小通的语言狂欢中释放桀骜不驯的个性，是童年莫言对成人世界话语霸权的抵抗，体现了内在生命的狂野不羁。爱言善言的炮孩子与沉默不言的黑孩，实则童年莫言的一体两面。沉默，是莫言精神压抑的一种症候；言说，是莫言精神自救的一种方式。

小说中炮孩子罗小通通过以声传声、听声类形的感觉挪移与想象，向大和尚不停地诉说自己的故事，以求获准进入佛门。沉默寡言的大和尚，是凸显炮孩儿声音意义的重要背景。沉默不语的大和尚与喋喋不休的炮孩子构成听—说、救赎—被救赎的精神关系。大和尚一直沉默不语，唯独有一次，当黄飞云死去时，"他满面悲伤的神情，再也不去遮掩，一声十分软弱的叹息，从他的嘴巴里发出"，他说："孩子，说你的故事吧，我听着。"在此，面对荒诞的时代骚动与个人悲剧，"说"与"听""你的故事"这一行为本身，

---

① 北京大学哲学系美学教研室：《中国美学史资料选编》（下册），中华书局 1980 年版，第 126 页。
② 林建法：《说莫言》，辽宁人民出版社 2013 年版，第 53 页。

就构成炮孩儿与大和尚间的一种救赎仪式。炮孩儿通过不停的诉说，完成真实自我的救赎，一如基督教民通过诉说向神父忏悔。其实，莫言几十年的笔耕不辍与文体创新，未尝不是通过言说进行审美救赎？"炮孩儿"折射的是具有民间口头文学家雏形的童年莫言。在这个意义上，"炮孩儿"是莫言乡土叙事的信号音。

《四十一炮》以炮孩儿童言无忌的声音结构、推进、完成整部小说，声音是情节推动、主题渲染的重要助力。如"炮孩儿"大说特说老兰妻子丧礼的鼓乐声，实则为随后父亲突然挥斧砍杀母亲的情节逆转作铺垫，为这一更大的人间悲剧蓄声造势。小说写道："随着成天乐大爷一声拖腔拿调的高叫，老兰从里屋里冲出来，扑跪到棺材前，手拍着棺材盖子，哭喊着'孩子她娘啊啊嗬嗬嗬～～你好狠心啊～～～你撇下我和甜瓜就这样走了啊～～～啊嗬嗬嗬。'棺材盖子扑通扑通地响着……"此处的声音造势功能在于：一方面通过声音为整篇小说定调，即似喜实悲，悲剧喜剧化、闹剧化；另一方面，发出"情报"或"迹象"，暗示透露故事进展，形成重大转折，铺垫情绪，暗示主题。当丧礼上悲痛的气氛被哭声、乐声、雨声、吵闹声渲染得登峰造极时，周遭的一切声音突然静止，情节突然逆转："父亲把斧头高高地举起来。'爹！'我高喊着往前飞。'爹！'妹妹高喊着往前飞。……父亲手中的斧头在空中拐了一个弯，劈进了母亲的脑门。母亲一声没吭，木桩似的站了片刻，然后前扑倒在父亲怀里……"两个孩子两声简短有力的"爹"无法阻止商业化带来的人伦的断裂，时代喧嚣的背后是生命消逝时的死寂。这是商业物欲时代不忍卒听的人性的悲剧。这一撕裂性的悲剧让时代的喧声突然静止。

至此，作者通过"炮孩儿"的言说，借助声音的造势完成了主题的暗示。莫言通过炮孩儿的声音渲染、造势、对比，描写另外两个孩子亲睹父亲杀母亲的惨烈悲剧，更具心灵冲击力。小说通过"炮孩儿"的声音叙事完成时代戾气的警示，显得更直观可感、生动有力。若说"人籁"之声，是无机心成见的声音，那莫言笔下妄言妄听、顺任自然的顽童，就像《皇帝的新装》里那个说出真相的小孩，道出了时代的隐秘症候与人性悲剧。莫言也是那个用小说道出时代、历史、人性真相的顽童。在这个意义上，言说即救赎。

三、游于大化：标志音"天籁"

若说"地籁""人籁"尚可用耳、用心听，"天籁"则需"听之以气"，正所谓"听之不闻其声，视之不见其形，充满天地，包裹六极"。①天籁，发乎天然，顺任自然，近乎天道。闻"天籁"，实则悟天道。

莫言笔下的"天籁"之音，是惊天地泣鬼神，从苦难的大地升起，盘旋升腾至云霄的猫腔。它是莫言乡土音景世界的标志音，是回旋往复的乡土主旋律。莫言曾说，假如"我的故乡是有声音的话，我想茂腔就是它的主旋律"②。莫言的乡土叙事浸染着茂腔千回百转、悲切低吟的悲剧意识。它对茂腔饱含深情，能编、能唱、能演，"听到猫腔的声调，听到火车的鸣叫，那声音让我百感交集。好像不仅仅是戏剧，不仅仅是火车开过的声音，包括我童年的记忆、少年的记忆全部因为这种声音被激活"③。在《檀香刑》中，猫腔是小说的主角，是人物的灵魂，是莫言乡土音景世界的主旋律。

《檀香刑》堪称建构民间"天籁"的神话。莫言笔下的"猫腔戏神秘而阴森，演出时能令万众若狂，丧失理智"。一如北门成听闻黄帝"张咸池之乐于洞庭之野"，"始闻之惧，复闻之怠，卒闻之而惑；荡荡默默，乃不自得"。④这是因为黄帝所奏之乐，"奏之以人，徵之以天，行之以礼仪，建之以太清"⑤。这种以人事弹奏，

---

① 郭庆藩撰、王孝鱼点校：《庄子集释》（中），中华书局 1961 年版，第 510 页。
② 莫言研究会：《莫言与高密》，中国青年出版社 2011 年版，第 183 页。
③ 莫言：《猫腔大戏——〈南方周末〉记者夏榆对谈》，《说吧莫言：为老百姓写作（访谈对话集）》，海天出版社 2007 年版，第 45 页。
④ 郭庆藩撰、王孝鱼点校：《庄子集释》（中），中华书局 1961 年版，第 504 页。
⑤ 郭庆藩撰、王孝鱼点校：《庄子集释》（中），中华书局 1961 年版，第 505 页。

莫言与当代中国文学创新经验研究

以天理伴演，以仁义运行，以自然元气应和，秉承天地之元气、人神之正气的天乐，正如《檀香刑》结尾高潮之际，猫王孙丙临死前义猫升天仪式般震人心魄的表演，"奏之以阴阳之和，烛之以日月之明""调之以自然之命""达于情而逐于命也"。[1]义猫的翻花绝技让杀气腾腾的刑场变成群猫嗥叫、百兽率舞的天堂。"义猫在台上翻花起浪地慷慨悲歌"，"台下群情激昂，咪鸣声，跺脚声，震动校场。震动校场，尘土飞扬"。众声齐响，地动山摇，正所谓"混逐丛生，林乐而无形"，"动于无方，居于窈冥"[2]，此情此景，恍若天籁自现。这高亢若天籁的猫腔声"在谷满谷，在坑满坑；涂却守神，以物为量"，令"鬼神守其幽，日月星辰行其纪"[3]。闻见"天籁"的前提是齐物，悟道于"天籁"后的状态是逍遥游。升天台上的孙丙便在这惊天地泣鬼神的猫腔声中超越人间肉身苦难，齐生死、平万物、忘是非、任天真，万元归一，灵魂飞升。生死齐一之际，义猫心驰神往地说，"高台上绑着的只是他的身体，他的灵魂早已回到了高密东北乡"，"他一直和我们在一起"。

义猫带领群猫的猫腔群戏，声音虽高低长短不一，但发自本性，顺乎天然，出自同一猫腔祖师爷，彰显了高密东北乡民间精魂的平等、自由。也正是群猫惊天地泣鬼神、铿锵有力、悲切痛彻的"天籁"之音使猫王孙丙在生命的大悲痛与大狂欢中，进入物我双绝、身心俱遣、超越生死的大化轮回之境。月光下，临死前猫王孙丙的脸被辉映得格外明亮，留给人世的最后一句话是"戏……演完了……"齐生死、平是非，达到丧我、出神、神游的状态，才能悟得天籁，进入生死齐一、万元归一的逍遥游境界。逍遥游者，闻见天籁，妙悟自然，离形去智、境智两忘、物我双绝，身心俱遣，忘

① 郭庆藩撰、王孝鱼点校:《庄子集释》(中)，中华书局 1961 年版，第 509—510 页。

② 郭庆藩撰、王孝鱼点校:《庄子集释》(中)，中华书局 1961 年版，第 509 页。

③ 郭庆藩撰、王孝鱼点校:《庄子集释》(中)，中华书局 1961 年版，第 507 页。

乎内外，与天合一，于生死大化中怡然自得。与道同游，与天地万物为一的逍遥、齐物境界，也就是"天籁"境界。如若闻道"天籁"，心斋坐忘，安处天然，便可"神识凝寂，顿异从来，遂使形将槁木而不殊，心与死灰而无别"。所以檀香刑场上的猫王生死一线、死灰槁木之际，也忘乎生死，逍遥超然。"天籁"般的猫腔一如天道，具有役物使从己的超越性的升腾力量。正所谓"夫至乐者，先应之以人事，顺之以天理，行之以五德，应之以自然，然后天理四时，太和万物"[1]。孙丙在猫腔声中，齐生死、超是非，升华为"外不待乎物，内不资乎我，块然而生，独化者也"[2]。刑场上生死一线的他如"知天乐者，其生也天行，其死也物化"，"无天怨，无人非，无物累，无鬼责"，"一心定而王天下；其鬼不祟，其魂不疲，一心定而万物服"。[3]最终，孙丙借助群猫哀鸣、万众若狂的天籁之音，超越苦难，超度灵魂，抵达齐生死、逍遥游的自由之境。万物一府，死生同状。人生大戏，华丽落幕。

《檀香刑》以"天籁"般的"猫腔"为小说的灵魂与主旋律，诉诸声音与听觉，让读者直观地感受乡土底层民众面对苦难时高亢饮歌、酒神狂欢、生死大化、齐物逍遥的理想光芒。

四、众"声"平等

主调音"地籁"、信号音"人籁"、标志音"天籁"，构成莫言乡土世界的独特音景。"三籁"并无不同，都是天地间的自然音响[4]，发乎自然，顺应天性，臻于音乐。音乐性是"三籁"共通的

---

[1] 郭庆藩撰、王孝鱼点校:《庄子集释》(中)，中华书局1961年版，第505页。

[2] 郭庆藩撰、王孝鱼点校:《庄子集释》(上)，中华书局1961年版，第56页。

[3] 郭庆藩撰、王孝鱼点校:《庄子集释》(中)，中华书局1961年版，第467页。

[4] 陈鼓应在《庄子今注今译》中的观点。《庄子今注今译》，陈鼓应注译，中华书局2009年版。

灵魂，超越声音，众"声"平等。对文学作品而言，音乐是一种内在的感觉与旋律，"旋律是第一和普遍的东西"[①]，"韵律语言具有理想性质"[②]。莫言的小说艺术便臻于音乐境界。

艺术创作的预备状态是一种音乐情绪。莫言具有很好的音乐禀赋，平生第一梦想是作曲家，第二才是作家。他的乐感源自孤独童年对大自然的倾听。童年过早辍学，远离集体的孤独生活，让他在无人说话的岁月里聆听天上蓝天白云、地上花鸟虫鱼的声音。大自然的风声、雨声、鸟声、蛙声让他获得了敏感细腻的听觉与天马行空的想象力。牛背上的莫言听到鸟儿凄凉的哨声，有一种细腻、委婉、针尖、蚕丝般"说不清楚的情绪在心中涌动，时而如一群鱼摇摇摆摆地游过来了，时而又什么都没有，空空荡荡。所以好听的声音并不一定能给人带来快乐。所以音乐实际上是要唤起人心中的情，柔情、痴情或激情，音乐就是能让人心之湖波澜荡漾的声音"[③]。这种童年的"独听"在莫言的内心支起一片独特的"音景"世界。除了融入大自然的"独听"，莫言的声音敏感还诉诸"共听"。莫言的文学生涯发端于村头、地头、炕头、窨子里头听来的民间戏曲、说唱。

莫言的乡土音景首先表现出乡民感物而发的民间音乐性。《檀香刑》以猫腔为主旋律结构整部小说，形成了民间戏曲独有的节奏乐感。猫腔成为情节演进的重要推力，"解决了小说的内在戏剧性的结构和强烈的戏剧化情节设置的矛盾冲突"[④]。小说中猫腔的音乐旋律与小说的叙事节奏二位一体，以形神共鸣的合力，产生非同凡响的心灵震撼力与超越体验。在此，猫腔音乐"本身有完全的主权，不需要形象和概念"，直接说出抒情诗在最高的一般性和普遍的有效性中未曾说出的东西。它如方外之音，以一种神秘的宗教气

大地的招魂

① （德）弗里德里希·尼采：《悲剧的诞生》，周国平译，译林出版社2014年版，第38页。

② （德）弗里德里希·尼采：《悲剧的诞生》，周国平译，译林出版社2014年版，第45页。

③ 莫言：《会唱歌的墙——莫言散文选》，人民日报出版社1998年版，第146页。

④ 莫言：《莫言讲演新篇》，文化艺术出版社2010年版，第335页。

息和高亢的旋律制造通透地超越世俗苦难的经验幻象，引领小说中的人物与小说外的读者一同步入精神的超验之境。

若说《檀香刑》的孙丙把官方的刑场变成民间的戏台，将自己悲剧的一生唱成一曲惊天动地的猫腔；那《天堂蒜薹之歌》则借民间艺人张扣的底层说唱解构官方粉饰性的报道。《天堂蒜薹之歌》以民间说书人张扣高亢激愤、回旋往复的说唱结构全篇。小说中张扣充满道德激愤、情感张力的民间说唱如同方外"天籁"，回旋往复、无处不在。他作为象征性的人物与叙述者随意出场，"天籁"般的说唱自由浮现于字里行间和人物耳畔。如高羊被捕时"想控制住自己的尿"，却因"听到了瞎子张扣那悠扬的、哭泣般的胡琴声，从不知何处传来，全身的肌肉一下子松弛了，瘫痪了"。凭空而来的琴声承载底层弱者共同的心声，寄寓作者对底层农民的悲悯之情。又如当他想一头撞死时，又恍惚听到张扣激动人心、凄凉的歌唱声，"高大义挺胸膛双眼如电"，顿时"肚子里一阵热，双腿上有了些力气，嘴唇哆嗦着，心里竟生出一种奇怪的念头，妄想喊句口号"。这情节让人想起阿Q临刑前看见人群里的吴妈，也想高唱一句戏文。不同的是，鲁迅借古旧的戏文反衬阿Q精神的麻木可笑；莫言则赋予民间音乐审美救赎的力量，借此激活底层弱者的反抗本能。

张扣粗粝激愤的说唱，在整部小说的字里行间神出鬼没、回旋往复，具有"天籁"般的超越力量与内在统摄性。民间说唱的叙事功能在于，提示情节，推动叙述，解释评价，叙述干预，主题暗示，寄寓作者反抗强权、悲悯弱者的价值立场。张扣是隐含作者的化身，表达作者呼吁民间正义的政治激愤与审美理想。当他首次在小说中出场时，作者给了这样的特写镜头："凹陷的眼窝里睫毛眨动着，脖子伸直，瘦脸往后仰着，好像眺望漫天繁星。"无疑这是一个双目失明但心中有大光明、身处最底层但仰望星空的民间艺人形象，他既是小说中的人物，又是小说的叙述推动者，谁能说这不是作者审美救赎情怀的化身？他的说唱既回荡在小说人物的耳畔，又跳出故事盘旋于叙述的字里行间，还萦绕于读者心头，如"天籁"般超然物外，齐万物、平是非，是超越性的民间正义与公理的象征。

音是魂，字是形。听，然后见。相较于音乐所带来的超越性体验，"语言绝不能把音乐的世界象征圆满表现出来，音乐由于象征性地关联到太一心中的原始冲突和原始痛苦，故而一种超越一切现象和先于一切现象的境界得以象征化了。相反，每种现象之于音乐毋宁只是譬喻；因此，语言作为现象的器官和符号，绝对不能把音乐的至深内容加以披露。当它试图模仿音乐时，它同音乐只能有一种外表的接触，我们仍然不能借任何抒情的口才而向音乐的至深内容靠近一步"[1]。虽然小说的语言依靠读者的默读，具有一种沉默的性质，不同于戏剧语言的朗诵体、咏叹调。但《檀香刑》《天堂蒜薹之歌》中猫腔、说唱的音乐性与音乐化的语言相应和，具有一种内在的韵律、外在的节奏，读之一唱三叹，荡气回肠。

莫言的乡土音景既表现出乡民感物而发的民间音乐性，还具有西方交响乐的复调性。如《檀香刑》整部小说似一多声部的交响乐，众声喧哗中，猫腔是最强音。赵甲的狂言与道白，眉娘的浪语与诉说，小甲的傻话与放歌，钱丁的恨声与绝唱，都围绕着孙丙的猫腔起承转合、复调对话，最终在猫腔的悲音中走向高潮。《天堂蒜薹之歌》中张扣的民间说唱、新闻报道的官方声音、蒜农的底层声音交响共鸣，形成参差对照、复调反讽的美学效果。万籁自鸣、众声交响中，孙丙的猫腔、张扣的说唱是超越喧哗、统摄三籁、结构全篇的主旋律。《天堂蒜薹之歌》张扣的说唱是超越嘈杂众"声"的民间正义。《天堂蒜薹之歌》《檀香刑》在说唱、猫腔的统摄下，内在情感旋律与外在叙事节奏和弦共振，乡野沉默的声音被激活，乡民压抑的生命力被释放。说唱、猫腔是乡土中国底层人民生命的欲望与内心的旋律，是民间正义、生命律动与灵魂自由的表征，寄寓农民酒神般的自由精神与反抗意识。

农民出身的莫言依凭感觉与直觉的推动，营构乡土音景的内在音乐性。他奇幻魔幻的感觉经验与天马行空的想象，一经音乐的发

---

① （德）弗里德里希·尼采：《悲剧的诞生》，周国平译，译林出版社2014年版，第41页。

酵，便万籁自鸣、生机勃勃、野趣横生。正是良好的音乐禀赋，使得他凭借敏锐的感受力与奇崛的想象力，诸根互用，听声类形，打通耳朵与眼睛之间的隔膜，步入审美创造的自由之境。他的整个创作如一部宏阔的交响乐，以乡土地籁为主调，以赤子的人籁之音为初心，围绕猫腔这一主旋律，变奏回旋，升华蜕变。

结语　听，然后见

字是形，音是魂。听，然后见。在高度依赖视觉的"读图时代"，视觉文化的过度膨胀对其他感觉方式构成了严重的挤压，因侵略性声音的污染导致的"失聪"成为文化工业时代的一种症候。与机械化时代技术化声音对人类听觉的驯化不同，莫言笔下的乡土声音具有野性、诗性、神性的诗学意味。

在他看来，"声音是世界的存在形式，是人类灵魂寄居的一个甲壳。声音也是人类与上帝沟通的一种手段，有许多人借着它的力量飞上了天国，飞向了相对的永恒"[1]。因为用心聆听，才有所洞见。因为洞见，所以超越。莫言的乡土叙事通过视听的审美变换，感觉想象的内在联通，逆向聆听，"揭示出那些在日常生活中尚未述说、尚未看见、尚未听到的东西"[2]。

相反，技术化声音时代，耳朵被驯化，变得麻木，"听，却听不见"[3]。现代声音技术已经发展到了这样的地步："一切声音都是自由而独立的，而一切倾听都变成了这种整齐划一的声音制作流程的幻觉。"[4]工业时代的耳朵顺从于声音的侵略，被霸占、控制、暗

---

[1] 莫言:《会唱歌的墙——莫言散文选》，人民日报出版社1998年版，第149页。

[2] （美）赫伯特·马尔库塞:《现代文明与人的困境》，李小兵等译，上海三联书店1989年版，第370页。

[3] 周志强:《声音与"听觉中心主义"——三种声音景观的文化政治》，《文艺研究》，2017年第11期。

[4] 周志强:《声音与"听觉中心主义"——三种声音景观的文化政治》，《文艺研究》，2017年第11期。

示、盗用，成为被规训者。工业复制技术通过征服听觉最终征服思想。因数字声音对感受世界方式的暗中塑造与规训，"人只能发出他所能听到的声音"①。然而，只有摒弃机心我见，见素抱朴，游于万化，顺任自然，才能倾听天地的大音希声。莫言奇幻的聆察以敏锐的感觉与奇崛的想象，闻所未闻，恢复现代人聆听大地的能力，恢复倾听者的自由天性、独特个性与真实主体性。他继承庄子大音希声"听之以气"的传统基因，摒弃机心我见，发无成心之言，通过书写众"声"平等，实现叙事声音的民主。正所谓万物齐一，在于顺任自然。忘是非，任天真，以天合天地聆听，才能闻所未闻，听而有所见。

第三节　泛灵论思维：跨文体熔铸

文体是作家精神的外衣，灵魂的皮肤。文体是文本所呈现出的个性化、整体化、统一的色调与音响，是"将言语中富有表达力的因素高度凝炼起来，使作品从语言结构上就'暴露出'自己所属的艺术范畴"②。当文体由意义的代言者成为意义自身，内容也就消融为形式了，形式就是内容。因此决定小说意味的关键是文体，而不是故事。有趣的故事遭遇乏味的文体会变得乏味，反之，有趣的文体则可激活乏味的故事。这就是文体的独特性与独立性所在。当故事的潜在选择通过叙事主体的中介作用生发出审美动势之际，也正是作家的语言风格形成之时。以此观之，莫言最独树一帜之作，也正是风格形成之作，如以《透明的红萝卜》《红高粱》为发端的乡土小说与家族叙事，便是莫言文体风格的最初显现。之后，莫言每一部长篇都显现出各自独特的文体风格。

莫言博采众长、自成一格，突破各色文体的铁笼子，表现出

大地的招魂

①　（法）米歇尔·希翁：《声音》，张艾弓译，北京大学出版社 2013 年版，第 39 页。
②　（意）维柯：《新科学》，朱光潜译，商务印书馆 1989 年版，第 454 页。

泛灵论思维下的跨文体熔铸。所谓跨文体，指跨越不同文体边界而形成新的相互渗透的文体形式。跨文体不仅由两类及两类以上文类互渗而成，且在众多文类中确立一个主导文类。学者陈平原认为，二十世纪初小说文类地位由边缘至中心，笑话、轶闻、演讲、游记、日记、书信等被植入小说，拆解了传统章回小说的叙事模式，一直发展到后来的"黑幕小说"，直至五四时期的诗化小说、散文化小说。这些均是由小说这一主导文类，缝缀其他文类聚合而成的跨文体写作。他还强调，中国小说的现代转型是在传统文学形式的创造性转化中完成的。其实，从中国传统小说中还可挖掘现代叙事艺术的生长点，如《红楼梦》中镶嵌的诗词曲赋、食谱药单、太虚幻境等都是跨文体的源出。跨文体是多元世界观下的共时叙事艺术，它打破进化文学史观的历时局限，将多维度叙事在立体空间同时铺开。跨文体写作可以增加小说的内涵容量、丰富并深化主题。莫言小说的跨文体性与其主题的复调性、开放性息息相关，两者相生相长。对莫言来说，思想本身不是最重要的，最重要的是通过不同的感知方式书写乡土世界时，所呈现出来的声音的不协调性。莫言的跨文体叙事建构交往、对话、开放体系，追求意义的多义性、模糊性，艺术想象的开放性、未完成性。文体跨越背后贯注了作者的自由、平等、民主意识。莫言的跨文体写作形成了讽拟体、故事体、对话体等文体调式，追求叙事的狂欢化。说到底，语言杂交、体裁混合背后是作者看待世界的观点的碰撞，因为"作家的文体正同画家的色调一样，是看法问题，而不是单纯的技巧问题"[1]。

　　莫言的跨文体熔铸背后是一种泛灵论思维。莫言的泛灵论思维表现为神话—儿童一体化的原始思维特征，呈现出人类童年时期陌生、新鲜的好奇心、想象力、创造力。西方神话哲学的创始人维柯认为，神话是人类童年的产物，"神话故事在起源时都是些真实而严肃的叙述，因此，Mythos 的定义就是'真实的叙述'"[2]。神话是

---

① 　赵俊欣:《法语文体论》，上海译文出版社 1984 年版，第 48 页。
② 　（意）维柯:《新科学》，朱光潜译，商务印书馆 1989 年版，第 454 页。

讲述真理的谎言，具有原始神秘、初始记忆、诗性直觉、荒诞无意识等美学特点。维柯还曾高度评价原始人的好奇心与想象力，认为其中蕴涵着巨大的艺术创造力。他认为，原始人是原初的"诗人"，具有一种"诗性的智慧"与"惊人的崇高气质"。维柯在原始人神话—儿童思维与诗之间画上等号，因为"他们还按照自己的观念，使自己感到惊奇的事物各有一种实体存在，正像儿童们把无生命的东西拿在手里跟它们游戏交谈，仿佛它们就是些活人"。[①]奥特加·加塞特认为："假若艺术想去拯救人的话，那它只能靠把人从生活的严肃性中拯救出来并让他回复到一种意想不到的孩子气的状态方可做到这一点。"[②]学者季红真认为，神话是人类第一个叙事样式，也是最基本的样式，其他样式都可以看作是它的变体。神话式的泛灵论思维构建了莫言乡土叙事的原型结构，"莫言小说基本的神话结构是以儿童的心理与想象力为胚胎孕育成长起来的。这使他的神话思维不仅借助已有的各种神话及其变体，而且呈现出神话不断被接受和创生的心智模式。儿童不受约束的独特想象力，使他笔下的神话千姿百态，创造出各种叙事的外部文体"[③]。莫言的家族叙事多采用儿童视角展开。说到底，视角问题是叙事者与故事之间的关系问题，叙事问题便是文本意义生成的操作机制问题。莫言惯以儿童的原始心理与泛灵论思维感知并叙述家族历史，这形成了魔幻奇幻玄幻并生的家族叙事范式。儿童是原始艺术家，"当天才在艺术创作活动中同这位世界原始艺术家互相融合，他对艺术的永恒本质才略有所知。在这种状态中，他像神仙故事所讲的魔画，能够神奇地转动眼珠来静观自己"。某种意义上，莫言的家族历史叙事就是"神奇地转动眼珠来静观自己"。[④]

① （意）维柯：《新科学》，朱光潜译，商务印书馆 1989 年版，第 161—162 页。
② 傅修延：《中国叙事学》，北京大学出版社 2015 年版，第 243 页。
③ 季红真：《神话结构的自由置换——试论莫言长篇小说的文体创新》，《当代作家评论》，2006 年第 6 期。
④ （德）弗里德里希·尼采：《悲剧的诞生》，周国平译，译林出版社 2014 年版，第 36 页。

莫言的乡土叙事在泛灵论思维的发酵下，对远古神话或原型故事进行创造性转化，具体表现为洪水再生神话的创化，如《秋水》便是洪水再生的原型衍变；始祖起源神话的创化，如高密东北乡的家族系列故事；生殖神话的创化，如《蛙》中的蛙图腾，《夜渔》《金鲤》中鱼的原型意象；日月神话的创化，如《红高粱》《生死疲劳》等作品多处反复描写太阳、月亮；鸟仙神话的创化，如《翱翔》《飞鸟》《丰乳肥臀》中女子变身飞鸟的故事便是天鹅仙女神话的变体；神奇宝物故事的变异，如《姑妈的宝刀》《月光斩》《辫子》《祖母的门牙》；此外还有大量的自然崇拜、万物有灵等自然万物神话的创化。神话儿童化的泛灵论思维让莫言联通天地人神、妖狐鬼怪，打通视听嗅味触，以庄严虔诚的虚构承载奇绝荒诞的想象，魔幻奇幻玄幻共生。

　　莫言的泛灵论思维不拘一格，将中外叙事资源熔铸一体，魔幻奇幻玄幻共生，史传传统与诗骚传统有机熔铸，呈现乡土中国独特的本土经验与文化心理。关于莫言与外国叙事资源的关联，学界多有论及。如马尔克斯与福克纳"对于他的影响，主要在于激活了他沉睡的感觉，启发了他审美主体以民族民间文化为本位的高度自觉，以及超出机械论理性逻辑的人类学视野"①。另外，莫言小说还熔铸了印象画派、电影镜头语言，采用色彩晕染、空气透视、慢镜头、长镜头、特写镜头、摇动镜头或者重复出现的蒙太奇意象渲染气氛，推动剧情，深化主题。电影艺术是莫言呈现乡土艺术色情学的有力语言。影像画面的植入使得他的叙事具有形象性、直观性、多义性和运动性等特点。他的小说借助电影镜头语言，以外表直观明晰、来势快疾变幻、所指直截了当的方式，激活人物与读者的感觉，躲开阐释者的理性阐析。西方视觉艺术元素的融入使得莫言的小说不是思想性的，而是全方位感觉型的。

　　莫言小说中还蕴含魔变戏剧的元素。"魔变是一切戏剧艺术的前提，在这种魔变状态中，酒神的醉心者把自己看成萨提儿，而作

---

① 季红真：《神话结构的自由置换——试论莫言长篇小说的文体创新》，《当代作家评论》，2006 年第 6 期。

为萨提儿他又看见神，也就是说，他在他的变化中看到一个身外的新幻象，他是他的状况的日神式的完成。戏剧随着这一幻象而产生了。"现代工业化时代，人被技术分工分裂成原子式的存在，"个人通过逗留于一个异己的天性而舍弃了自己"[1]，而"审美现象归根到底是单纯的。谁只要有本事持续地观看一种生动的游戏，时常在幽灵们的围绕下生活，谁就是诗人。谁只要感觉到自我变化的冲动，渴望从别的肉体和灵魂向外说话，谁就是戏剧家"[2]。莫言的乡土叙事表现出魔变剧般狂欢化的梦幻特征。它表现出野性爆发的酒神精神：想象天马行空，感觉爆炸狂欢，追求逸出生活常态的、新奇的力与美，有一种奇幻、魔幻、玄幻的色彩。

另一方面，莫言的话剧又有中国古典小说、西方后现代小说的叙事元素。莫言的话剧文体既采用古典小说对话白描的手法，又融入后现代主义解构思维。如《我们的荆轲》立足个体生命，以后现代思维重述上古时代的英雄神话，古典的英雄传奇与悲剧被解构为后现代意味的荒诞剧。话剧名为"我们的荆轲"，在此，"我们"是一个宏大、空洞、吞噬性的具有话语霸权色彩的词语。话剧中的侠士荆轲被一步步"我们"化，个体的生命意志与自由被一步步绑架与抽空，真正的人被古典英雄的侠道梦给绑架，侠士成了"我们"的工具。作者以后现代小说加话剧对话的形式解构了古典英雄神话。

关于莫言与中国叙事传统的关联，学者季红真有精辟而精彩的论述。她认为："六朝志怪到《聊斋志异》影响了他取材的向度，唐传奇的'叙事婉转，文辞华艳'决定了他质朴而瑰丽的文风，宋人平话至明清小说启发了他作为说书人的自觉，几部古典名著从人物到叙事技巧都渗透在他小说的骨骼肌肤中，而元曲、明清传奇、民间说唱艺术与近代兴起的故乡戏剧猫腔，则从人物故事场景、叙

大地的招魂

① （德）弗里德里希·尼采：《悲剧的诞生》，周国平译，译林出版社2014年版，第53页。
② （德）弗里德里希·尼采：《悲剧的诞生》，周国平译，译林出版社2014年版，第52页。

事策略到语言形式全面造就了他的小说文体。"①此外，庄子散文汪洋恣肆的语言风格与寓言体也启发了莫言天马行空、率性随意、寄意深远的文体创化。中国民间艺术资源，比如猫腔、扑灰年画、高密剪纸、高密泥塑、说书等赋予莫言小说抑扬顿挫的乐感、大红大绿的色彩、粗朴憨拙的线条、张弛有度的节奏。民间艺术的创意构思启发莫言天马行空、独特奇幻的想象力；民间艺术的造型手法使小说人物形象个性鲜活、立体可感，如《红高粱家族》将高密剪纸这一民间艺术形态嫁接其中，赋予"我"奶奶奇行异秉的传奇色彩："我奶奶就是金口玉牙，她叫蝈蝈出笼，蝈蝈就出笼，她叫蝈蝈唱歌，蝈蝈就唱歌，她叫鹿背上长树，鹿背上就长出了树。"

莫言以泛灵论思维将中国史传传统与诗骚传统有机熔铸，以中国方式讲述中国故事。中国古代叙事有两大传统：一、"史传"的纪实叙事传统；二、"诗骚"引诗入文，"有诗为证"的抒情传统。中国古代很多作家喜欢借用已有的故事、传说、历史敷演成章。"史传"便以文运事，先有事生成，后计算出一篇文字，征实纪事。胡适曾用"历史演变法"形容民间传说、历史故事如何滚雪球般生长，由一个简单的原始故事演变为丰满的小说："最初只有一个简单的故事做个中心的'母题'，你添一枝，他添一叶，便像个样子。后来经过众口的传说，经过平话家的敷演，经过戏曲家的剪裁结构，经过小说家的修饰，这个故事便一天一天地改变面目：内容更丰富了，情节更精细圆满了，曲折更多了，人物更有生气了。"②莫言的小说既有根据真实事件改编的，也有虚构改编之作。前者如《粮食》《五个馍馍》《照相》等。其中，《天堂蒜薹之歌》便是征实纪事的写实之作，具有强烈的抨击时弊的力量。虚构改编之作，如《水浒》因文生事，顺着笔性去写，削高补低由我，意在于文，虚构创造。《红高粱》的历史叙事便是因文生事，甚至以文造势。陈平原认为，现代作家引"史传"传统入小说，促进中国小说模式的转变。

①　季红真：《莫言小说与中国叙事传统》，《文学评论》，2014年第2期。
②　胡适：《〈三侠五义〉序》，《胡适古典文学研究论集》，上海古籍出版社1988年版，第1193页。

"史传"传统"诱使作家热衷于以小人物写大时代，把历史画面的展现局限在作为贯穿线索的小人物的视野之内，因而突破了传统的全知叙事"①。莫言的《红高粱》便以儿童的有限视角，以新历史、后革命的虚构手法解构宏大革命历史话语。莫言植源于中国的史官文化传统与民间讲史风气，讲述寓言化的历史与历史化的寓言。农民式的历史演义，是莫言历史经验形式、历史认知方式的折射。以《红高粱家族》为代表的家族历史小说，多采用被叙述的祖辈与祖辈的叙述的结构方式展开。重要的不是家族历史或祖先故事的内涵指向，重要的是如何演义式地讲述家族历史或祖先故事。

小说是用想象镂空或超越现实的艺术。小说的材料不在现实之内，而是在现实世界和想象世界的差距中。一个作家有一种本事，就是能够把自己的故事变成他人的故事，反过来也可以把他人的故事变成自己的故事。莫言的泛灵论思维便是实现这种转变的发酵剂，它不但将神话传说转变为小说素材，还能将真实事件进行神话传说式的变异，如《蛙》中让计划生育工作者姑姑走夜路时听到的漫天漫地的蛙声，《檀香刑》中惊天地泣鬼神的猫腔，因泛灵论思维的发酵，被渲染上神秘的神话传说色彩，《天堂蒜薹之歌》中的纪实新闻经由民间艺人的说唱弥漫为直抵人心的悲剧。正是泛灵论思维将史实与故事、真实事件与神话传说，编织熔铸成魔幻奇幻玄幻的文本话语，并注入抒情的力量，呈现出狂欢化的美学特征，这是理解莫言文体风格的一个重要切入点。历史故事、现实时事经由莫言泛灵论思维的发酵、创化后呈现出一种全新的、纪实与抒情共生的话语形态，与前文本构成一种复调、互文的叙事关系。他不是重新讲述别人讲述的故事，而是在重述的过程中，探究人的存在与道德意义的可能性。

莫言小说的史传传统，还表现为政治寓言体的运用。政治寓言体可谓中国史传传统的变形。政治寓言体早自鲁迅就开始运用，鲁

大地的招魂

迅、莫言的政治寓言体小说熔铸民俗、神话，充满灵异思维，非常丰满。相较而言，左翼小说是纯粹社会政治学的观念演绎，没有审美想象力。阎连科的《炸裂志》则拟地方志体，也是政治寓言的一种变形与文体创化，承袭甲骨问事、青铜铭事、勒石纪事的史传传统。"中国史官精神，其核心就是认为记事之笔外关神明内系良知，对所记之'事'绝对不能苟且。""青铜铭事开始中国的'铭事'传统，从这以后，在大型硬质载体上铭勒文字不单意味着牢固地记录事件，其仪式上的意义还为隆而重之地将所记内容昭告天地神明。进入铁器时代后，随着更为锋利的凿刻工具的产生，出现了记事这种新的时尚。以后每逢历史上发生大事，便会有相应的铭金勒石之作，人神共鉴的叙事意味碑碣、钟鼎文章不绝如缕。即使在无神论时代，这种传统仍保留了下来。"①其实，莫言的高密东北乡书写也是一种地方志体的变形，某种意义上承袭了中国甲骨问事、青铜铭事、勒石纪事的史传传统。

莫言的叙事艺术在史传纪实之外融入诗骚的浪漫抒情，如舞剑由险而妙，险而奇，奇而趣，趣而快。险绝而妙绝，险极而快极。节节生奇，层层追险。莫言叙事的陌生化、奇崛化、狂欢化，既有西方酒神狂欢的精神，又有《离骚》浪漫诡谲的抒情意味。向来，中国传统审美心理惯式是写实，志人志怪神话传奇不占主流。陈平原认为，现代作家引"诗骚"传统入小说，促进中国小说模式的转变。"诗骚"传统使"作家先天性地倾向于'抒情诗的小说'，降低情节在小说整体布局中的地位"②。莫言的小说打破情节中心主义，将齐文化的灵异思维、希腊的酒神狂欢、庄子的汪洋恣肆、离骚的浪漫诡谲、志人志怪神话传奇有机熔铸，在写实之外另辟一块抒情狂欢的天地。莫言用独特的文体为古老乡土中国创造了独特的外衣，在本土性与世界性的交汇点上，向世界展示古老中国的新形象。

---

① 傅修延:《先秦叙事研究——关于中国叙事传统的形成》，东方出版社 1999 年版，第 43、66 页。
② 陈平原:《千年文脉的接续与转化》，复旦大学出版社 2010 年版，第 2 页。

第二编　百年乡土叙事主体的
　　　　衍变与莫言叙事身份的自觉

作家的言说形式与生命形式同构，作品形式化的过程是作家的内在生命冲动转化为审美符号的过程。百年乡土及物叙事与不及物叙事的变迁实则叙事主体身份意识的衍变使然。

在此，所谓叙事主体指叙事活动的实施者，即作者本人。当然，真实作者在叙事过程中往往将叙事权力分散于隐含作者、文本叙述者、视角人物身上。对此，美国叙事学者查特曼把叙述者分为三类：缺席的叙述者、隐蔽的叙述者和公开的叙述者。在此，缺席的叙述者对应真实作者，隐蔽的叙述者对应隐含作者，公开的叙述者则指文本叙述者、视角人物。虽然真实作者分身有术地寄居于隐含作者、文本叙述者、视角人物身上，有时与他们部分重合或完全重合，但真实作者既不等同于隐含作者，也不等同于文本叙述者，更不等同于视角人物。真实作者与隐含作者、文本叙述者、视角人物的关系是错综复杂的。他们的声音在文本中强弱不同，尤其现代叙事打破传统叙事的全知全能，造成叙事主体的难以确认。

真实作者不等同于隐含作者。隐含作者与真实作者的关系在于，隐含作者是被真实作者创造的第二自我。小说家的第一自我（真实作者）与第二自我（隐含作者）有时重合，有时分离，有时交叠流变，复调对话。及物乡土叙事，如革命乡土小说的真实作者与隐含作者声调立场完全一致，以便坚定地完成叙事目的；不及物的乡土叙事则表现为二者的复调对话。如鲁迅《故乡》中的回乡知识分子"我"是隐含作者与文本叙述者的重合，是鲁迅的镜像自我，但又不是现实的鲁迅。鲁迅对"我"无力的启蒙话语是质疑反思的。莫言经常将"莫言"之名植入小说，如《酒国》《生死疲劳》、新作《诗人金希普》《表弟宁赛叶》等，但莫言小说中的"莫言"，是莫言又不是莫言。他是作者俯身小说观照自我的精神镜像。对此，后文会有专节论述。

真实作者与文本叙述者的关系在于，文本叙述者是被真实作者创造的一个角色，是被叙述的叙事主体。真实作者通过文本叙述者结构文本，聚焦叙述。经由文本叙述者的视角引领，读者由文本外进入文本内。文本叙述者有时寄居人物之内，有时又游离在人物之外。文本叙述者有时无所不知，有时知其所能知，这由真实作者赋予他的权力大小决定。因真实作者与文本叙述者权力关系的不同，文本叙述者的叙述分为可靠叙述与不可靠叙述。当真实作者与叙述者立场合一时，则产生可靠叙述。这尤其体现在一些带有自传色彩，或主题先行的极左革命乡土小说中。当真实作者与文本叙述者分离，产生心口差时，不可靠叙述产生。不可靠叙述一方面形成文本的反讽效果；另一方面生成文本接受的假定性机制，拉开读者与文本的情感距离，拓展读者的阐释空间。如莫言《生死疲劳》中"莫言"的叙述是不可靠的，作者没有在作品中过多突出自己，而是与叙述者达成权力平衡，二者戏谑对话，产生心口差，形成不可靠叙述的反讽复调效果，这是该小说具有黑色幽默效果的因素之一。

真实作者与文本中视角人物的关系在于，人物视角"是一部作品，或一个文本看世界的特殊眼光和角度"，也是"一个叙事谋略的枢纽"。[①]真实作者借视角人物确定探究世界的角度、立场与边界。真实作者与视角人物的关系丰富复杂，纵观百年中国乡土叙事，作为知识分子的真实作者与作为视角人物的农民表现出俯视、仰视、平视的复杂关系。当然也有真实作者等同于视角人物的情况，如一些知青乡土小说从历史亲历者——人物视角出发，讲述

---

① 杨义：《中国叙事学》，人民出版社 1997 年版，第 191、195 页。

"上山下乡"的故事，唱一曲青春颂或青春祭。

总之，真实作者要掌握与隐含作者、文本叙述者、视角人物权力平衡的临界点。优秀的作品要求作者本人的声音不要浮于隐含作者、文本叙述者、视角人物之上，而应以沉默、隐蔽的方式介入。因此，真实作者要警惕叙事权力的膨胀，伪装中立，"在审美命令的深处觉察道德命令"，因为作者"不应该是他的人物的评判者，而应该是一个舞弊案件的见证人"。故而作者不应该在作品中过于喧宾夺主地突出自己，如"十七年""文革"时期的乡土及物叙事因明确的价值导向而主题先行，这是真实作者权力过界，用先行的观念操纵、演绎文本的结果。作为对照，莫言的乡土叙事则赋予文本多元、敞开的叙事权力，如让隐含作者、文本叙述者、视角人物都获得言说自我与叙述文本的权力，从而分割、节制真实作者的叙事权力，由此建构复调、对话的话语空间。

但凡经典，多因跨越时空的、普适性的审美价值，联通万千读者。在读者接受心理上，有时会出现这种感觉：似乎先有作品，后有令之现形的作者。这种集体无意识的阅读心理，说明读者也是文本创造的主体之一。由此，真实作者与读者权力的平衡与默契，也是小说叙事成功与否的关键。对此，莫言也有自觉的认知。他认为："要让读者感到自己与作者处在平等甚至更高明的地位上。不是一个成年人讲故事给孩子听，而是一个孩子讲故事给成年人听。这样，作者在叙述中可以故意地、也可以无意地犯一些错误，让读者感到自己的阅读居高临下。"他认为过去的小说有的不好看，是因为"我试图把故事讲得完美无缺的时候。我总想在一部小说里把所有的好话说尽，结果就造成了对读者的蔑视"。如"十七年""文革"时期的乡土及物叙事基于革命目的论导向，塑造"高大全"的人物形象，形成光明战胜黑暗的叙事模式，没有给读者留下思考、想象的余地，从而极大影响了其审美价值。所以，作者"不应该把好话一次说尽，应该一次说尽的是坏话，好话应该多次说，慢慢

大地的招魂

---

① 刘小枫:《沉重的肉身》，上海人民出版社 1999 年版，第 76、77 页。

说，有所保留，点到为止。另外，好看的小说既让读者充满期待，但也不必每次都让读者的期待得到满足。你应该让读者骂你：这个笨蛋，他应该往这里写啊！但我就是不往这里写。我没写出的，读者在阅读时其实自己已经写了，甚至比我写得还要好。"①经历了"十七年""文革"主题先行的及物乡土叙事，新时期以来许多乡土作家表现出不及物叙事主体的身份自觉。

　　基于上述辨析，可以说作为叙事主体的真实作者通过将叙述权力分散在隐含作者、文本叙述者、视角人物甚至读者身上，最终实现叙述目的。真实作者、隐含作者、叙述者、人物等诸多视角交织、构筑文本的政治、伦理或审美结构，借以对抗或整饬现实世界的思想框架、道德秩序和意义结构。由此，本章立足真实作者，兼及隐含作者、文本叙述者、视角人物的身份意识，展开论述。

① 莫言著：《碎语文学》，作家出版社 2012 年版，第 3 页。

第四章　百年乡土叙事"地之子"的身份衍变

百年乡土叙事实则知识分子的乡土叙事，农民忙于生存，无心无暇也无力讲述自己的故事。知识分子的精英意识与家国情怀，让他们以"地之子"的身份审美想象、构建乡土中国。

"地之子"一词，最早出现在二十世纪二十年代台静农的同名小说集中，二十世纪三十年代李广田以此为诗题。学者赵园最早在学术层面使用"地之子"这一概念。她认为，"'地之子'应属五四新文学作者创造的表达式。中国现代史上的知识分子，往往自觉其有继自'土地'的精神血脉，'大地之歌'更是近代以来中国知识分子的习惯性吟唱。""地之子"被期许或赋予一种土地般厚重、坚韧、担当的人格，"这是中国知识者关于自身精神、文化血缘的一种指认"，更是"他们关于'我是谁''我从哪里来'的一种回答"。①中国近百年的城市化进程与革命化历史滋生了知识分子与乡土间"地之子"的修辞关系。若说西方基于个体主义与契约精神的"上帝之子"惯于仰望天空与上帝，那中国基于群体主义"差序格局"的"地之子"则惯于扎根土地。乡土作家"地之子"叙事身份的确立扎根于乡土中国几千年的儒家文化与耕读传统。乡土中国宗法礼制下的血缘、宗亲式社会秩序结构，决定了人与土地有着一种与生俱来稳定的精神关联。乡土中国有着源远流长的耕读传统，学而优则仕，仕而困则耕。中国古代文人向来有寄情山水、躬耕田园、托言田夫野老的传统，耕读是知识分子精神认同的一种方式。农耕时代的山水田园是文人生活方式、价值观念、文化语言、政治姿态的一种表达符号，

① 赵园:《地之子》，北京大学出版社 2007 年版，第 2、4 页。

大地的招魂

工业时代的乡土世界被赋予新的情感旨向与意义寄托。

百年乡土作家"地之子"的身份意识既随社会历史、时代思潮的变迁而变迁，由乡村、农民之子向时代、人民之子嬗变；又有不以时代为转移的审美特质，呈现出历史衍变中的不变性。当然，这里有一个前提需要说明。"地之子""从来都不是所有现代史上知识者的自我意识，因而也不宜于被无条件地作为五四新文学与当代文学写乡村、农民之作的'背景'"[1]。那么，纵观中国百年乡土叙事，乡土作家经历了怎样的身份衍变呢？

第一节　思想启蒙者

向来，乡土社会的主角"农民是没有历史的，因而没有书写"[2]。更具体点说，农民没有能力言说自己，农民的历史是由具有言说能力的知识分子建构而成的。中国百年乡土叙事始自二十年代鲁迅为首的知识分子思想启蒙式言说。这一流派的乡土作家以鲁迅为发端，包括二十年代的许钦文、许杰、鲁彦、彭家煌、蹇先艾、台静农、王任叔、黎锦明等，三十年代的萧红、师陀、沙汀、艾芜、李劼人、路翎等，八十年代以来的高晓声、韩少功、李锐、阎连科、莫言、陈忠实、郑义、刘恒、刘震云、杨争光、尤凤伟、周大新、乔典运、毕飞宇、东西等。

在此，有必要简要回顾下近代以来"农民"的发现史与书写史。首先辨析一个问题：五四文学革命所提倡的国民文学、平民文学、人的文学，此处之"民"包括农民吗？究其质，此处"国民""平民"的主体是城市小资产阶级知识分子、市民。直至 1924 年，孙中山提出"联俄、联共、扶助农工"口号，农民才出现。农民主体地位的突出与强调，则始自 1927 年毛泽东的《湖南农民运动考察报告》。

① 　赵园:《地之子》，北京大学出版社 2007 年版，第 4 页。
② 　（德）奥斯瓦尔德·施宾格勒:《西方的没落：世界历史的透视》，齐世荣等译，商务印书馆 1963 年版，第 282 页。

报告突出强调以阶级成分划定的农民革命身份的合法性。若说五四新文化运动时期周作人"人的文学"发现了"人"，那大革命时期毛泽东的农民运动考察报告则发现了"农民"。其意义在于，"这是中国现代化历史进程中的一个极为重要的思想认识，是对乡土中国现代化所独具的社会特性的深刻把握，标志着中国现代化政治视野对农民的真正发现。一条具有乡土中国特色的现代化道路勾勒出了朦胧的现代轨迹"[①]。1942年，毛泽东《在延安文艺座谈会上的讲话》进一步呼吁农民的主体地位。"赵树理现象"便是这一时期农民主体性彰显的典型个案。《讲话》成为百年乡土叙事的一个转折点，自此以后，以鲁迅、沈从文为代表的五四乡土小说传统日渐退隐，以社会主义现实主义、革命现实主义加革命浪漫主义手法书写农村社会与农民题材的工农兵文学盛行。沿着这样的轨迹，文学中的农民形象从五四乡土小说中被启蒙的对象转变为1928年以后左翼革命文学、工农兵文学、"文革"文学中积极的革命主体。直至八十年代，五四启蒙乡土叙事传统才被重新承续下去。

自五四新文学开始，鲁迅开始了乡土作家思想启蒙者的身份自觉。康德说，启蒙就是人类脱离自己所加之于自己的不成熟状态。不成熟状态就是不经别人的引导，就对运用自己的理智无能为力。思想启蒙派乡土叙事既受西方民主、科学思想的影响，也源自中国文人先天下之忧而忧、后天下之乐而乐的精英意识与家国情怀。在启蒙作家笔下，乡村是礼教"吃人"的乡村，是农民苦难轮回的"生死场"。乡村既是精英知识分子播撒西方启蒙思想、反对封建礼教的话语实践场，也是中国文人寄寓济世救国情怀的精神道场。由此，五四乡土叙事实则是知识分子言说为体、乡土呈现为用，"亦如古代诗人托言田夫野老，新诗人在让他们的农民人物倾诉大地之爱时，往往忘记了那份爱原是他们本人的"[②]。

知识分子仰望问天，农民俯身向地。天问者凝视星空，跳脱超

① 张丽军：《想象农民——乡土中国现代化语境下对农民的思想认知与审美显现（1895—1949）》，山东人民出版社2009年版，第2页。
② 赵园：《地之子》，北京大学出版社2007年版，第2页。

越；农耕者扎根大地，本固枝荣。启蒙，对知识分子而言，指运用理性，点亮自我；在农民这里，则是一个被知识分子外在施加的动作。由此，五四乡土作家多以思想启蒙者自居，以审视、批判的立场俯瞰笔下农民的悲与乐。在鲁迅笔下，沉默的闰土与麻木的阿Q均是被言说与旁观的对象。少年玩伴闰土多年后再见"我"时，恭敬地叫"我"老爷，让还乡者"我"感到被仰视的可悲。立传者"我"俯视阿Q的麻木，让一路麻木到底的阿Q临刑前痛感神经觉醒，感受到看客围观的眼睛像狼的眼睛撕咬灵魂，最终喊出"救命"。这声"救命"是启蒙者鲁迅让笔下的被启蒙者喊出的，他不忍心沉睡的国民的灵魂一路麻木到底，无可救药。阿Q临刑前痛感的觉醒显露了思想启蒙派乡土叙事者的主体意识：悲悯。这种价值立场说到底源自启蒙者对被启蒙者的俯视。

自从鲁迅画出阿Q与闰土这一对麻木、沉默、病态的国民灵魂，阿Q与闰土便成为思想启蒙派乡土作家笔下时隐时现的原型人物，如许钦文笔下的鼻涕阿二、韩少功笔下的丙崽、贾平凹笔下的狗尿苔、王安忆笔下的捞渣、莫言笔下的上官金童、蓝千岁等。鲁迅开创的批判国民性的乡土叙事母题成为之后许多乡土作家创作的底色。如从三十年代的师陀到八十年代的李锐，不少乡土作家呼应鲁迅看客、国民性母题，承袭其冷峻、批判的文风。莫言的乡土叙事承袭了鲁迅的启蒙意识，甚至更进一步挖掘愚众的残忍，与鲁迅互文对话。鲁迅的《阿Q正传》写看客的麻木，莫言的《檀香刑》就写刽子手的冷。鲁迅的《药》写革命者的血被农民华老栓做成了人血馒头，莫言的《灵药》就写农民为了取人胆做灵药，持刀活剖土改中被冤杀的地主。鲁迅的《狂人日记》写狂人癫狂中洞见中国几千年礼教写着"吃人"二字，莫言的《酒国》就写贫困的农民主动把自己的孩子养得白胖送去屠场。对此，有研究者认为，莫言对鲁迅有发自肺腑的崇拜，也有自己冷静、清醒的分析。在文学对现实的政治批判性上，莫言继承了鲁迅的传统。①

---

① 栾梅健：《从"启蒙"到"作为老百姓写作"——莫言对鲁迅文学传统的继承与创新》，《南京社会科学》，2015年第1期。

乡土作家以思想启蒙者自居，对乡村持审视、批判的立场，惯用象征手法，将乡村社会审美转化为古老中国农耕文明的寓言，使之整体上呈现沉郁、悲剧的美学风格。如鲁迅的鲁镇未庄、萧红的呼兰河、王安忆的小鲍庄、韩少功的湘西楚地、陈忠实的白鹿原、贾平凹的古炉村、李锐的吕梁山脉、阎连科的耙耧山脉等无不是乡土中国的缩影。这种寓言式乡村书写与莫言对高密东北乡的意象书写有相似之处，即从文化人类学的视野想象乡土中国。不同之处在于，鲁镇未庄、呼兰河、小鲍庄、古炉村是封闭落后有待知识分子启蒙的乡土中国的缩影，莫言笔下的高密东北乡则是自成一界、自由无界，自我言说、自行立法的乡野世界。若说五四乡土作家多以思想启蒙者自居，其乡土叙事是知识分子言说为体、乡土呈现为用，那莫言的乡土叙事则是乡土呈现为体、知识分子言说为用。

从乡土叙事的接受主体角度看，五四提倡"平民文学"，但这里的平民无疑不是工农大众。乡土叙事的启蒙书写对象是农民，但接受阅读对象却不是农民，这无疑是一个反讽。农民连温饱都成问题，且大字不识，如何阅读？实际上，当时读小说的多是市民、青年学生等，仍属识字的知识分子阶层。于是，启蒙实则是一场主体缺席的启蒙。启蒙乡土叙事从创作到阅读到批评，实则是知识分子的自说自话。由此，鲁迅曾深刻自剖："倘写下层人物我以为他们是不会'在现时代大潮流冲击圈外'的罢，所谓客观其实是楼上的冷眼，所谓同情也不过空虚的布施，于无产者并无补助。而且从来也很难言。"①这也是为何鲁迅成为反思五四启蒙思想的先驱。鲁迅乡土小说中还乡的知识分子"我"面对祥林嫂死后有没有灵魂的询问，只能支支吾吾、含糊其词，由此可见启蒙者自知启蒙话语的虚弱无力。隐含作者对"我"的启蒙身份是反躬自省的。这是鲁迅超越启蒙主义的地方。如果知识分子的启蒙仅限于站在外面打开黑屋子的一扇窗，唤醒黑屋子里的人，告诉他们窗外有光，而不能肩住

① 鲁迅：《关于小说题材的通信并 Y 及 T 来信》，《二心集》，《鲁迅全集》（第 4 卷），人民文学出版社 1981 年版，第 151 页。

黑暗的闸门，彻底打碎黑屋子，放他们到广阔的天地，并给予他们更好的安身立命之所，那他们对农民的启蒙只是残忍的醒脑药，或自说自话的自我陶醉罢了。由此可见，五四乡土作家对思想启蒙者的叙事身份是有所保留的。不仅鲁迅，莫言对启蒙乡土作家的言说权限也是质疑的，所以拒绝"为老百姓写作"的宏大立场，提出"作为老百姓"写作的民间立场。莫言自我定位于农民，以此塑造农民，叙述立场随人物平行移动，"不要把文学当作替天行道的工具，也不要把作家当作为民请命的英雄"①。当然，莫言也很清楚，"作为老百姓"写作只是强调一种姿态，作家很难摆脱知识分子的思维认知。莫言许多以故乡乡民为原型创作的小说，对当地人来说根本是另外一个不相干的世界。莫言写乡土的小说，他的故乡人根本不感兴趣，也不会去看。地道的农民真正关心的是衣食温饱问题，而不是思想启蒙问题。这是乡土作家思想启蒙者身份的尴尬。

五四思想启蒙派乡土叙事启蒙对象的缺席背后，隐含了叙事主体启蒙者/乡土人、知识分子/地之子身份的矛盾。五四一代乡土作家多生于乡村、长于乡村，离开乡村后怀念又审视乡村。他们是一群徘徊于乡村与都市之间的"中间人"与精神漂泊者。这可见于鲁迅笔下还乡知识分子的无奈与矛盾。他们多难以忍受乡村的破败、颓靡，闰土们厚障壁般的沉默，阿Q们看客的麻木，却又无能为力，甚至连祥林嫂死后可有灵魂的问题都没法回答。很快，启蒙话语随着左翼革命话语的兴起迅速破产。二十年代末，随着革命文学的兴起，郁达夫较早提倡农民文艺，在创办刊物《大众文艺》时表示："我们的新文艺……独于农民的生活，农民的感情，农民的苦楚，却不见有人出来描写过，我觉得这一点是我们的新文艺的耻辱。"②

另一方面，从启蒙的对象角度看，农民真的先天地就需要知识分子启蒙救赎吗？实际上，几千年的农耕文明多少练就了农民强

---

① 莫言:《莫言讲演新篇》，文化艺术出版社 2010 年版，第 246 页。
② 郁达夫:《农民文艺的提倡》,《郁达夫文集》(第 5 卷)，花城出版社1982 年版，第 282 页。

悍的生存本能，这种本能推动他们自寻出路与光明，如历史上此起彼伏的农民起义，以及农民为主体的无产阶级革命的最终胜利。对此，莫言不同于鲁迅的启蒙者身份，他将知识分子的贫血缺钙与农民的原始野性对照，一改五四以来农民灰头土脸、沉默麻木的病态形象，赋予中国农民酒神狂欢式的原始生命力，如余占鳌、司马库。这也是五四至新世纪乡土叙事启蒙者身份的新变。

进一步反问，以启蒙者自居的知识分子不也因贫血缺钙需要启蒙吗？启蒙的基石是自由，即能公开地利用自己的理性。要敢于认识，要有勇气运用你自己的理智！这就是启蒙运动的口号。知识分子需要启蒙的原因不在于缺乏理性，而在于为外在环境所迫，或为自身成见所蔽，主动或被动地放弃运用自己理性的自由，那么这就是以启蒙者自居的知识分子自己所加之于自己的蒙昧、不成熟状态。若说鲁迅的《祝福》写出了还乡者启蒙话语的无力，那莫言则进一步写启蒙者还乡后被启蒙的无奈，如《等待摩西》中还乡的"我"站在几经世事变迁、命运辗转的摩西家的院子里，看到了底层农民基于生存本能的坚韧的生命力与坚定的信仰，顿感"一切都很正常，只有我不正常"。启蒙者被启蒙，这是五四至新世纪乡土叙事主体启蒙者身份的逆转。实际上，启蒙被知识分子喊了一百年，最需要启蒙的可能恰是知识分子自己。

第二节　文化守成者

二十世纪二三十年代，在鲁迅开创的思想启蒙派乡土叙事之外，还有废名、沈从文为代表的诗性田园派乡土叙事。这一流派的乡土作家包括周作人、废名、沈从文、萧乾、孙犁、刘绍棠、古华、叶蔚林、汪曾祺、张炜、史铁生、阿来、迟子建、刘亮程等。若说前者以思想启蒙者自居，审视乡土，视之为垢土；那后者则秉持文化守成者的立场，守望乡土，视之为净土。

文化守成主义，肇始于西方启蒙时代，是一种世界范围内对

大地的招魂

抗、反思工业现代化进程的思潮。文化守成主义立足传统，反对激进变革，认为现代科技的进步要以人性、价值、伦理的失衡为代价。在文化守成主义看来，"传统与现代化是水火不相容的，前者代表着人性，而后者代表着非人性。现代化与反现代化思潮间的冲突正好代表着人性与非人性的冲突，不易消解"。文化守成主义与文化激进主义在一个二元对立的思维框架中展开对话与对抗。[①]海外新儒家代表人物林毓生在《中国意识的危机》中指出："20 世纪中国思想史的最显著的特征之一，是对中国传统文化遗产坚决的全盘否定的态度的出现与持续。"[②]二十世纪文化守成主义一直作为文化激进主义的抗衡力量存在。二十世纪二十年代，文化守成思潮发轫，"主张复苏传统文化的一些方面，同时坚信中国文化不但和西方文化相当，甚至还要优越。这个立场以《学衡》杂志的撰稿人如梅光迪及梁启超（其晚年）、梁漱溟、辜鸿铭、林纾等人为代表"[③]。之后，到九十年代的"新儒家"，文化守成主义再度兴起，林毓生、余英时、王元化等是代表人物。

二十世纪文化激进主义与守成主义思潮背景下的百年乡土文学也表现出激进主义与守成主义两种不同的叙事立场。若说以鲁迅为代表的启蒙乡土小说持文化激进主义立场，那以沈从文为代表的田园派乡土小说则带有文化守成主义的色彩。二三十年代的京派乡土作家不满时局，吟唱田园牧歌、挽歌与哀歌，以修复人性真善美的神庙，守望精神的家园，建构安放灵魂的诗性田园。他们淡化现实背景，塑造虚幻、想象中的乡村，追求乡村自然美和浪漫诗情，通过细腻的风景描写，浪漫的氛围，情绪化、散文化的结构营造诗化的意境，怀旧、优美、感伤的美学风格。八九十年代守成主义思潮

---

① （美）艾恺:《世界范围内的反现代化思潮——论文化守成主义》，贵州人民出版社 1991 年版，第 4 页。

② （美）林毓生:《中国意识的危机:"五四"时期激烈的反传统主义》，穆善培译，贵州人民出版社 1986 年版，第 1 页。

③ （美）艾恺:《世界范围内的反现代化思潮——论文化守成主义》，贵州人民出版社 1991 年版，第 5 页。

的兴起影响了乡土文学的审美走向，汪曾祺的《受戒》、陈忠实的《白鹿原》、张炜的《古船》《九月寓言》《柏慧》便是典型代表。

　　若说思想启蒙者的现实乡土叙事遵循鲁迅开创的"离乡—还乡"的叙事模式，那文化守成者的诗性田园叙事则遵循沈从文为代表的"守望—守候"模式。"文化保守主义的核心就在于'守'：个人以传统为'精神家园'，沉迷于其中作文化自慰，以养吾浩然之气，惟避世全身，是一种'守'；在人们心中培植起深固的传统观念，不使它'失落'，从精神上流失，是一种'守'。"①某种意义上，"守望—守候"可谓百年乡土文学的另一个叙事模式。《边城》中爷爷与翠翠一直守着渡口，过渡来往客人，一如那圮坍了又重新修好的白塔默默守候茶峒的风土人情。小说以翠翠的守望姿势结束。"这个人永远不会回来了，也许明天回来"，这一经典结尾无疑具有文化守成主义的象征意味。《白鹿原》中的白鹿是守望原上风水的灵兽，朱先生于世事沧桑中以不变应万变的坚守，寄寓了陈忠实文化守成主义的价值取向。《古船》中主人公名字中的"见素""抱朴"二字便语出《老子》"见素抱朴，少私寡欲"，表达了现其本真、守其纯朴、不为外物所动的文化守成立场。隋抱朴见证了胶东芦青河畔洼狸镇上几个家庭四十多年来的荣辱沉浮、悲欢离合，他以静制动，以不变应万变、几十年如一日地守候在历史的石磨旁，守候着传统乡村田园这一精神栖居地。

　　乡土叙事的文化守成立场既是肇始于西方启蒙时代、影响东西方世界的文化守成主义思潮的折射，还源自中国古典文学的山水田园诗传统。诗性田园派乡土作家多疏离政治，字里行间隐约可见一个抒情诗人的形象。知识分子作为乡土叙事的主体与土地的非生存性关系有利于产生审美想象，联通古旧梦境、传统诗趣。二十年代废名的绝句式乡土叙事，三十年代沈从文用笔在中国的"边城"建一座自然与人性桃花源，八十年代汪曾祺、何立伟笔下怀旧照片式

　　① 周晓明、昌切、邓晓芒、王又平：《新保守主义与新批判主义》，《钟山》，1996 年第 6 期。

的鸡鸣人家、世外桃源，九十年代张炜的《刺猬歌》《能不忆蜀葵》将乡村视作诗意栖居的野地，新世纪贾平凹的《秦腔》表达对乡土民间艺术的守护等，无不源自千古文人的桃源旧梦。尤其是被誉为"中国最后一个士大夫"的汪曾祺，他出身于开明士大夫世家，受传统文化濡染，有着深厚的古典文学功底。小说以诗化、抒情化、散文化、文白相间的文体营构了一个人性自然健康和谐的世外桃源。他以传统文人的视角，书写和尚农夫、童子村姑。他的小说如田园抒情诗、山水写意画，具有古典乐感与情调。文体上，他的乡土小说是明清小品的现代转化。相对于文化激进主义者的"冲突"美，他追求文化守成式的古典"和谐"美。小说《受戒》既体现儒家的"仁和""乐天"意识，追求孔孟的伦理乌托邦，即"老其老，幼其幼"的"大同世界"，表达仁爱、宽厚的中国式抒情人道主义；又有老庄的原始主义乌托邦色彩，追求人与人的单纯"无为"，寄托作者自然、通透、自由的人性理想。《受戒》如"往生咒""安魂曲"，反驳当时的非文学、非人性，为卑微的人性唱安魂曲。从这点讲，《受戒》是《边城》的姊妹篇，通过建构"审美乌托邦"批判工业文明对人的异化。

除了忠厚平和的汪曾祺，还有温情自然的迟子建。一直以来，迟子建以舒缓的节奏与怡人的温度，用文字编织爱、自然、美与人性联通的田园小夜曲，建构温情、平静、冲淡、宽容的童话"北极村"，从而形成自己独有的诗性、温情的文风。她的乡土叙事具有生态主义的诗性意味。此外，阿来的"机村史诗"系列则书写边缘人群的心灵重建，底层社会的伦理重建，以及自然与生态重建。刘亮程的《一个人的村庄》用诗性情怀营构乡村意象，长篇小说《虚土》则书写此岸荒野的梦境等。

作为对照，融入野地的大地书写者张炜则是诗性田园叙事中较激进的代表。他以审美/道德理想主义者的激情、激愤书写栖居野地的诗意情怀。他的《融入野地》为二十世纪中国乡土文学提供了一个诗意、丰盈的象征意象。在他看来，"'融入野地'不仅仅是形式上的远离城市，而且是让生命深刻感受'浑然'和'混沌'的那种大能力。说到底，就是人与没被异化的那个大世界接通的能力"①。张炜在《能不忆蜀葵》中塑造了一个激进的画家淳于。他是一个审美/道德理想主义者，一个在商业/艺术、物欲/精神搏斗场中主动出击、让自己付出代价的文化英雄，一个为精神迷狂的俗物，一个灵魂有缺陷的天才。他是当代文学的一个刺目、尖锐的存在，体现艺术家介入物欲时代的审美震撼力与价值穿透力。"蜀葵"意象是作者依着心中的感动与执念创造的艺术发源地、归属地，是物欲时代一去不复返的审美乌托邦，是作者在记忆的原野中用力刻下的"现代人的心痛"与"难以忘记的芬芳"。标题"能不忆蜀葵"以设问的句式奠定怀旧的叙事基调。张炜尝试借此为信息时代的现代人筑起精神屏障，因为"没有这道屏障，人将成为没有主意的特殊生物"②。这个艺术家形象颇有张炜精神自画像的意味。当然，基于商业/艺术二元对立而滋长的审美激情与道德激愤使小说的价值旨归明确而单一，人物意念浮出形象，从中可见张炜叙事立场的偏失。

若说启蒙对象的缺席让思想启蒙者遭遇叙事的尴尬，那诗性田园派的乡土叙事者也面临叙事身份的质疑。学者赵园认为，净土乡村的营构一方面折射了中国作家传统士大夫道德理想的对象化寄托，以期从中获得自我价值的诗化认同；另一方面也折射了文人无法直面现实黑暗的弱者心态、道德自卑、精神屠弱。其实，往前走的现代启蒙与向后看的文化守成是人类的两种精神本能。启蒙与怀旧都是一种现代性话语，它是工业化、全球化时代人类普遍的精神体验。启蒙/怀旧与人类的现代化进程结伴而行。启蒙是对现代化进程的呼应，怀旧是对现代化进程的反驳。这是社会转型期人的精神存在的问题，不能简单地、道德化地把怀旧视为一种向后看的、消极的乡愁。对诗性田园派乡土作家而言，乡土是人类的童年，童年是无休无止的。作家由于富于爱和感受能力，更容易怀旧，忍不住一

① 张炜:《小说坊八讲》，作家出版社 2014 年版，第 295 页。
② 张炜:《艺术和友谊的悲悼——答〈大众日报〉》，《能不忆蜀葵》，作家出版社 2013 年版，第 240、241 页。

次次地回到童年，渴望返归自然与自我，返璞归真。诗性田园派乡土叙事源自作家怀旧的情感本能，其笔下的乡土不是现实乡土社会生存样式的简单投射，而是他们回望童年、故乡时诗性、怀旧的影像。

诗性田园派乡土叙事视乡土为精神的原乡，一个想象的文学地理空间。许多作家都有原乡情结。作家建构精神原乡的能力，关涉作家如何把握时代的精神定力问题。也就是说，"如果作家只是深感于时代的变化，而没有一个自己的精神坐标，没有一个让创作主体提升和人物灵魂成长的精神空间，它的创作就会被这个时代所淹没"。诗性田园派乡土叙事以文化守成者的身份建构乡土桃花源、精神乌托邦。这种"亲和乡土"的浪漫叙事承续了传统文化基因中的道德理想。思古之幽情与现代乡愁，是文化守成主义者的一体两面，是人类从农耕文明向工业文明转型过程中，作家建构精神原乡的本能使然。不同的是，三十年代的诗性田园叙事带有很浓郁的怀旧色彩，如《边城》《受戒》中挽歌似的古典乡土，九十年代以来的诗性乡土叙事则具有生态文明的视野。随着城镇化进程的推进，乡土社会出现新的生态样式，古典、现代、后现代视域下的新世纪乡土书写也呈现出审美空间和审美方式的新变。当然，变中不变是人类的原乡情结，正如某学者所言："倘若城市碎片还没有整合出完整有序的城市文化，我们的心灵还没有完成城市化的自足与自觉，矗立于我们心中的乡村精神、乡土世界以及人类社会的童年记忆就不会消失！"①

第三节　社会革命者

随着左翼革命文学兴起，乡土叙事日渐呼应乡村土地革命与政治运动，以文学的方式介入乡村社会秩序的改革、重构。乡土叙

---

① 张继红、雷达:《世纪转型：从"乡土中国"到"城乡中国"——雷达访谈录》,《文艺争鸣》, 2015 年第 12 期。

事主体由五四思想启蒙者转向左翼社会革命者；农民由思想启蒙的对象转为革命动员的对象；人物塑造上，国民性淡去，阶级身份凸显，日趋类型化、二元化；叙事上，多采用客观写实的再现手法，将冷静客观的社会剖析和典型细节的真切描写相结合；美学基调由五四时期的灰暗、冷静、理性、批判转为充满革命朝气的明朗、进步、热烈。

革命派、社会剖析派乡土叙事早自二十年代末就已萌芽，三十年代茅盾的"农村三部曲"、叶圣陶的《多收了三五斗》、吴组缃的《一千八百担》、蒋光慈的《咆哮了的土地》、叶紫的《丰收》等均是代表作。四十年代出现萧军、端木蕻良等东北作家群，国统区出现路翎、邱东平、彭柏山、曹白、贾植芳等"七月派"乡土作家，解放区出现赵树理、孙犁、丁玲、周立波、欧阳山、康濯等乡土作家。五十年代至"文革"时期，代表作家有周立波、柳青、梁斌、李准、王汶石、浩然等。统观之，从左翼乡土作家，到延安时期的赵树理，再到"文革"时期的浩然，乡土作家以社会革命者自居，呼应主流意识形态，进行观念先行的演绎性叙事，表现出宏大历史叙事的特征。新时期以来，尤其以阎连科、莫言为代表的后革命乡土叙事则以农民的个体声音解构社会革命的宏大话语，书写革命历史的荒诞与残酷，表现出小历史叙事的特征。

1928 年，左翼革命乡土叙事开始流行，人物在革命罗曼蒂克激情的推动下，出现突变式的精神翻转，人物形象因凸显阶级性、革命性而公式化、概念化。其中颇有症候意义的文本是柔石的《二月》。小说中小资产知识分子萧涧秋虽有五四个性解放意识与人道主义情怀，却出于怜悯，救助革命遗孀文嫂，准备与之结婚，最终离开两情相悦的陶岚。这种行为抉择既违背五四个体本位、恋爱自由的启蒙人道主义精神，也违背普世的人性逻辑与情感本能，于情于理都很难理解。细加辨析，这一情节逆转背后缺乏具有说服力的叙事动因或逻辑。究其质，这是五四启蒙主义思想让位于左翼革命阶级论的症候表征。情节逆转背后隐含了萧涧秋小资产阶级式启蒙救世不成，转而实践救人的革命理想。救助革命遗孀的背后实则是悲观颓废的小知识分子企图通过介入底层革命群众生活的方式，实现自我救赎。然而，文嫂的自杀宣告了五四启蒙救赎方案的失效，小资产阶级人道主义的破产，实践救人革命理想的幻灭。《二月》的叙事裂缝，折射了作者游移于启蒙者与革命者之间的叙事身份的矛盾。

　　到三十年代，以茅盾、吴组缃、沙汀、艾芜等人为代表的"社会剖析派"乡土叙事开始运用阶级观念，从政治经济层面观察和分析社会现象，以期从本质上解释生活的真实，预示社会发展的正确方向。当然，也有不同的声音。乡村伦理秩序的溃散是工业文明替代农业文明必然付出的代价，面对这样的溃散，艾芜乡土叙事的情感支点不是社会革命的号角，而是人道主义的呼号。总体而言，此时的乡土叙事成为时代气候、社会问题的显像器。茅盾的作品较五四多一些政治色彩，"表无产阶级之同情"的世界观跳出纸面，在文本中直露地表白。① 又如三十年代的乡村灾难叙事多从社会学、阶级论角度，书写丰收成灾导致的乡村破产与革命化转向，寄寓作家身为社会革命者的政治理性与道德激愤。作为对照，九十年代以来，同为"丰收成灾"题材的小说《天堂蒜薹之歌》则摆脱左翼单一的官方立场与单薄的审美想象，从民间艺人张扣演唱、知识分子"我"的叙述、官方报道三个不同角度，以互文复调的方式，书写底层农民"丰收成灾"的命运，呈现出众声喧哗、立体丰满的美学效果。

　　一百年来中国农民沉重的悲剧命运需要农民亲自言说，莫言就是这样一个具有言说能力的农民，正如他自己所说："没有想到要替农民说话，因为我本身就是农民。"② 农民可能没有知识分子驾轻就熟的语言能力，但拥有对乡土大地的丰沛的感觉，对命运困境有更切肤的痛感。基于丰沛的感觉，《天堂蒜薹之歌》最有冲击力的主角是腐烂刺鼻的蒜薹味。它回旋往复地穿行在文本始终，形象直

① 丁帆等：《中国乡土小说史》，北京大学出版社 2007 年版，第 124 页。
② 莫言：《天堂蒜薹之歌·新版后记》，上海文艺出版社 2012 年版，第 330 页。

观的味觉里裹有底层弱势群体的哭喊、怒吼与血泪，也披露权势者的腐败、暴戾，更有作者直而不露的政治激愤与控诉。小说采用口语化、流动转换的农民视角，让每个底层农民如其本然地发出自己的声音。如高羊、高马、金菊、四婶、婴儿所言所行，恍若读者身边的叔伯婶姨，真实可感。莫言身为农民写农民，既没有民粹主义的道德美化，也没有精英主义的启蒙优势，而是现象还原式地让人物自身显示自身，完成自身。每个底层人物既有可怜也有可悲，更有可嫌可恶之处。这可见于高羊被捕途中一哭一笑、亦哭亦笑的内心游移与错位。小说通过"我没有哭""你没有笑"等第一、第二人称的反复切换，人物视角的内外移动，呈现弱者怯弱而倔强的双重人格。又如高马在部队里搬石头砸自己的脚的私心伎俩，与他追求金菊、砸县政府时的自由狂野并行不悖。相较于喝自己尿的懦弱的高羊，封建家长式专制蛮横的四叔、自私无能的马家兄弟、无知盲从的四婶，高马身上还是带有绿林莽汉式的狂野不羁的生命野性、韧性，从中仍可见出余占鳌的影子。虽然高马最后越狱而死，但死时茫茫雪地里奔赴自由的场景设计无不看出作者对这个人物的钟爱。作者曾说："这是一部小说，小说中的事件，只不过是悬挂小说人物的钉子。事过多年，蒜薹事件已经陈旧不堪，但小说中的人物也许还有几丝活气。"[1]小说不仅想写出一场事件，还试图通过这一事件找出中国底层官与民的灵魂本相与病象。这次脱离计划的急就章式的书写，在作者看来是不由作者控制的职业性悲剧，是天性天命、难违的激情与良知的推动，"在艺术的道路上，我甘愿受各种诱惑，到许多暗藏杀机的斜路上探险"[2]。这让作者斜路探险的天性天命、难违的激情与良知根源于农民本色。除了农民视角，小说还有个天堂县说唱艺人张扣的民间视角。《群众日报》的跨文体粘贴更是一种巧妙的具有极强政治讽喻性叙事结构，《群众日报》

---

① 莫言：《天堂蒜薹之歌·新版后记》，上海文艺出版社 2012 年版，第331 页。

② 莫言：《天堂蒜薹之歌·新版后记》，上海文艺出版社 2012 年版，第331 页。

的官方报道，一点都不群众，生硬冰冷的报道语风与文本激愤的叙述语调互文并置，以呈现真相的形式遮掩真相，而最后张扣徒弟的"小道消息则几乎总是准确的"。在此，农民的声音、知识分子叙述者的声音、官方的声音复调对话，充满解构的张力。

由此可见，同为"丰收成灾"题材的乡土小说，三十年代左翼作家社会革命者式的、社会政治学层面的演绎叙事与莫言农民式的、感觉主义的复调书写，大相径庭。当叙事主体由社会革命者转变为农民，文本会呈现出不同的叙事视角、立场与审美穿透力。当然，"社会剖析派"的乡土叙事虽然笼罩在左翼革命的话语框架中，但他们对具有浓郁"地方色彩"及"异域情调"的风景画、风俗画的描写，既是对早期"乡土写实派"的历史回应，又开创了新的乡土小说范式，为二十世纪四十年代乃至新中国成立后的乡土小说创作提供了有益的资源和发展路径。

四十年代，"东北作家群"的流亡文学表达了剑与火、野性与力量下的北国血泪、乡土情结、民族情感。"七月派"乡土小说以胡风、路翎、邱东平、彭柏山、曹白为代表，坚持启蒙理性与政治意识形态糅合的"主观战斗精神"。三四十年代国统区晏阳初在定县等地推行乡村建设实验，提倡农民文学。但农民文学的主流实际上在四十年代的延安后方。1939 年毛泽东提出"新鲜活泼的、中国老百姓所喜闻乐见的中国作风和中国气派"。1942 年延安《讲话》进一步强化为"为工农兵服务"的口号。1943 年到 1946 年"新秧歌运动"新文学对农民文艺形式直接借用，"民歌叙事诗""新章回体小说""新秧歌"流行。出现了大众形式的街头诗、街头小说、街头朗诵。《讲话》中强化的文艺"为工农兵服务"的政治导向，使乡土小说日益转向"农村题材小说"。至此，革命者的叙事主体身份与农民的叙事客体身份，在民粹主义的道德天平上发生逆转。知识分子由启蒙者、革命者变为被改造者，知识分子悯农、伤农的文化启蒙意识为思想改造的涤罪意识替代。叙事主体的声音日渐微弱，直至成为政治传声筒；农民形象也日益抽空，成为"高大全"的时代符码。

莫言与当代中国文学创新经验研究

在进化论的思维框架下，四十年代的解放区文学建构乐观向上的乡村政治图景。这一时期的农民是社会革命的主体，政治利益与农民利益同一，农民话语与民间文学形式同构。如赵树理的"问题小说"以农民身份关注农民问题，用农民语言、民间文学形式表达农民文化。赵树理既有社会革命者身份，又站在农民立场为农民代言。当然，赵树理的文学地位随时代、农民、政治关系的变化而变化。建国后，虽然城市建设取代农村土改，但农民的中心位置并未松动，"十七年"文学大力推广普及"农民文学"。周扬在第一次全国文代会上，明确把《讲话》作为方针，要求作家"与群众打成一片"，创作"人民喜闻乐见"的文学形式。尽管如此，四十年代以山药蛋派与荷花淀派为代表的"农民文学""农村文学"，面对从延安时期到建国初期革命话语的转型，还是遭遇了叙事的困境。赵树理由延安时期的方向性人物逐渐被边缘化。孙犁的个体叙事也因难以适应国家主流话语而退场。

四五十年代，紧跟官方政策导向的是"土改小说"，以丁玲的《太阳照在桑干河上》、周立波的《暴风骤雨》等为代表。这一时期的土改小说是作家主体意愿、官方意识形态等多重因素规约下的产物。叙事主体多以土改工作者的身份，从政治层面，站在革命正义与道德法官的立场上讲述土改历史。与之相对，张爱玲离开大陆后写的《秧歌》与《赤地之恋》也是关于土改的小说，但呈现的是土改历史的另一副面孔。"土改小说"之后是"道路"与"阶级"话语规约下的"农业合作化小说"。"农业合作化小说"延续了四十年代解放区文学传统，探索如何把客观现实与革命建构、细节真实与本质真实结合起来。乡土叙事成为建构社会政治秩序的重要一环。这一时期的代表作有赵树理的《三里湾》、周立波的《山乡巨变》、柳青的《创业史》，人物英雄化、理想化，趋于"高大全"。"文革"时期的浩然以政治道德化的官方立场"写农民，给农民写"[1]，宣扬乡村的新人新事与理想朝气。他坚持政治正确的文化革命者身

大地的招魂

① 丁帆等：《中国乡土小说史》，北京大学出版社 2007 年版，第 234 页。

份，以阶级斗争为创作的最高指示，呼应、验证、演绎权威话语。"三突出"成为主导的叙事模式。

作为对照，八十年代何士光的《乡场上》、高晓声的"陈奂生"系列小说等，九十年代中期"现实主义冲击波"的刘醒龙、何申、关仁山、张继，九十年代以来李锐、阎连科、莫言等新历史主义、后革命叙事都书写了乡土革命与政治运动。但叙事主体摒弃时代之子、人民之子的宏大身份，多从民间个体立场出发，回望、审视、解构、重述百年中国革命历史。如张炜的《古船》、陈忠实的《白鹿原》、刘震云的《故乡天下黄花》、苏童的《枫杨树故事》、莫言的《生死疲劳》、方方的《软埋》等。尤其以莫言为代表的后革命乡土叙事作家，以老百姓的声音解构革命历史的荒诞与残酷，表现出宏大历史叙事之外民间小历史的叙事力量。

第四节　精神借言者

新时期以来，乡土叙事一度接续起五四乡土启蒙传统。九十年代以来，"现实主义冲击波""陕军东征"带来了现实主义乡土叙事的回归。新世纪以来，乡土叙事一直保持着强健的劲头。进城农民工的底层生活，新世纪新农村的生态心态变迁，这些应时代而生的主题使得乡土叙事成为社会变迁的感应器、审美变革的实验场。乡土叙事不断超越农村题材小说的狭义范畴，具有生态主义、世界主义的宏阔视野。乡土叙事日渐走向大乡土或泛乡土叙事。若说鲁迅笔下是文化人类学的乡土，浩然笔下是主流意识形态的乡土，那刘震云笔下是政治学的乡土，阎连科笔下是伦理学的乡土，迟子建笔下是原始宗教的乡土，莫言笔下则是生态人类学的乡土。莫言获诺奖，表明中国乡土叙事愈发以本土性与世界性交融的独立姿态，参与世界文学的进程。乡土作家的叙事身份也随着改革开放四十年的历史进程发生衍变。

新时期以来，乡土作家的叙事身份主要是精神借言者。借言，在此指知识分子模拟或假借农民发声，即借书写农民抒发知识分子的心声。从叙事主体的声音层面看，这是言此意彼、醉翁之意不在酒的变调了的声音。借言者的叙事身份，究其质，是外在于乡村世界的。这一时期的乡土叙事是知识分子自我言说为体、乡村呈现为用。

"伤痕""反思"文学时期的乡土叙事在政治主流话语框架下，借乡土叙事进行情感的抚慰与创伤的弥合。如张贤亮的《绿化树》《男人的一半是女人》等作品一再将乡村女性美化为用食色拯救右派知识分子的高大形象，并以此映照、抨击极左思潮给知识分子作家带来的政治苦难。小说多知识分子顾影自怜的哀叹，少对乡土社会的切实关注。知青题材的乡土叙事则多描写城乡间漂泊的羁旅者形象。如梁晓声的乡土言说多精神的借言，以此为自己唱一曲青春颂或青春祭。尽管青春声名狼藉，但那逝去的毕竟是自己一去不复返的青春呀！由此，梁晓声的青春颂也奏响了每一代青春的共鸣曲。当然，梁晓声的知青记忆也是流动的，呈现出斑斓的色彩，由早期的叹"青春无悔"，至后来的"蹉跎岁月"，再至中年的"无忧的怀旧"。

某种意义上，知青身份与道德理想主义，可谓标识梁晓声的两个关键词。从时代环境上讲，知青"上山下乡"是建设社会主义新天地与培育社会主义新人的产物，由此理想主义一度成为某些知青作家的精神胎记、创作原点。有着强烈知青身份意识的梁晓声，其理想主义便是基于群体本位的道德理想主义。在此，其道德理想主义建立于宏大叙事的伦理语境中，将个体生命热情贯注于社群、民族、阶层、国家的宏愿中，以生成或兑现生命的价值与意义。梁晓声早期的知青小说注重英雄主义基调的营构，后来逐渐从浪漫主义的悲壮情怀转向现实主义的激愤批判，近年的长篇《知青》《返城年代》似乎又回旋往复地重拾往日的知青情怀与理想情结。纵观梁晓声新时期至新世纪的创作，他经历了理想主义的基调、变奏与回旋，但变中不变的仍是群体本位的道德理想主义内核。由此，梁晓声作为知青一代理想精神的借言者，其人其作在当代文坛构成了一种个案、现象与症候。

新时期梁晓声的知青叙事主要呈现两个向度：追忆青春无悔的知青年代，追踪未曾衰竭的青春的返城心路。他的作品一开始就奠定了群体和声式的英雄主义、道德理想主义基调，与同时代的知青小说区别开来。梁晓声早期的知青叙事多是追忆知青年代的青春无悔，是青春祭、青春颂。在梁晓声笔下，山上乡下只是知青安放无悔青春岁月的背景，是寄寓理想主义情怀的道场。其代表作《这是一片神奇的土地》《今夜有暴风雪》等，基调多为理想主义、英雄情怀，呈现出理想主义的道德立场与浪漫风格。早期的知青叙事因过于彰显将个体融入历史洪流中的理想主义与英雄情怀，潜隐着这样的局限，即一切历史的苦难与残酷，在道德理想主义的过滤下被净化为美好回忆，从而影响小说直面、穿透并超越知青与乡土苦难的力度、深度与高度。由此，梁晓声的创作遭遇着这样的悖论——成也理想主义，败也理想主义。

当然，进入九十年代，梁晓声也经历了理想主义的变奏与回旋，一度逸出群体和声。经历了八十年代理想主义的勃发，面对九十年代市场经济下世俗主义的泛滥，梁晓声在理想主义的基调——变奏——回旋中，由知青的树旗人转为平民的代言者，于日常生活中书写苦难与观察人性，少了些知青叙事的悲壮与浪漫，多了些平民书写的凝重与激愤。作为一个有着较强社会责任心的作家，梁晓声出身城市平民，有着自觉的平民意识。诚然，他勇为沉默的大多数发声，这难能可贵。只是作家仍置身于群体和声中，不过和声背景由知青转向了平民。由知青的树旗人转为平民的代言者，背后仍可见道德理想主义与英雄情怀。究其质，底层苦难的代言实则是知识分子理想精神的借言。

当然，细加辨析，不难发现梁晓声理想主义背后的道德焦虑与精神裂缝。一方面，他坚守群体本位的理想主义与平民立场，为百姓代言，强调普通大众的生活理想，认为他们身处社会底层，作为弱势群体向上之心是强的。另一方面，他又对知识分子以平民代言人自居进行了道德反观。在《泯灭》中，作者借子卿之口，对知识

莫言与当代中国文学创新经验研究

分子平民立场背后的精英意识作了自剖与自审："你以为你写过某些似乎同情平民的东西，就足以证明自己是平民的代言者了？其实你只不过是在写你较为熟悉的生活而已。""如果某一天，平民们需要用战斗的方式解决社会分配不公时，你会为他们冲锋陷阵、赴汤蹈火吗？你不会的！"这实则是现实中梁晓声的自我质疑。这也是任何以代言者自居的精神借言者都可能遭遇的质疑。

颇有意味的是，进入新世纪，梁晓声的《知青》《返城年代》又重拾知青题材，回旋往复地飘起久违的"青春无悔"的知青之歌。只是当年知青所处的宏大话语时代已远去，当下关于历史的评判标尺也在更新。于是在《知青》中，面对曾经置身其中的"文革"大历史、个体亲历的知青小历史，以及当下关于"文革"集体记忆的后历史，作者的叙述态度看似分明，实则模糊，难以自圆其说。由新时期到新世纪，梁晓声在道德理想主义的基调—变奏—回旋中，又向最初的精神圆心与原点回归了。梁晓声未走出知青群体，实则未走出自我，又或未有效地建构个体的自我。

总的来说，梁晓声的创作于基调—变奏—回旋中，不变的是群体本位的道德理想主义内核。一方面，其叙事刻着淳朴的道德纹章；另一方面，直露的理想激情与道德激愤导致叙事伦理与审美形式的单薄。叙事是悖论中无解的陪伴伦理，还是激情明朗的价值导向？作家的理想激情与审美理性应如何调配、均衡？作者若将理想主义的裂变回旋，以复调的形式植入文本，是否比坚执清明的道德理想主义基调，更能将创作推向精神的高地？作者应如何将自我从群体中剥离，于复调的叙事中反观主体性，建构属己的切入个体与历史内核的叙事体例？这是知青作家梁晓声创作的困境所在。

当然，不可否认知青"上山下乡"的生命经验为乡土文学带来外来视角与叙事新质。知青作家的局外人叙事视角是乡土局内人不能替代的，一来它是一种超越性的视角，能见局内人所未见，于审美观照中将乡土大地对象化，或予以形而上的思考，见出另一种真实与深刻；或以厚土为心理体验的密道，联通天地人神，感受大地的苍凉、历史的沉重、命运的神秘。当然，知青精神借言者的视角局限在于，知青的乡土叙事与实际乡土经验的隔膜甚至背离。如张曼菱的《有一个美丽的地方》中的云南边寨是经作者青春、诗意、怀旧的滤镜过滤的精神影像，与作者下乡时真实的云南德宏傣家边寨无疑有差别。许多知青乡土叙事都采用青春、诗意、怀旧的抒情调式书写乡村。史铁生《我的遥远的清平湾》中"我的"二字似一声深情的呼唤，拉近了知青与乡土的距离，唤起五四以来的故乡、原乡、还乡主题的回音。难得的是史铁生的知青记忆还隐含着上山下乡与山上乡下双向视角，既追忆山上乡下又反思上山下乡。而单向的知青视角，即多写上山下乡，少写山上乡下，是很多知青叙事共有的局限，正如孟悦所言，苦难的神圣化，往往是以遗忘乡村苦难为前提的。说到底，知青作家对山上乡下的书写是为了给自己的上山下乡岁月唱一首青春颂歌、哀歌或祭歌。乡土叙事实则是借言者的自言自语，与现实乡土社会相差甚远。

改革文学时期的乡土小说，农耕与商业、现代与传统、经济与道德的冲突是叙事的焦点。路遥作为乡土改革叙事的代表作家，其《人生》《平凡的世界》以成熟的现实主义的手法，呈现新时期以来社会改革所引发的城乡交叉地带农耕文明与都市文明的价值冲突，以及农村青年的命运悲剧，具有深刻的现实意义。作为回乡知青，路遥乡土叙事主体多为回乡知识分子。他以回乡的农民知识分子的视角，描述拼命逃离乡土而不得的农村青年的悲剧命运。不同于其他知青作家远离乡土后，对乡土的怀旧、抒情，农民出身的路遥一直坚持背离乡土、面向城市的书写姿态。他一直渴望逃离苦难的乡村，某种意义上，这才是真正的乡村局内人视角。他的乡土叙事浸染着局内人的艰辛、痛苦，乃至血泪。相较而言，许多城市出身的知青作家一直是外位于乡村世界的借言者立场。乡土社会的苦难对他们而言，是无关痛痒的。

至寻根文学，乡土作家的文化寻根冲动与现代主义笔法催生了隐喻性、象征化的乡土叙事。乡土被置于传统与民间的时空坐标点上，成为作家精神溯源与自我安置的借代符号。如阿城通过"三王"建构道家的人格理想与生命哲学。有学者认为"寻根文学"是对启蒙传统的反思，但寻根作家仍带有知识分子的精英意识，到深山老林、远古图腾寻求身份认同与建构之途。相较而言，新写实乡土作家更具平民意识，如刘震云小说对乡村权力结构的不动声色的反讽与反拨。刘恒则借农民的生存境遇演绎食色生存母题，从人类学的视角出发，书写生命本身的力量如何战胜生命的痛苦与悲剧。

九十年代以来，知识分子由庙堂到广场再到市场，身份日渐边缘化，也日渐独立自由。乡土叙事不再是主流意识形态的回声，而以个体民间叙事揳入历史与日常的肌理。如张炜以道德理想主义与审美激情书写诗性的野地，借此批判工业文明对人的物化、异化，以此对抗消费时代的隐秘暴力。当然，有研究者认为，他批判的工具是乡村自然道德经济下的封建家族观与道德忠诚观，容易走向"非我族类，其心必异"的道德极端化。①莫言的新历史主义、后革命乡土小说则将原始生命力注入乡野世界，以饱满的情绪书写狂欢化的民间小历史，以此解构宏大叙事的话语霸权。

九十年代以来，乡土叙事继续承袭鲁迅一脉的思想启蒙传统。乡土叙述者以归乡游子的身份反观乡村，由阶级符号恢复肉身的农民在这些作家笔下开始鲜活、丰富起来，如《生死疲劳》《受活》《古炉》《温故一九四二》等。阎连科、李锐、莫言、刘震云等将政治批判的激情贯注于乡土叙事的肌理。何士光、尤凤伟、刘醒龙、周大新、李佩甫、杨争光、关仁山、何申等揭露精神奴役与创伤，以人道主义、启蒙主义眼光审视农民悲剧命运的乡土小说。除了鲁迅的启蒙传统，承袭废名、沈从文一脉的有古华、刘绍棠、汪曾祺、何立伟、迟子建、阿来等作家，他们在时代的政治风云之外书写不变的人情人性、民俗风情，借或严峻、或净美的乡村牧歌寄寓千古文人的桃源梦。

纵观百年乡土小说，乡土作家"地之子"的叙事身份沿着思想启蒙者、文化守成者、社会革命者与精神借言者的不同路径衍变。

大地的招魂

---

① 贺仲明：《一种文学与一个阶层：中国新文学与农民关系研究》，人民出版社 2008 年版，第 123 页。

他们多以知识分子为体、农民为用，即以外位于农民的知识分子视角书写乡土社会，寄寓或表达知识分子的济世情怀、审美想象或政治正确性。他们知识分子本位（而非农民本位）的身份意识使得乡土叙事具有明确的及物性。农村、农民是乡土作家思想启蒙、文化守成、社会革命与精神借言的及物对象，不具有自在自洽性。

第五章　莫言的农民元视角:"身体—大地"的招魂

不同于许多乡土作家"地之子"的身份想象,莫言从步入文坛开始,便一直以农民自居,表现出"农民之子"的身份自觉。若说"地之子"是审美想象意义上的乡土大地之子,那"农民之子"则指现实生活层面的农村农民之子。

虽然不少乡土作家强调乡下人意识,如沈从文、李广田、蹇先艾、师陀、赵树理、张炜、陈村等均以乡下人自居。但他们是"骄傲的乡下人",以"乡下人"自居"这自然只是知识分子的骄傲,与真正的乡下人——农民无干。只有知识者才会如此炫示其农家出身的胎记"。[1]如沈从文用"乡巴佬"视角书写湘西世界,但多少出于"耕读传家"的文化骄傲,并不全是平民姿态。沈从文笔下的"边城"也并非真实的湘西凤凰城,而是想在中国乡土社会建构希腊的人性小庙,以此寄寓知识分子的人文理想。虽然文学中的沈从文以"乡下人"自居,营构自成一界的湘西世界,但现实中的沈从文则非常渴望摆脱"乡下人"身份,跻身精英知识分子行列。又如刘绍棠自称为"土著",营构原乡净土,以拒斥城市文明,但骨子里仍是千古文人的桃花源情结在作祟。由此可见,乡土作家"地之子"身份仅存在于审美想象中。当然也有例外,如赵树理便以农民身份写农民,从农民中来,到农民中去。他的农民小说完全是农民写农民,写给农民看,农民为体,农民为用。但赵树理的农民小说过于紧跟官方政策,时代性大于审美性,最终得于时代,也失于时代。

---

① 赵园:《地之子·自序》,北京大学出版社 2007 年版,第 9 页。

莫言曾宣称：我就是农民，作为老百姓而写作。若说沈从文以"乡下人"自居表达了知识分子的文化优越感，那么莫言的农民意识则潜隐着真正在泥土中拼命的乡下人的自卑心理。二十世纪九十年代后期，莫言的农民立场从"为农民"转向"作为农民"写作，这表明他并非赵树理式为农民代言，而是以农民的身份写作。诚然，不少乡土作家出身农村或有农村生活经验。他们或求学，或返城，都很快离开了农村，与农村没有太久太深的命运纠缠。莫言出生于乡村，生长于乡村，劳作于乡村，直到 1976 年应征入伍，二十多年来他一直扎根在农村。不仅如此，莫言小学五年级辍学，长期从事农业劳动。又因家庭成分不好，他没有什么渠道离开艰苦的农村，与农村的关系就更深一层。若说众多乡土作家对乡土是"地之子"式的文化想象与审美建构，那莫言与乡土则是"农民之子"式的爱恨纠缠、相爱相杀的生存关系。他的命运自始至终与农村紧紧捆绑在一起：离开农村之前，他的身体与农民一样，被牢牢束缚在土地上，为生存而刨食；离开农村之后，他的精神与农民一样，保持着农民的朴素、诚实、本色，对高密东北乡魂牵梦绕。虽然入伍进城，身体离乡土越来越远，但创作越发扎根乡土，在高密东北乡苦难的泥土里浸泡透了，再从泥土里开出精神之花来。莫言文学创作的精魂在高密东北乡，他的肉身与灵魂始终围绕高密东北乡这一精神圆心向外扩张，最终由乡土走向世界。

悖论的是，莫言"农民之子"叙事身份自觉的前提是他不再当农民，逃离农民身份与命运。逃离农民身份后，才能超越农民命运，在一个更高的层面回归老百姓立场。若没离开农村，当一辈子农民的莫言便不可能写农村。莫言农民身份的自觉实则经历了"农民—知识分子—农民"的变奏回旋。关于莫言主体意识的飞跃，贺立华纵观莫言三十年的创作，认为其中经历了三次跃迁：由《红高粱》时期的高高在上、天马行空，到《檀香刑》的"作为老百姓写作"，再到《蛙》的"把自己当罪人写"。"从《红高粱》天马行空的自由挥洒，到行走在民间的《檀香刑》说唱，再到潜入人灵魂的《蛙》的忏悔，莫言开始了悲天悯人，开始对人类生存困境更深的思考，这才是莫言创作的新境界。"对于莫言农民身份的自觉，贺立华认为，这"源于莫言对于百姓读者、对于民间文化更深的体察和理解，对于中国古代小说精髓的理解——'话须通俗方传远，语必关风始动情'"。[①]诚然，莫言的乡土叙事身份不仅经历了"农民—知识分子—农民"的变奏回旋，更经历了"知识分子—老百姓—人"的蜕变升华。莫言的乡土叙事扎根高密东北乡，借力于民间文化资源，从农民之子出发，上升至上帝之子、天之子的宏阔视野。他从"作为老百姓的写作"日渐蜕变为乡土大地的书写者，进而蜕变为人类命运的书写者。

　　百年乡土叙事到莫言这里，垢土净土混沌一体。莫言如酒神运笔，张扬乡野世界泥沙俱下、汪洋恣肆的原始野性。"农民之子"的身份自觉让他的乡土叙事表现出农民的原始思维与直觉，呈现出乡土大地真实的质感与细腻的肌理。莫言创构的"高密东北乡"勾画出了中国乡土社会沉重的肉身与飞扬的灵魂，农民在这个文学王国以自己的方式发出自己的声音。莫言"农民之子"的身份意识既是对思想启蒙派乡土叙事俯视姿态的反拨，也是对诗性田园派乡土叙事旁观立场的解构。莫言"站在乡村自我立场上发言，自然表现出了新的角度和立场，展现了农民的历史、现实和美学态度"[②]。"莫言的小说叙述实现了乡土气息和现代思想的高度融合。他的小说语言、故事，甚至立场、精神，都洋溢着浓郁的乡土色彩，传达出了农民的文化和文学精神，并具备了较强的可读性；但另一方面，他又实现了思想的深入，通过叙述上的整体特征和反讽效果的形成，他的小说远远超越了故事本身，既体现了对时代政治的批判，对社会历史的思考，也揭示了人性中的复杂和矛盾。"[③]莫言"农民

---

① 贺立华：《莫言创作 30 年主体意识三度跃迁》，《海南师范大学学报》（社会科学版），2012 年第 4 期。
② 贺仲明：《一种文学与一个阶层：中国新文学与农民关系研究》，人民出版社 2008 年版，第 139 页。
③ 贺仲明：《一种文学与一个阶层：中国新文学与农民关系研究》，人民出版社 2008 年版，第 138 页。

之子"式乡土叙事的意义在于，为中国农民的个体化、主体化，中国乡土文学的本土化、世界化提供新的叙事经验。

莫言"作为老百姓"的"农民之子"身份意识的自觉，主要表现为农民元视角下"身体—大地"的招魂。元，与原、源同义。莫言从农民的元视角出发，运笔如大椽如狂风，扎根大地又天马行空，由深渊直抵巅峰。在他笔下，农民获得了身体原初的感觉与本源的言说能力。在农民的直觉思维与原初体验中，乡土从审美想象中重获肉身，成为血泪与欢笑杂糅的"生死场"。他书写中国百年乡土变革与农民命运，裸露农村的本相与农民的病象，最终从大苦难、大悲痛中一跃飞升为大悲悯、大狂欢。学者张志忠认为，莫言"与农民融为一体的血肉联系，他表现出的农民阶级要求'建立一种自由平等的小农的社会生活'的理想，'把农民的心理放到自己的批判'之中，表现出中国革命是农民革命的某些特点，表现出农民对封建社会秩序的'仇恨、愤怒和拼命的决心'，表现出在'左倾'思潮的戕害下'他们的天真，他们对政治的漠视，他们的神秘主义，他们逃避现实世界的愿望'。这位从农民中站起来的作家，这种毫不掩饰地袒露着农民的情感方式和心灵世界，袒露出农民精神上的精华和糟粕、优点和弱点的作品，都是我们的自'五四'以来的新文学中罕见的，都是与我们在长期的宣传和文艺作品中所理解的农民形象大相径庭的，都使我们感到陌生。"①莫言的乡土叙事从农民的元视角出发，对百年乡土中国进行"身体—大地"的招魂。在"农民之子"莫言的笔下，农民的身体具有了大地的可感性，乡土大地也因农民的元视角具有了可触摸的身体性，成为自在自洽的主体存在。

---

① 张志忠:《莫言论》，北京联合出版公司2012年版，第184页。

第一节　身体：作为大地的触须

费孝通说："从基层上看，中国社会是乡土性的。"[①]土，是乡土，也是泥土。乡土之人，土里讨生活。土地是万物的居所，是农民的命根，是数量上占着最高地位的神，是"最近于人性的神"。土地是农民整体人格的一部分。农民是土气之人，"长在土里的庄稼行动不得，侍候庄稼的老农也因之像是半身插入了土里，土气是因为不流动而发生的"[②]。虽然城里人可以用土气来藐视乡下人，但只有靠种地谋生的人才明白泥土的可贵。祖祖辈辈扎根土地，仰天俯地，依靠天时地利吃饭，这形成农民实干、朴素、本色的群体人格，也滋生小农固守土地的保守意识。

管氏家族几代为农，土里刨食的生存方式让莫言的性格具有了土性。乡土之人日晒雨淋，身形粗壮，皮肤黝黑，性情笃实，思维保守，沉默寡言，内心坚韧。观莫言之相，憨厚笃实如大地。他坚持农民本位，以农民的眼光、思维方式与价值立场书写乡土。莫言最关心的是历史发展中的农民的个性问题。学者张志忠认为："人心灵的痛苦，在形而下的感觉世界中写形而上的个性的摧折和抗争。他写灵魂的麻木不仁，写感觉的钝化和泯灭，都是要写出人的性格和首创的、独立的精神之衰亡的。"[③]季红真认为，农民的立场与儿童的视角构成他强大本我的基本内核。诚然，莫言的农民元视角扎根于祖先血液、历史记忆、现实泥土、童年经验、农民命运，是作家强大的本我、精神的DNA。

"农民之子"莫言天生泥土气、草木心。孤独而饥饿的童年使

①　费孝通：《乡土中国》（修订本），上海世纪出版集团2013年版，第6页。
②　费孝通：《乡土中国》（修订本），上海世纪出版集团2013年版，第7页。
③　张志忠：《莫言论》，北京联合出版公司2012年版，第141页。

大地的招魂

得莫言与泥土最亲近，因为只有直接有赖于泥土的生活才会像植物一般地在一个地方生下根，只有自小在泥土里生了根的人，才会在悠长而孤独的时光里，贴近大地上的草木禽兽、人情世态，听出普通人听不出的地籁人声。土地里生长出来的感觉是莫言独特言说方式的源泉。从土地中长出来的感觉与农民元视角的自觉，使他的笔紧贴大地感受乡民生命的脉动。身体也便具有了大地的可感性，或者说身体是大地的一个触须。在莫言笔下，万物有灵，大地上的植物、动物、人物、妖魔鬼怪、狐仙花神等都是有灵的，都是大地的触须，具有神秘、神性的灵光异彩。这也就是为何莫言的笔一沾上高密东北乡的泥土，就空灵飞扬起来。莫言从农民元视角出发，笔触由深渊直抵巅峰，最扎根大地的，最天马行空；最沉重的肉身，灵魂最飞扬；最痛苦的，也最痛快。正如学者张志忠所言，莫言的乡土叙事包裹着一个"感觉—生命—艺术"一体化又个体化的精神内核。莫言的乡土叙事基于"身体—大地"二位一体的生命感觉与艺术直觉，植根大地又运笔如风，以身体为大地的触须，将视觉、听觉、嗅觉、味觉、触觉全部打开，将天籁、地籁、人籁一一打通，以之为矛，穿透中国百年乡土的社会、革命、政治、伦理的层层话语外壳，敞开裸露出一个原生态的、自在自洽、不及物的乡土色情世界。莫言的乡土叙事从农民的身体感官这一元视角出发，实现"身体—大地"的一体化、主体化，还原了农民的主体性，赋予了农民身体以大地性。

正因如此，莫言笔下的农民如大地触须般，具有旺盛的生命力与丰沛的感觉。若说鲁迅笔下木讷沉默的闰土、麻木愚昧的阿 Q、唠叨无知的祥林嫂是国民性的样本，莫言笔下的农民则一改百年乡土叙事中农民的灰头土脸形象，活得汪洋恣肆、野性十足，闪耀出狂野的生命蛮力与活力，如余占鳌、司马库等；也不乏能说会道者，如《草鞋窨子》里活色生香的秘闻野史等；或者外表沉默如黑铁、内心活跃如精灵者，如《透明的红萝卜》里的黑孩如大地敏感的触须，感觉空灵，童心一念，直抵乡土世界的内核。因为在贫瘠悠长的乡村岁月里，孤独而饥饿的孩童与泥土最亲近，他们不是用语言而是通过内觉与大地交流。在《透明的红萝卜》中，叙述者语言的爆炸与黑孩沉默大地般语言的悭吝成反比，情感表现空灵、留白，极具张力。莫言笔下的乡土世界表情达意的符号很丰富，由此带来语言感觉的陌生化。向来，在面对面交流的乡土社群中，农民"可用来作象征体系的原料比较多。表情、动作，在面对面的情境中，有时比声音更容易传情达意"。这些"'特殊语言'常是特别有效，因为它可以摆脱字句的固定意义。语言像是个社会定下的筛子，如果我们有一种情意和这筛子的格子不同也就漏不过去"。①相较于知识分子的文字符号，农民的原初感觉则无言胜似有言。在乡土世界这个面对面式的社群中，莫言从农民的元视角出发，用感觉与想象而不仅仅是文字，将农民的身体感觉嫁接于大地，身体成了大地的感官与触须。他在文字符号编织的常规世界之外，打开另一个自由时空，一个最现实也最神秘、最乡土也最本土的世界。

莫言笔下农民的身体具有大地性，是传情达意的原始符号，借此唤醒生命的感觉，联通天地人神。在他笔下，人的身体欲望不由宗教的来世承诺或道德的理性秩序来规约，而是扎根大地，散发着泥土的气息与原始本能的活力，是自在自洽的。如《透明的红萝卜》中黑孩皮实黑糙的身体与红萝卜透明灵异的身体，《红高粱》中奶奶的身体与红高粱的身体都隐喻大地苦难与超越二位一体的自在自洽性。自古以来，食色，性也。泥土里生活的农民，食色是最根本的生存命题。莫言写了很多"吃相"，尤其凸显农民的饥饿与城里人的饕餮。《粮食的故事》中的母亲把自己的胃当作运粮的工具，以此养活特殊年代的儿女，张扬农民的生存意志、献身精神;《酒国》则写酒池肉林中都市人的欲望膨胀、暴殄天物、身体沉沦、人性异化。诚然，人类对食物的态度折射了文明的程度。学者张志忠曾比较阿城与莫言笔下"吃"文化的雅俗之别。阿城笔下的"吃"是"将物质需要与精神需要并置于生活之中的豁达的人生态度，并

---

① 费孝通:《乡土中国》(修订本)，上海世纪出版集团 2013 年版，第16 页。

以此超越了那个疯狂的年代，保有了人格的完整和心灵的自由"，是潇洒超脱的士人风范。莫言笔下的"吃"，"写的是人的天性和人的基本生存欲望"，体现农民的本色。^①诚然，"吃"乃生命之必需，因而写吃就不但有社会意义，更有生命意义。阿城的《棋王》以大量篇幅写了王一生虔诚的"吃"。他见素抱朴，直抵本心，还原食物的尊严，还原其维持生命的本义，与"我"的馋、脚卵的饕餮区别开来。在还原食物的本义上，王一生的吃与莫言笔下农民的吃是相通的。那种只要能维持生命就满足的对"吃"的最低要求，寄寓了作者见素抱朴的生命哲学。

除了吃，还有爱欲。他笔下女性的身体总带有植物般的泥土气息，唤醒人的原始欲望。《怀抱鲜花的女人》中鲜花意象是作者想象性建构女性形象的重要语言。女人怀里抱着的"那束花叶子碧绿，花朵肥硕，颜色紫红，叶与花都水灵灵的，好像刚从露水中剪下来的一样"。"花朵团团簇簇地拥着她的下巴，花瓣儿鲜嫩出生命、紫红出妖冶，仿佛不是一束植物而是一束生物。"涉入水中的她变成这样："她的鲜花好像植根在她的胸脯上，不上升，不下垂，水无法改变它们的形状。满河金黄流水，半截碧绿女人，一束艳丽鲜花，背景如烟似雾，构成一幅油画，很美很辉煌。"濒于溺水的女人"粉红的手，金黄的手，宛若一枝兰花。她的手指间好像生着一层透明的薄膜"。"手死死地搂着那束花，没有丝毫放弃的意思。"在这些油画般的场景里，女人与花构成互文的修辞关系。

作为对照，再看看《长安大道上的骑驴美人》侯七眼中与想象中的骑驴美人充满动物性与植物性。大红衣裙的少妇骑着油黑的小驴，悠然地行走于都市灰白的水泥钢筋间。莫言以灵动之笔写她骑着驴来到高大宽厚的黑砖墙外，在一盆蓝花前停住，"先是伸出纤纤玉指，去抚摸花朵上的茸毛；那些花朵便像蝴蝶一样颤动着，蓝色的花瓣变成了蓝色的翅膀。""美人掐了一朵蓝花，叼在嘴里，现出一种潇洒之美，好像一个女侠，或者像个女匪"，英气四射。"她

---

① 张志忠:《莫言论》，北京联合出版公司 2012 年版，第 45 页。

身上散发出的气味是赤子的气味，与那朵蓝色花的气味混合起来，便成了大爱的催化剂。不仅仅是爱美人，还爱这地上的一切"。

由此可见，两篇小说中女人与鲜花两相映照的镜头有异曲同工之妙。两部小说都由色彩唤起感觉，由感觉推动情节。颜色的奇异搭配与强烈对比有着油画般的视觉冲击力，刺痛生命晦暗的感知神经，唤醒潜伏的欲望冲动。两篇小说中的人物、动物、植物三位一体，《怀抱鲜花的女人》中有女人、狗与花，《长安大道上的骑驴美人》中有女人、驴与花。如《怀抱鲜花的女人》中的"女人痴迷地站着，怀中的花朵瓣瓣如玉片雕成。黑狗静静地蹲着，宛若一尊雕像"。又如"她时而微笑时而流泪，狗也一样；她颤抖不止，狗也一样"。这些神秘突兀的自然之物在都市社会划出一方小小的乡土世界。作者借此赋予女人贴近大地的草本性、动物性。女人的自然、丰盈、鲜嫩，唤起王四充沛、原始的生命欲望。那种原始的情欲是大地上浓稠的腐草味儿，带着骡马、雨水与植物的味道。这种原始生命感觉无疑与现实的婚姻伦理相排斥。

农民由爱欲推动走向生殖崇拜。从《红高粱》开始，莫言便赋予乡土大地上的沉重肉身以飞扬的灵魂，既表现出悲剧狂欢的酒神精神，又体现了乡土中国的生殖崇拜。莫言的生殖崇拜较集中地体现在女性乳房的描摹上。这是否也暗含莫言潜意识里的恋母情结或女性神话？早在《红高粱》中，莫言就对奶奶临死前的乳房进行了意象化的定格与华丽的大特写，"奶奶被子弹洞穿过的乳房挺拔傲岸，蔑视着人间的道德和堂皇的说教，表现着人的力量和人的自由、生的伟大爱的光荣，奶奶永垂不朽！"在此，流淌生命甘泉的乳房，被赋予原始的野性、诗性、神性，是对生命本身的礼赞。之后，《丰乳肥臀》中孕育生命的乳房成为原始生殖力与地母形象的象征。母亲用"混合着枣味、糖味、鸡蛋味的乳汁，一股伟大瑰丽的液体"抚育着一个个上官家的儿女们。"上官金童的思想终生被吊在女人奶子上悠悠荡荡，仿佛一只金光闪闪的铜铃铛。"小说的标题"丰乳肥臀"便具有生生不息的生命色彩。小说中的母亲被赋予乡土地母与精神圣母的双重意味。一个个孩子的出生，是母亲身体之根延伸出的枝丫；一个个孩子的死去，则是母亲身体血肉逐一剥落与破碎的过程。在革命伦理煎饼式的正反轮转中，小说一方面呈现一个普通的母亲如何直视并承受自己身体的一部分（即儿女）逐一破碎与死亡的重负，写出宏大革命伦理挤压下个体自由伦理的艰难；另一方面又以大地母亲的原始身体符号象征性地缝合革命话语的裂缝，标题"丰乳肥臀"以直观可感的意象符号将母亲肉身大地化。在地母强大的以不变应万变的生命本能与生殖冲动中，作为大地触须的身体在自然大化中轮转循环，生生不息。正如母亲对大姐所说："我变了，也没变。这十几年里，上官家的人，像韭菜一样，一茬茬地死，一茬茬地发，有生就有死，死容易，活难，越难越要活。越不怕死越要挣扎着活。我要看到我的后代儿孙浮上水来那一天，你们都要给我争气！"

除了象征生命繁殖的乳房，莫言小说中出现较多的还有表达精神活动的"脸"意象。在他笔下，乡野大地上人物的脸具有独特的乡土气息与草本性。如《天堂蒜薹之歌》中金菊的脸"圆圆的，像葵花盘子一样圆圆的脸上涂着一层葵花瓣儿般动人的金黄"；《生死疲劳》中人们"如敷了金粉一样"、葵花般的脸，蓝脸月夜里蓝幽幽的、倔强的脸等。《丰乳肥臀》中上官吕氏在日军入侵、母驴难产的生死当头，"把剧烈抽搐的半边脸"贴在驴腹上，"脸色像熟透了的杏子一样，呈现出安详的金黄颜色"。孙大哑巴的脸上，"除了能表现出愚蠢的笑容外，还能表现出深不可测的沉思默想，表现出化石般的荒凉，表现出麻木的哀痛"。母亲"激情漫卷的脸犹如风雪中的梅花"。还有上官金童"面容枯黄、一脸皱纹"的脸等。脸是人生哭笑的集散地、爱恨交汇的隐喻场，是生命的修辞、灵魂的表情。《红高粱》中奶奶的"脸"便是狂野生命、哭笑人生的集散地。而且奶奶的脸与红高粱、玉米等植物的脸互文并置，象征乡野世界的原始生命力。

先看奶奶的哭。出嫁路上，"奶奶粉面凋零，珠泪点点，从悲婉的曲调里，她听到了死的声音，嗅到了死的气息"，却"看到了死神的高粱般深红的嘴唇和玉米般金黄的笑脸"。在此，奶奶新嫁娘绝望的哭与死神高粱般深红的嘴唇、玉米金黄的笑脸构成反讽修辞，隐喻奶奶方生方死、爱与死交织的狂澜人生即将拉开序幕。三天回门，奶奶的哭声里盛满了渴望爱与自由的、大地泥土般的原始欲望。作者挥笔如风如舞如乐，这样写道："我奶奶摔碗之后，放声大哭起来，哭声婉转，感情饱满，水分充沛，屋里盛不下，溢到屋外边，飞散到田野去，与夏末的已经受精的高粱的綷縩声响融洽在一起。"奶奶汪洋恣肆的哭声是生命的交响乐。长久的恸哭中，奶奶没有锥心的痛苦，而是"领会到一种发泄胸中郁闷的快感"，临了奶奶想"人生一世，不过草木一秋，豁出去一条命，还怕什么？"最后，奶奶死在草莽英雄余占鳌的鲁莽抗战中。对奶奶而言，因爱生，因爱死，死得其所，岂不快哉?!

再看奶奶的笑。出嫁路上，"劫路人按着腰中家伙，脚不离地蹭到轿子前伸手捏捏奶奶的脚。奶奶粲然一笑，那人的手像烫了似的紧身缩回去。'下轿，跟我走！'他说。奶奶端坐不动，脸上的笑容凝固了一样"。"奶奶站在路边，听着七零八落的打击肉体的沉闷声响，对着余占鳌顿眸一瞥，然后仰面看着天边的闪电，脸上凝固着的，依然是那种粲然的、黄金一般高贵辉煌的笑容。"奶奶粲然一笑与凝固的笑容，一动一静，呈现了奶奶临危不惧、收放自如的女侠气质。这种定力还见于她面对曹梦九的审判，一哭一笑、急中生智、处变不惊、咬牙挺住、临危不惧、气定神闲的大智大勇大气象。小说中这样写道，奶奶"晃荡几下，一头栽倒地上。众人上前扶起，手忙脚乱，碰掉了绾发的银簪，一团乌云，如瀑下泻。奶奶满面金黄，呜呜呜哭几声，嘻嘻嘻笑几声，一行鲜血，从下唇正中流下来"。在此，奶奶的一哭一笑，亦哭亦笑，哭不是哭，笑不是笑，是基于原始生命欲望的个体自由伦理对官方不辨是非的道德审判的戏谑。妙的是，戏谑之后，奶奶粉脸一仰，玉牙灼灼，撒娇撒痴地硬生生把县长认作了干爹。至此，审判者威严的板脸被奶奶美丽的粉脸收服了。

脸还幻化为联通爱与死的精神镜像，具有大地诗学的意味。奶奶的爱与死，这两场壮丽的场景都是在高粱地里完成的。相爱时，躺在高粱地里的奶奶的脸，正如"无边的高粱迎着更高更亮的太阳，

大地的招魂

165

脸庞鲜红，不胜娇羞"。临死前，"奶奶躺在高粱下，脸上印着高粱的阴影，脸上留着为我爷爷准备的高贵的笑容。奶奶的脸空前白净，双眼尚未合拢。父亲第一次发现，两行泪水，从爷爷坚硬的脸上流下来"。在此，奶奶的笑脸和爷爷的泪脸如电影蒙太奇般交叠闪回，定格出爷爷奶奶爱的华章。高粱地里夫妇、母子、父子各自眼中的脸互文互照，表达乡土大地原始的爱与牵挂。"奶奶仰着脸，呼出一口长气，对着父亲微微一笑。这一笑神秘莫测，这一笑像烙铁一样，在父亲的记忆里，烫出一个马蹄状的烙印。"这临终前的笑，而不是哭，饱含奶奶对父亲无尽的爱与不舍。又如出大殡时，奶奶的亡灵，在儿子的呼喊声中，不愿去往西南极乐世界，"走走停停，不时回头注目，用她黄金一样的眼睛，召唤着她的儿子、我的父亲"。这一声声饱含血缘亲情的召唤，似"农民之子"对大地母亲的招魂。此外，以大地为背景的还有二奶奶临死时的脸："你仰起你的葵花般的青黄脸盘，从高粱的缝隙里，去窥视蓝得令人心惊的天国光辉吧。"在此，莫言赋予女性的脸以地母般大地性、神圣性。

脸，除了是奶奶哭笑人生的集散地，还是她爱恨交汇的道场，是生命的修辞、灵魂的表情。奶奶蜜汁养过，冰水浸过，滚水煮过，酒里泡过，一生敢爱敢恨，"大行不拘细谨，大礼不辞小让"，心比天高，命如纸薄。回娘家抗婚的奶奶，脸上写满坚毅、独立、叛逆、不屈："奶奶在那三天里，虽然进食很少，但脸色却很好。她雪白的额头，酡红的双颊，暗黑的眼圈包围着眼睛，眼睛如云中的明月。""她的湿漉漉的睫毛上像刷了一层蜂蜜，根根粗壮丰满，交叉着碰成一线，在眼睑间燕尾般剪出来。"外曾祖父扇了她一耳光，"奶奶腮上的红润欻啦一声退去，满脸都是青白。后来青白中又渐渐洇出艳红来，一个脸如同一轮初生的红太阳"。面对日兵时的奶奶，临危不惧，以死抗争："一道血丝像线一样，垂直地往瓮底下沉着。瓮里漂着一朵小小的白云，并摆着奶奶和父亲的庄严面孔。奶奶两只细长的眼睛里射出灼人的光，父亲不敢看。"与爷爷相爱时的奶奶，身上充溢着豪迈的酒神精神："奶奶仰起脖子，把半瓢酒全喝了，奶奶喝酒后，面色红润，眼睛明亮，更显得光彩夺目，灵气逼人。"爱极生恨时的奶奶："沐着西斜的阳光，遍体生出光辉。她头发溜溜的亮，脸庞艳艳的红，眼睛灼灼的明，模样实实的可爱又可恨。"

当然，莫言为了达到陌生化的美学效果，有时刻意为之，显得虚假失真。如以美丑、虚实反照的方式，大写特写高粱殡时奶奶的脸，"父亲始终认为奶奶在出土的一瞬间，容貌像鲜花一样美丽，墓穴里光彩夺目，异香扑鼻，像神话故事里的情形一模一样"。"奶奶面孔上的甜美笑容像热火一样燃烧得噼啪乱响。那股香气至今还在唇齿之间留有深刻的记忆。"但实际上奶奶的腐尸形象狰狞，"两个曾经驻留过奶奶如水明眸的深凹里，两只红色蚂蚁在抖动着触角爬行"。对此，笔者疑惑，作者这样的大特写有何审美意义？甚至，这种场景有必要写吗？更何况，小说开篇已对奶奶临死前高粱地里的脸作了交响乐般宏伟壮丽的描述，如"奶奶死后面如美玉，微启的唇缝里、皎洁的牙齿上、托着雪白的鸽子用翠绿的嘴巴啄下来的珍珠般的高粱米粒"。至"高粱殡"，作者却如此描述，岂不是画蛇添足或自我解构？若说"红高粱""高粱酒"情感饱满、激情膨胀、诗情勃发，是爱、美、自由的狂欢，那"高粱殡"则成了解构"红高粱"的审丑叙事。至此，爷爷余占鳌由打家劫舍、爱恨分明的土匪英雄变身为愣傻粗蛮、有勇无谋的草莽汉子，奶奶由鲜美肉身变成腐臭骷髅。这也是莫言依凭感觉，信笔由缰，无法自我收束的后果。这种背离常情的陌生化写法，还可见于小姑姑眼中日本兵的脸"像刚从锅沿下揭下来的高粱面饼子一样，焦黄、暗红，美丽、温暖、漂亮又亲切"，而她眼中二奶奶的脸则是"歪扭得像枯干的葫芦瓢一样的"。无疑，这里作者想通过婴孩赤子般干净的眼睛，将战争的狰狞面孔以陌生化的手法反照出来。只是，这种陌生化与奇观化只一步之遥。

莫言笔下的身体作为大地的触须，以植根大地的原始生命力解构、冲破思想启蒙、社会革命、精神借言等历史话语的外壳，具有爱欲解放与政治批判的审美功能。若说莫言笔下女性的身体被赋予作为大地触须般的生动感性，具有爱欲解放的审美功能，那男性的身体则是主流大历史之外民间小历史的意象符号，具有政治批判的潜能。如《生死疲劳》中的西门闹以身体的六道轮回、感觉的置换更新，解构革命伦理对个体的规训。小说从六道轮回中西门闹的身体视点出发，裸露群体和声中个体肉身的断裂，以及集体捆绑中灵魂的挣扎。被冤杀的地主西门闹身心的断裂与挣扎是扎根土地的。但风云突变、新旧交替的革命伦理终究敌不过亘古不变、生死轮回的土地伦理。呼啸而过的革命风暴并不能从根底引起乡土大地的痉挛，正如第一道轮回变成驴后的"西门闹冤屈的灵魂，像炽热的岩浆，在驴的躯壳内奔突"，痛苦的历史记忆让他如陷梦魇，但"驴的习性和爱好，也难以压抑地蓬勃生长"。若说刚转世为西门驴时的"我"还在人与驴的双重记忆与意识间艰难摇摆、腾挪，"时时想分裂，但分裂的意图导致的总是更亲密地融合。刚为了人的记忆而痛苦，又为了驴的生活而欢乐"。那么随着时间的推移，转世为牛、猪、狗、猴子后，西门闹前世为人的梦魇记忆慢慢淡去——淡化为一个虚幻的梦境，反之动物野性的狂欢体验日趋强烈。西门闹身为人的梦魇记忆，因植入动物的陌生感觉与野性生命力而狂欢化，具有了政治批判的功能。

另一个与土地紧密关联的人物是长着一张蓝脸的单干户蓝脸。他月光般的蓝脸对应红太阳，呈现了一个计划经济下无法计划的道德逸出者，如何独自面对人民伦理下个体的道德焦虑问题。小说中最触目惊心的一幕是蓝脸被儿子金龙涂上厚厚的红色油漆时狰狞的表情："两只眼睛，变成了两个黑洞，睫毛上的漆，随时都会浸到眼珠上。""油漆杀眼，疼得我爹蹦高，哇哇怪叫。蹦累了，遍地打滚，身上沾满了鸡屎。"金龙面对母亲的质问，冷冷地说："全国一片红，不留一处死角。"在一个大公无私的集体捆绑的年代，人们"以为可以通过政治制度设计从根本上解决人的道德困惑，让人类最终走进一个马克思设想的道德和谐的社会"，实际上这"是一个神龙怪兽般的幻觉，如果道德和谐的设计变成一种政治制度的自然法，还会成为专制的正当性基础"。①实际上，任何社会制度都无

① 刘小枫：《沉重的肉身》，上海人民出版社 1999 年版，第 232 页。

法彻底解决或消除个体的道德焦虑。个体生命的偶在与道德的关系问题，是现代性的基本问题之一。蓝脸只是一个农民，既没有自觉的政治素养，也没有高瞻远瞩的历史眼光。他只是依凭农民的生存本能与身体直觉，紧贴土地，信赖土地，把单干的路坚执到底。但他触及的却是革命伦理与人民伦理挤压下个体自由伦理的界限问题。

因地主身份被枪毙的西门闹也好，因单干身份被排挤的蓝脸也罢，都并非《生死疲劳》的主角，土地才是。小说通过西门闹的身体轮回和蓝脸的坚守，呈现半个世纪农民与土地的血肉关联。百年乡土文学史其实也是农民与土地的关系史。二十世纪三十年代丰收成灾导致乡民背井离乡，土地成了农民苦难的重负；四五十年代"土改运动"带来土地与农民的蜜月期，土地是农民解放的福祉；随后农业合作化运动，土地与农民若即若离；八十年代家庭联产承包责任制，农民重获土地经营自主权；九十年代以来，市场经济引发农民工弃土离乡，土地日渐荒芜；新世纪新农村与城镇化建设，重新改变农民与土地的关系结构。西门闹、蓝脸的命运与土地的得失密切相关，他们的身体是半个世纪历史洪流冲刷下苦难大地的敏感触须。正如刘小枫所说："不仅上帝或社会制度，身体也是牢房。因为不可忍受的和不可企及的生活都是身体的世俗感觉，只有在既非不可忍受、亦非不可企及的生活中，身体才不是牢房。只不过，在这种生活状态中，身体已经没有了感觉。"[①]莫言笔下农民的身体实则是乡土大地的痛感神经，它以悲剧的形式戳穿宏大革命历史的话语遮蔽与荒诞谎言，具有政治批判的潜能。

第二节　大地：天地之大德曰生

在东西方文明中，土地是涵养万物的原初存在。在《圣经·旧约·创世记》中，大地是神性的。耶和华造天地万物。宇宙最初混

---

① 刘小枫：《沉重的肉身》，上海人民出版社 1999 年版，第 194 页。

沌一体，地是空虚混沌，渊面黑暗，神的灵运行在水面上。宇宙创化之源是光与水。光分日夜，水润万物。神说"要有光"，就有了光。神让水聚在一处，就使旱地露出。神说："地要发生青草和结种子的菜蔬，并结果子的树木，各从其类。"神只要让"地还存留的时候，稼穑、寒暑、冬夏、昼夜就永不停息了"。土地上的万物生灵来自尘土，终将归于尘土。在中国，土地是古老农耕文明的载体，是农民的生存之本。农民与土地最亲近。土地崇拜是民间信仰的重要组成部分。正如莫言所认为："现代文学以来，土地在不同时期的乡土写作中都是一个意义中心，它是历史的焦点，也是人们可以安身立命的终极价值。"①

百年中国乡土社会不是一个固定不变的空间实体，而是一个动态场域，一种流变的生存样式。百年乡土文学中的乡土范畴也不断衍变。五四乡土文学中的故乡是文化人类学意义上的乡土，左翼至"文革"文学中的乡村是社会政治学意义上的乡土，八十年代以来乡土成为故乡、童年、乡村自然、生态大系统融合下的泛乡土社会。新世纪以来，随着城镇化进程的推进，城中村的蔓延，乡村城市边界的模糊化，乡土社会的地理、心理边界日益模糊。具有新型审美范式的乡土文学，如生态文学、打工者文学也正随之出现。

乡土作家不同的叙事身份与审美想象使乡土大地呈现出不同的面孔与性格。百年乡土文学可谓呈现了一部大地变形记。现代工业化进程导致乡村的日益溃散，乡土叙事中的土地总体上被文人想象成两大类型：启蒙派的垢土与田园派的净土。乡土作家笔下的乡土既是集体想象的表达，也是个体体验的书写。乡土社会因不同时期作家不同的人生经历与审美想象呈现不同的面相。如鲁迅笔下文化礼教化的乡土；萧红视乡土为生死轮回的道场；萧军、端木蕻良笔下苍莽野性的大地；路翎、张炜笔下神秘寓言性的大地；李锐、陈忠实笔下文化历史性的大地等。在莫言笔下，大地则被赋予母性与嗜血的"双重性格"，"农业社会培养的敦厚温柔代之以狂暴的激

---

① 莫言：《莫言对话新录》，文化艺术出版社 2010 年版，第 305 页。

情"。他对乡土大地"一面感恩一面复仇"①。

莫言的《生死疲劳》可谓一首土地的挽歌,是一部比较纯粹的中国小说。《生死疲劳》讲述了人类从农耕社会走向工业文明的寓言,是"一部关于历史的小说、关于人与土地的小说、关于人与灵的小说"。莫言也承认写作的初衷是想"围绕土地,写一个50年来农村的变迁的故事",思考"农民与土地的关系"问题。他认为:"农民和土地还是亲密的关系,一旦逃离土地,农民没有了根本,蓝解放以进城当官的方式离开了土地,西门金龙以开发旅游的方式毁掉或离弃土地,那必将使农民陷入更深的苦痛,前途更加未卜。"②小说设置了一组互文性的人物:地主西门闹与单干户蓝脸,前者失去土地,后者坚守土地,二者一并架构起半个世纪中国农民的悲剧命运,为多灾多难的土地唱一曲挽歌。若说《生死疲劳》侧重写革命洪流对农民土地的冲刷,那赵本夫的《无土时代》、阎连科的《炸裂志》则表达了商业化进程中,农民失去土地的悲伤。《无土时代》里的留守村长以孤独的姿态守望即将消失的村庄。谷子则以命名的方式植根乡土大地,正如给他取名的金阿姨所言:"这名字有些土气,还有些人把土气当成损贬人的话。其实'土气'是个好东西,土气土气,是说大地是有气息、有灵魂、有生命的呀!一个人有了'土气',人就厚了,就有了根基,就有了营养,就会不怕风雨,多好啊!"《炸裂志》中的炸裂镇厂房林立,烟囱遍地,土地被开膛破肚。大地被破开来,重又缝合上。"挖开来,重又草草填起来。新土旧土,伤痕累累,到处都朝气蓬勃,疤痕疤痕的。"失去土地的农民在山梁上疯子一样哭,"哭土地!"《炸裂志》以仿地方志的文体,唱响了中国农民与土地分离的哀歌。

若将莫言的乡土叙事置于世界性与本土性的坐标点进行考察,笔者认为,其叙事具有生态主义、大地书写的宏阔视野,天道无情、大仁不仁的悲悯情怀,生态主义、生生不息的美学境界。天地

① 赵园:《地之子》,北京大学出版社2007年版,第6页。
② 莫言:《莫言对话新录》,文化艺术出版社2010年版,第305页。

之大德曰生，所有大地上扎根的生命都具有生生不息的大地性。中国古代有一种生生美学，也可理解为一种大地诗学。"生生美学"是扎根于农耕文明的大地诗学。"生生美学"这一概念来自《周易》，"生生"意即"生命的创生"。学者曾繁仁认为，"生生美学"是一种古典形态的"天人相和"的生态之美。中国长期的农业社会以及由此产生的"天人合一"文化形态，决定了尊重自然、顺应自然的生态观在中国具有原生性特点。"天人相和"的生态之美不仅仅是一般的生态智慧，还是具有原生性并活在当代的生态理论。"天人相和"所构成的人与自然亲和的"中和之美"，与古希腊强调科学的、比例对称的"和谐之美"是不同的。所谓"天人相和"具有明显的"生命创生"的内涵，天地相交、风调雨顺、万物生长就是一种美的形态，正所谓"致中和，天地位焉，万物育焉"。"生生美学"是一种"阴阳相生"的生命之美。"生生美学"是一种东方的生命之美。这种生命之美包含万物化生、宇宙变化等极为丰富的内涵，而且体现出"天地与我为一，万物与我并存"的理念，是一种古典的生态整体论与生态平等论。"生生美学"不仅是万物生长之道，而且是艺术创造之道。①

莫言的乡土叙事既呈现了一种"天地之大德曰生"的"生生美学"，体现出东方式的生命创化的美学，以及万物一体，天地与我并生的原始泛灵论思维，又以汪洋恣肆的生命野性反抗"喜怒哀乐之未发，谓之中。发而皆中节，谓之和"的中和、中庸之道，表现出西方尼采式的悲剧狂欢精神。莫言将大地身体感官化、感觉化，通过书写苦难大地上肉身的沉沦与灵魂的飞扬，挖掘出乡土大地的地籁、人籁、天籁。只有恢复乡土大地生生不息的肉身，栖居其上的生灵才能在其怀抱中安息。或者说唤醒乡土生灵蓬勃的原始野性与生机，就是为大地招魂与安魂。莫言的《生死疲劳》便如大地招魂安魂曲般，让来自土地的归于土地，让生民脱离生死疲劳，得身

---

① 曾繁仁：《生生美学具有无穷生命力》，《人民日报》，2017 年 10 月 20 日。

莫言与当代中国文学创新经验研究

心自在。《丰乳肥臀》则以醒目的标题与图腾般的身体意象为远古的生殖神话招魂。这里的身体是大地母亲的身体，因承载原始的生育伦理，具有生殖图腾与大地诗学的意味。不同于西方圣母的无性繁殖与圣洁奉献，这位母亲是中国式的地母原型，是扎根大地血肉丰满的、具有世俗肉身的母亲形象。她象征着大地的肉身，与不同男人的生育史隐喻苦难乡土大地生生不息的原始繁殖力。与此形成反照，中国母亲与瑞典牧师生下的金发碧眼的杂种混血儿上官金童则是民族文化精神基因变异的象征。《丰乳肥臀》中的身体叙事因为生殖崇拜与大地伦理的支撑，而具有了超越历史的宏阔时空感。当革命伦理与大地伦理碰撞，大地便以亘古不变的母性本能解构革命历史翻烙饼式的伦理变迁。对母亲而言，虽然八个女儿嫁给不同的男人，拥有不同的历史命运，但伪军、国军、共军的孩子都是一样地养。母亲具有强悍的原始生命力与生殖力，她以不变应万变，以顽强的生命力对抗、冲破革命、历史、政治的外壳，表现出生生不息的生命美学。这一大地之母的形象体现了莫言基于生命本能，体现农民本色的理想主义悲悯情怀。正如某学者所认为的，母亲无疑就是"人民"的集合和化身。这一人物因此具有了结构和本体的双重意义：她既是历史的主体，同时又是叙述者和见证人。莫言匠心独运地将她塑造成了大地、人民和民间理念的化身。"母亲"在这里是一个关于"历史主体"的集合性的符号，她所承受的深渊般的苦难处境，代表了作家对这个世纪里人民的命运的概括和深切悲悯。[①]中国传统文化推崇"人格天地"，在母亲这里，"人格化的大地，与赋有大地品格的人俨然同体，是二而一的"[②]。

乡土大地可谓孕育、承载着中华民族集体文化性格的基因。莫言笔下的乡土是人类文化学意义上的诗性与野性、神秘性与神性并存的乡土。莫言的乡土叙事书写一切来自土地的都将回归土地，变

① 张清华：《莫言与新历史主义文学思潮——以〈红高粱家族〉〈丰乳肥臀〉〈檀香刑〉为例》，《海南师范学院学报》（社会科学版），2005年第2期。
② 赵园：《地之子》，北京大学出版社2007年版，第4页。

中不变的土地的本性与神性。百年来革命的翻烙、政治的翻耕、工业化的入侵让农民反复失掉身心的根本——土地。土地既是农民命运的根底，也是历史革命、政治运动的重心，而工业城镇化的进程在污染土地的同时，也以低价剥夺土地上的原始资源。田园将芜，只有"融入野地"，方能魂兮归来？

第六章　莫言"天之子"的身份自觉

　　莫言的乡土叙事从农民的元视角出发，将乡土从思想启蒙、文化守成、社会革命、精神借言的话语捆绑中解放出来，还原大地的自在自洽性，为"身体—大地"的招魂，体现了莫言作为"农民之子"的身份自觉。莫言不仅是"农民之子"，还是"天之子"。莫言的乡土叙事从农民之子出发，上升至上帝之子、天之子的宏阔视野。他从"作为老百姓的写作"者日渐蜕变为乡土大地的书写者，进而蜕变为人类命运的书写者。

　　"天之子"的说法取自《庄子·庚桑楚》:"宇泰定者，发乎天光。发乎天光者，人见其人，物见其物。""天之所助，谓之天子。"也就是说，本心笃定、天性释放的人会散发出自然的光辉。散发自然光辉，人就会显现人的天然本性，物则会显现物的天然本性。人顺任自然，自然也会助佑人，这样的人，"谓之天子"。[1]因此所谓"天子"，也即自然、天然之子。莫言笔下的乡土社会摆脱启蒙、怀旧、革命的及物话语，是自然自在、自由自洽的山野世界。莫言笔下的童年"莫言"、民间艺人等也表现出自然、天然之子的赤诚、自在。在此，笔者主要从莫言笔下"莫言"的分身有术、莫言笔下艺术家的互文对照两个方面探析莫言自然、天然之子的身份自觉。

----

① 　郭庆藩撰、王孝鱼点校:《庄子集释》(中)，中华书局 1961 年版，第 648 页。

第一节　分身有术：莫言笔下的“莫言”

在中国传统白话小说中，叙述者从来不借用作者的真名或笔名，这主要是因为传统白话小说经历长期的话本、拟话本的改写期，这种改写底本的文类程式与拟听 / 说书的叙述格局决定了叙述者只是非个人化的、无名无姓的、半隐半显的说书人。又因为作者与改写者对小说文本不具有完全独立的著作权与权威性，所以叙述者采取类似口头叙述的形式获取权威性，进而在说书的过程中即兴改写。还因为白话小说被视为至下之技，祸乱历史，最不可训，所以作者不愿泄露真名，更不要说以真名现身小说。

当然，在传统文言小说中，叙述者则经常使用作者的名字。文言小说中直接出现作者真名，是为了使虚构性的小说更具有史实性、权威性。到五四时期，作者名字经常直接或间接出现在小说中，叙述者或人物多取与作者相同或相近的名字。这是小说文类地位提升、作者个体意识觉醒的表征。随着现代派先锋小说实验的兴起，当代作家如马原、朱文等均将真名植入小说，以产生元叙事或黑色幽默的美学效果。

莫言小说也有不少将“莫言”之名植入其中，如《酒国》《生死疲劳》、新作《诗人金希普》《表弟宁赛叶》等，其中美学意旨何在？笔者曾有幸就此问题当面请教过莫言本人。他说：“小说中的莫言是我又不是我。这个人物的设置是为了小说结构。”在此，笔者主要从叙事学角度，探析莫言如何分身有术地塑造“莫言”形象，其叙述功能与美学意义何在。

一、镜像合一，童年原型

莫言如孙悟空拔猴毛，以童年的小黑孩为核心原型，将自我变身为笔下各色人物，再将各色人物合成一个人物——作家自我。他们如多棱镜般从不同角度折射出作者的精神镜像，建构复数的"莫言"。莫言曾说："一个作家一辈子可能写出几十本书，可能塑造出几百个人物，但几十本书只不过是一本书的种种翻版，几百个人只不过是一个人物的种种化身。这几十本书合成的一本书就是作家的自传，这几百个人物合成的一个人物就是作家的自我。"①诚然，作家笔下的人物都或隐或显地投射自己的意愿或幻想。正如托尔斯泰所说："不论艺术家描写什么人——神父、强盗、皇帝、仆人——我们寻找和发现的只能是艺术家本人的灵魂。"②这也是作家在塑造人物形象过程中所具备的角色扮演的心理功能，因为"艺术好比显微镜，艺术家拿了它对准自己心灵的秘密，并进而把那些人人莫不皆然的秘密搬出来示众"③。从最早的《丑兵》，到《透明的红萝卜》《枯河》《初恋》，到《牛》《拇指铐》《四十一炮》《大嘴》《生死疲劳》，再到新作《诗人金希普》《表弟宁赛叶》《等待摩西》，莫言分身有术地寄居在不同的人物身上，表现出由自卑到自信，"不断发现自我的过程"④。毫无疑问，莫言笔下的"莫言"也是自我的变身，如那耳喀索斯的临水自照，或画家自画像，是作者俯身小说观照自我，借人物镜像与自我对话，探索、检视、评析、修正、建构、认同自我的过程。莫言塑造复数的"莫言"，也被"莫言"塑造。

　　诚然，小说中的"莫言"只是莫言塑造的一个人物，是被叙述的"莫言"，不完全等同于小说外的莫言。不仅同名人物不等于作者，甚至"一部伟大的作品建立起它的隐含作者的'诚实'，而不顾及创造了这个隐含作者的那个真人，在他的生活的其他方面如何

①　莫言:《自述》，张清华、曹霞:《看莫言: 朋友、专家、同行眼中的诺奖得主》，华中科技大学出版社 2013 年版，第 4 页。
②　（俄）列夫·托尔斯泰:《列夫·托尔斯泰论创作》，戴启篁译，漓江出版社 1982 年版，第 10 页。
③　（俄）列夫·托尔斯泰:《列夫·托尔斯泰论创作》，戴启篁译，漓江出版社 1982 年版，第 11 页。
④　杨守森、贺立华:《莫言研究三十年》（上），山东大学出版社 2013年版，第 298 页。

与他在作品中所体现的价值相悖离"①。有论者认为"莫言""在小说中就集叙述者、人物、作者于一身"②。笔者认为，此论略显简单。因为小说中的"莫言"只是莫言的分身或镜像之一，又不完全是莫言。小说中的"莫言"并不是叙述者，也不是隐含作者，更不是现实中的莫言，他首先是作为一个人物形象存在。他是作者俯身小说观照自我的精神镜像、第二自我，二者表现出镜像合一、一分为二、三分鼎立的交错关系。正是诸种复杂关系，使得"莫言"形象给文本带来既真实又陌生的美学效果。

在《酒国》《生死疲劳》中，莫言将自己的真名植入小说，且身份都是作家。作者有意借此使小说中的"莫言"近于本人的镜像折射。在《生死疲劳》中，作者于挥墨走笔间，时不时顺带一捎，以简短的一两句话将童年"莫言"的形象漫画般地呈现出来，看似漫不经心，实则用意深远。童年"莫言"是一个"相貌奇丑，行为古怪"的千人嫌、万人厌的角色，嘴馋嘴碎，但天性好奇，喜欢想入非非，有着"歪门邪道之才"，爱言、能言、善言，"经常说一些让人摸不着头脑的鬼话"。作者以微讽自嘲的笔触描写"莫言"：虽然"莫言"过去是西门屯的下等货色，但如今猴子戴礼帽装绅士，"混成了作家，据说在北京城里天天吃饺子"，被传说为"阎王爷的书记员投胎转世"。小说还从一头特立独行的猪眼里看"莫言"："这小子既好奇又懦弱，既无能又执拗，既愚蠢又狡猾，既干不出流芳百世的好事，也干不出惊天动地的坏事，永远是一个惹麻烦、落埋怨的角色。我知道他所有的丑事，也洞察他的内心。"在此，作者从发生学层面，呈现作家"莫言"的童年经历。作者以自我为原型赋予童年"莫言"滑稽、戏谑的美学效果，让读者仿佛看见卑微、皮实、顽劣，却不乏生命野性与活力的童年莫言。对此，学者季红真认为"莫言小说中大量的顽童形象，都可以追溯到孙悟空的

---

① （美）W. C. 布斯：《小说修辞学》，华明、胡晓苏、周宪等译，北京大学出版社 1987 年版，第 84 页。

② 王洪岳、杨伟：《论莫言小说的自涉互文性》，《天津社会科学》，2016年第 5 期。

原型，而且成为叙述演进的推动力"①。可谓独辟蹊径，一语中的。笔者认为，莫言塑造此种顽童类"莫言"实则作者本真、理想自我的回溯式建构。虽然"莫言"在《生死疲劳》中只是一个一闪而过、微不足道的小人物，但作者以看似不经意之笔，将他郑重其事地安插在小说随处可见的角落里，实际上暗含了作者对童年理想自我追根溯源式的认同与建构，以及对童年压抑自我的释放。

实际上，童年的莫言调皮捣蛋，天然野性，只是因为饥饿嘴馋而招人嫌，因爱说话凑热闹而惹是非。长期不正常的社会环境以及父母的告诫把他压抑成一个谨小慎微、沉默寡言、自卑敏感、胆怯恐惧、害怕与人打交道、不喜欢大庭广众下说话的人。他取名"莫言"就是警醒自己少言、莫言之意。由此可见，成人世界的权力秩序无疑在童年莫言内心留下深远的阴影。于是他通过小说，借助顽童"莫言"保留、张扬童年被压抑的率真天性。细加辨析，不难发现莫言很多小说都有一个话痨子顽童如影随形地穿插在字里行间。如《四十一炮》中嗜肉善言、"身体已经成年，但他的精神还停留在少年"的"炮孩子"罗小通。之所以叫作"炮孩子"，是因为罗小通特爱说话，会讲故事，也爱说谎，说话无边，信口开河。这无疑是以童年莫言为原型塑造的一个人物。小说取名《四十一炮》源自"炮孩子"之"炮"。对于"炮孩子"来说，"炮"是一种言语创造、话语狂欢的状态，也是说话欲望与表达权利的释放。"炮孩子"其实就是年少的民间口头文学家。《四十一炮》之名还源自"炮孩子"跟母亲收购废品时，收到了一门迫击炮。后来，母亲又弄来了四十一枚炮弹。在小说结尾时，"炮孩子"对着他的仇人放了四十一炮。这一情节设置无疑具有隐喻意味。作者曾言，《四十一炮》中的"罗小通"是"我的诸多的'儿童视角'小说中的儿童的一个首领，他用语言的浊流冲决了儿童和成人之间的堤坝"②。话痨子"莫言"是童年莫言对成人世界话语霸权的抵抗。与顽童"莫

大地的招魂

① 季红真：《莫言小说与中国叙事传统》，《文学评论》，2014 年第 2 期。
② 林建法：《说莫言》，辽宁人民出版社 2013 年版，第 53 页。

言"同属一个精神家族的除了"炮孩子"罗小通，还有《牛》中爱热闹、嘴馋嘴碎、看起来很坏、其实很善良的少年罗汉（他的大名是管谟业），《大嘴》中喜欢热闹、爱说话、说真话的小男孩大嘴（因爱说话被叫作"大嘴"）等。在这些小说中，作者把童年的压抑与阴影以闲话、大话、胡话、真话等话语狂欢的形式放大、释放，以获得心理代偿与平衡。正如莫言所说，"写作的时候就像少年时候的胡言乱语"①，莫言正是通过塑造顽童"莫言"，将理想的心象自我从现实的表象自我中剥离，以分身术的方式对抗外界社会规训对人性的压抑。

与顽童"莫言"不同，《透明的红萝卜》中饥饿、孤独、寡言、隐忍倔强、吃苦耐劳、有着超强视听通觉能力的黑孩，《枯河》中沉默弱小、惨遭暴虐责罚的小虎，以沉默的方式与话痨子"莫言"形成反照。若说顽童"莫言"是天性释放的童年莫言，那黑孩则是天性压抑的童年莫言，他们一并建构复数的莫言。虽然莫言曾将乡村儿童叙事的动机解释为告别童年，但作家的童年，尤其带有创伤体验的童年，向来具有持久的生命力。作家会通过手中的笔，让童年的自我一次次复活，以镜像合一、重返童年的方式重返真实的自我，以此释放被囚禁在童年阴影里的自我。莫言说，作家应保持儿童心理，有童心、童真、童趣，创作时进入顽童心态，作品才会得心应手，具有生命感。②诚哉斯言！司汤达曾说，无休无止的童年。阿多尼斯也说，梦想要有，但应朝着童年的方向。

"莫言"形象实则是作者以童年原型为记忆框架，回溯过去，"在这个记忆框架里塑造自我形象、历史想象或是以一种简洁和形象的方式表达价值观和标准以及被忘却的事物，和记忆文化中不可表达的东西"③。在《生死疲劳》中，顽童"莫言"成了作者照见

① 莫言、王尧：《在文学种种现象的背后》，莫言：《莫言对话新录》，文化艺术出版社 2010 年版，第 44 页。
② 莫言、王尧：《在文学种种现象的背后》，莫言：《莫言对话新录》，文化艺术出版社 2010 年版，第 161 页。
③ 莫言：《碎语文学》，作家出版社 2012 年版，第 176 页。

世界真相的一面镜子。作者以动物狂欢的方式叙述历史，小说中的"莫言"则以顽童恶作剧的方式调侃历史，二者一并赋予极左荒诞历史以黑色幽默的反讽意味。如小说以顽童"莫言"的视角看批斗驴县长的那场滑稽戏。"打倒奸驴犯陈光第"的口号，经高音喇叭放大，形成声音的灾难。巨大的声音让大雁惊魂跌落，集上的人疯狂哄抢，而叙述者"我"则安全地在大树上，居高临下地目睹哄抢过程中人性各种狰狞的表情："集上的人疯了，拥拥挤挤，尖声嘶叫着，比一群饿疯了的狗还可怕。最先抢到大雁的人，心中大概会狂喜，但他手中的大雁随即被无数只手扯住。雁毛脱落，绒毛飞起，雁翅被撕裂了，雁腿落到一个人手里，雁头连着一段脖子被一个人撕去，并被高高举到头顶，滴沥着鲜血。许多人按着前边人的肩膀和头顶，像猎犬一样往上蹿跳着。有的人被踩倒了，有的人被挤扁了，有的人的肚子被踩破了，有的人尖声哭叫着，娘啊，娘娘啊……哎哟，救命啊……集市上的人浓缩成几十个黑压压的团体，翻滚不止，叫苦连天，与喇叭的啸叫混杂在一起。"这种儿童俯视成人的空间化的叙述视角，赋予这场集体的癔症、声音的灾难以政治反讽意味与荒诞现实主义美学色彩。以如此荒诞滑稽的哄抢作为批斗运动的场景，梦魇式的批斗便被喧宾夺主、游戏狂欢化。被批斗的主角陈光第说："他只要一踏着锣鼓点，搬弄着纸壳驴舞起来，就感到自己渐渐地变成了一头驴，变成了全县唯一的单干户蓝脸家的那头黑驴，于是他的心思就飘飘荡荡，悠悠忽忽，或似乎生活在现实，又恍惚进入了美妙的幻景。他感到自己的双脚分杈成了四蹄，屁股后生出了尾巴，胸脯之上与纸毛驴的头颈融为一体，就像希腊神话中那些半人半马的神，于是他也就体会到了做一头驴的快乐和痛苦。"在此，集体癔症、历史梦魇的狂欢化与"莫言"的顽童视角密不可分。在孩童视角的俯视下，残酷的批斗就是一场荒诞的游戏，历史丑陋的真相裸露无遗。作者极富创意地让顽童"莫言"坐在大树上，居高临下，目睹了事件的全部过程，如《皇帝的新装》里的那个说真话的小男孩，看清楚了历史现场的每一个细节："我看到那些大雁是如何坠落下来又怎样被人们野蛮分解。我看到在这个事件过程中那些贪婪的、疯狂的、惊愕的、痛苦的、狰狞的表情，我听到了那些嘈杂的、凄厉的、狂喜的声音，我嗅到了那些血腥的、酸臭的气味，我感受到了寒冷的气流和灼热的气浪。"在此，历史的黑色幽默性通过顽童"莫言"狂欢化的叙述视角表现出来，显得格外真实可信。作者还借"莫言"之口说出极具哲理性的话："极度夸张的语言是极度虚伪的社会的反映，而暴力的语言是社会暴行的前驱。"这句话道出了作者的肺腑之言，成为《生死疲劳》众声喧哗中的点睛之笔。由此可见，莫言赋予顽童"莫言"解构性、批判性的美学功能，让"莫言"说出莫言想说又不便说出的话。顽童"莫言"是莫言的童年原型与理想自我、莫言与"莫言"镜像的合一。

二、一分为二，文本互文

若说《生死疲劳》中的顽童"莫言"与作者镜像合一，寄寓作者对童年理想自我追根溯源式认同与建构；那《酒国》中的作者则一分为二为中年作家"莫言"与文学青年李一斗，对中年自我进行精神现象学的 X 光透视与解构，通过文本互文实现叙事民主，结构上也有奇峰对插、锦屏对峙之妙。

《酒国》中作者如此描述中年作家"莫言"的形貌：一个"体态臃肿、头发稀疏、双眼细小、嘴巴倾斜的中年作家"。这貌似作者对自己真实相貌的漫画式勾勒，表现出以自我调侃的方式坦露真实自我的自信。对于自己的相貌，莫言在小说中表现出由自卑到自信的蜕变。早期作品《丑兵》便书写了容貌丑陋者的自卑与申诉。丑兵"长得很丑，从身材到面孔，从嘴巴到眼睛，总之——他很丑"。而郭排长"我"则是美男子，且写小说。小说从"我"的视角写丑兵，实则以"我"观我。丑兵王三社是作者自卑情结的折射。作者让丑兵通过表演《巴黎圣母院》的卡西莫多表达对美的理解，实则是自己对美丑界限的申辩。最后作者把丑兵写死，是为了表达对自我悲剧命运的自怜，以及以死相抗的态度。丑兵死去，让笔者联想到《枯河》中被暴虐至死的小虎。这背后隐藏了作者深层的自卑与自怜。

颇有意味的是，《酒国》里的中年"莫言"与以小黑孩为核心原型的童年"莫言"形成有趣的对照。作者对童年"莫言"嬉笑怒骂，难掩喜爱之情，对中年"莫言"则漫画勾勒，颇多嘲讽之意，从中折射了他对童年自我与现实自我的情感背离。这种情感的背离表现为作者有意解构自我与镜像的同一性。在《酒国》中，隐含作者莫言跳出来，强调与人物"莫言"的灵肉分离，使叙述产生情感的间离。如"我知道我与这个莫言有着很多同一性，也有很多矛盾。我像一只寄居蟹，而莫言是我寄居的外壳。莫言是我顶着遮挡风雨的一具斗笠，是我披着抵御寒风的一张狗皮，是我戴着欺骗良家妇女的一副假面。有时候我的确感到这莫言是我的一个大累赘，但我却很难抛弃它，就像寄居蟹难以抛弃甲壳一样。"又如"长期的写作生涯使他的颈椎增生了骨质，僵冷酸麻，转动困难，这个莫言实在让我感到厌恶"。正是因为作者对人物"莫言"情感立场的有意位移，使得"莫言"成为一个具有独立生命的审美形象，并一分为二，衍生出文学青年李一斗这一形象。可以说，中年作家"莫言"与文学青年李一斗是莫言一分为二的变身、不同阶段的自我。李一斗是青年作家莫言，"莫言"是中年作家莫言。"李一斗是醉了的'莫言'，'莫言'是清醒的李一斗"①，二者构成形影一体的互文关系。

若说《生死疲劳》从发生学层面，呈现一个作家的发源、生成过程，那《酒国》则从精神现象学层面，通过一分为二的变身术对作家进行人性的 X 光透视。《酒国》正是通过"莫言"与李一斗关于文学创作的通信，塑造了一个幽默、犀利，又不乏油滑、世故的作家"莫言"形象。一方面，李一斗借"莫言"之口大胆披露作家的隐秘心理："为了能使文章变成铅字，我什么样的事都干过或者都想干过。"另一方面，"莫言"又借李一斗的自我批评来反躬自省，如"我的毛病就是想象力过于丰富，所以常常随意发挥，旁生枝杈，背离了小说的基本原则"。当然，"莫言"有时又借李一斗小

① 管谟贤:《大哥说莫言》，山东人民出版社 2013 年版，第 48 页。

说中的人物余一尺之口自我吹嘘，认为只有"莫言"这样邪恶的天才才配为他这样邪恶的英雄立传，从中折射了作者的自我期许。在此，作者一分为二为"莫言"与李一斗，以相互披露隐秘心理的方式，对作家莫言进行精神现象学的 X 光透视。

《酒国》还通过"莫言"与李一斗的通信，锋芒直露地批判文坛学界的丑态病象，如"时下，文坛上得意着一些英雄豪杰，这些人狗鼻子鹰眼睛，手持放大镜，专门搜寻作品中'肮脏字眼'，要躲开他们实在不易，就像有缝的鸡蛋要躲开要下蛆的苍蝇一样不易。我因为写了《欢乐》《红蝗》，几年来早被他们吐了满身黏液，臭不可闻"。这无疑是作者的现身说法了。正如作者所言，《酒国》是具有批判锋芒与讽刺政治意味的小说。只是作者如此激愤直露的情绪注入小说，多少会影响审美观感。当然，总体而言，莫言在《酒国》中对批评家与作家的立场相对峙中，"道貌岸然的伪君子"与"言行一致的真流氓"各打五十大板。这种一分为二的对照式人物设置还出现在新作《诗人金希普》《表弟宁赛叶》中。两篇小说分别设置了莫言与文痞诗人金希普、莫言与愤青作家宁赛叶的对话，借此抨击世道人心，裸露文坛怪象，回应学界质疑，其中既有激愤直露的情绪注入，借人物对话倾吐心中块垒，也有互文对话的审美层次感。总而言之，变身后的"莫言"是复数的。"此'莫言'非彼莫言"[1]，"莫言"丰富并塑造了莫言。

"莫言"这一镜像人物的功能在于，使作者在现实自我与镜像自我的对视与对话中，完成自我表象和心象的分离与对抗。"莫言"是作者镜中的自我凝视，镜中"莫言"反过来又与作者对视，以反观的方式帮助作者实现魂超其上的自我检视、评析、修正、建构。在《酒国》中，以酒神狂欢的《红高粱》享誉文坛的作家"莫言"，却在以喝兽用酒精长大的金刚钻为代表的酒国中堕落沉迷，这是一个颇具反讽、解构意味的情节设计。说到底，让"莫言"自甘堕落，寄寓了作者解构式建构的自我反观与检视。在此，通过将真名植入

① 管谟贤:《大哥说莫言》，山东人民出版社 2013 年版，第 48 页。

小说，莫言解除作者的书写霸权，非但不将自己置身事外，反而不惜自毁形象，于酒肉饕餮中裸露人性的症候，以此反观、解构作家审美救赎者的尊严，体现了叙事的自觉与自信。正如画家自画时，因为完全掌握着自我塑形的权力，要么将自我理想化，要么将自我丑化，表达了对自我与世界的复杂情感。"莫言"形象未尝不是莫言将自我丑化、他者化，置于更广阔的人性视野进行自我陪绑式的伦理审视。作者如此塑造"莫言"形象，颇有刮骨疗毒之意。作者通过剖析自我，照见人性，修正自我。正如作者所言，"我既是写小说的人，也是小说中的人。我写小说，小说也写我"①。作者塑造、观看"莫言"的同时，也被小说中的"莫言"观看、塑造。这便是莫言把自我他者化、镜像化、编码植入文本的美学意义所在。

　　莫言一分为二的变身术除了表现为人物的对照式设置，还表现为文本互文的结构设置。文本互文是指一部小说中不同文本并置、嫁接，形成一种相互延传、彼此呼应、回旋对话的互文性。互文性最早由克里斯特瓦提出，她认为："文本是许多文本的排列和置换，具有一种互文性：一部文本的空间里，取自其他文本的若干部分相互交汇与中和。"②《酒国》中，作者将作家"莫言"创作的酒国故事与文学青年李一斗创作的酒国小说互文并置，"到了小说的中部，李一斗叙述的故事和作家叙述的故事越来越像，两个人各自讲述的故事渐渐融为一体。假作真时真亦假，真作假时假亦真"。随后，"莫言到了酒国，立刻把李一斗和莫言两个人营造的小说瓦解了"。"莫言"对李一斗的反讽解构实则为作者的自我解构。作者通过两种文本的互文并置、交汇中和，从不同角度裸露酒国世界云山雾罩、真假难辨的复杂病象，影射现实世界的隐秘症候。不仅如此，作者还在两个文本之外嫁接"莫言"与李一斗的通信，其用意在于借"莫言"与李一斗的对话，以及李一斗亦真亦假的醉话连篇把自

①　莫言：《我写小说，小说也写我——与〈中国空港〉记者赵学美对话》，莫言：《莫言对话新录》，文化艺术出版社 2010 年版，第 188 页。
②　王瑾：《互文性》，广西师范大学出版社 2005 年版，第 35 页。

己对社会的强烈批判说出来。这种互文结构是作者与政治针锋相对时戴着镣铐跳舞的一种叙事策略。此种文本互文丰富了《酒国》的叙事层次与声音，实现了众声喧哗、多元复调的叙事民主。

进一步探析，不难发现《酒国》吃人故事还与鲁迅《狂人日记》构成文本与前文本式衍生、更新、对话的互文关系。互文性理论认为，文本不是孤立状态，不同作家的不同文本间回旋交织着历时或共时的相互指涉、对话、吸收、改编、阐释、传承、影响的关系。究其质，《酒国》既以小说中作家"莫言"的叙述建构了文本内部的多重互文，又通过与鲁迅"吃人"主题的遥相呼应，建构文本与前文本的互文。这实则是作者与鲁迅的隔空对话。实际上，莫言的许多小说都与鲁迅的小说构成文本与前文本的互文关系。如莫言的《灵药》与鲁迅的《药》，讲述革命或被革命者被愚众反噬的悲哀；莫言的《普通话》与鲁迅的《孤独者》，讲述启蒙者被孤立的悲哀；莫言的《断手》与鲁迅的《祝福》，讲述被牺牲者重复讲述苦难的可悲与可笑；莫言的《儿子的敌人》与鲁迅《明天》关于失子母亲心理描写的呼应；莫言的《檀香刑》对莫言看客主题的衍变。学者张志忠发现莫言的《姑妈的宝刀》《月光斩》《我们的荆轲》是对鲁迅《铸剑》的致敬，莫言的《丑兵》是对《一件小事》的模仿等。

若说《酒国》一分为二设置了"莫言"与李一斗的文本互文，那《生死疲劳》则设置了作者莫言与人物"莫言"的文本互文。《生死疲劳》经常中断叙述，借人物"莫言"与作者同名之便，将"莫言"以前的小说植入文本，嫁接在现有的叙述主流上，以获得叙述的合法性。小说经常出现这样的表述："按照莫言小说里的说法""莫言小说里说"等。对于这样的文本嫁接，小说叙述者"我"这样"无奈地"解释："这些事都不是我亲眼所见，而是来自道听途说。由于此地出来个写小说的莫言，就使许多虚构的内容与现实的生活混杂在一起难辨真假。我对你说的应该是我亲身经历、亲眼所见、亲耳所闻的东西，但非常抱歉的是，莫言小说中的内容，总是见缝插针般地挤进来，把我的讲述引向一条条歧途。"在此，"莫

莫言与当代中国文学创新经验研究

言"的小说作为作者第二自我的记忆文本出现在现有文本中，借此复述／重写历史，营构互文复调的叙述结构。正如蒂费纳·萨莫瓦约所说："文学的写作就伴随着对它自己现今和以往的回忆。它摸索并表达这些记忆，通过一系列的复述、追忆和重写将它们记载在文本中，这种工作造就了互文。"①小说正是通过"莫言"第二文本的嫁接，破坏作者第一文本的叙述主流，打乱叙述节奏，让叙事行为本身浮出文本，从而凸显历史的叙事性、虚构性，使人物与读者不能一直沉溺于六道轮回的历史梦魇，而是从中跳脱出来，听到不同版本的历史回声，实现叙事的民主。

为了实现历史叙述声音的多元化、民主化，小说一方面引入"莫言"的小说文本与作者的叙述互文对话，另一方面还将"莫言"小说讲述的历史和六道轮回的西门猪眼中的历史两相对比。如西门猪说："莫言那小子在他的小说中多次讲述 1958 年，但都是胡言乱语，可信度很低。我讲的，都是亲身经历，具有史料价值。"因为"我""得天独厚地对那忘却前世的孟婆汤绝缘，所以我是唯一的权威讲述者，我说的就是历史，我否认的就是伪历史"。"西门猪"的声音实际上是作者的另一种声音。小说通过将作者莫言的叙述文本、人物"莫言"的小说文本、"西门猪"的亲历文本互文并置，形成叙述声音的互文复调，讽喻极左政治运动时期世界"本来就是一锅糊涂粥，要想讲清楚，比较困难"。文本互文的结构设置实则隐喻历史叙事真假莫辨的虚构性，以此引领读者思考哪个才是未经叙述改编的历史真相。不仅如此，作者还借"莫言"与自己同名之便，通过"莫言"的叙述将当代其他作家引入小说，如最后一章"莫言"与阿城关于爱情话题进行了一场穿越文本的对话。这样的人物对话形成了小说叙述的时空跨越，以时空的错置提醒读者历史文本的叙述性，形成真假莫辨的丰富的主旨意向。

由此可见，作者借人物与自己同名之便，在小说中植入、嫁接

① （法）蒂费纳·萨莫瓦约：《互文性研究》，邵炜译，天津人民出版社 2003 年版，第 35 页。

"莫言"的小说，产生文本互文的复调结构，有一分为二、奇峰对插、锦屏对峙之妙，叙述空间由此拓展，文本意义由此增殖。"在形式上，这比单一的全知视角要丰富，给读者提供想象和思考的空间更广阔，更是对历史的确定性的消解，多角度的叙事对小说的多义性提供了可能。"①究其质，小说一分为二，植入"莫言"的文本，实则作者引入多元视角与声音，以实现叙事的民主。

三、三分鼎立，叙述跨层

莫言的分身术还表现为"莫言"三分鼎立的叙述跨层。当一个文本内部出现不同的话语层，叙述就会分层。叙述一般可分三层：一、主叙述层，即作者讲述的主体故事，如《生死疲劳》中西门闹六道轮回的故事；二、超叙述层，即关于故事如何被讲述的叙述，如古代文言小说常借用作者真名在故事之外设置一个超叙述框架，现代元小说也以此凸显超叙述层，《生死疲劳》中"莫言"叙述《生死疲劳》创作的过程便属超叙述层；三、次叙述层，即故事中的人物讲述的故事，如人物"莫言"写的小说。作者、叙述者、人物因不同的叙述职能，而分属不同的叙述层。一般而言，同一叙述层的叙述者与叙述者、人物与人物间可自由对话，但不同叙述层的作者、叙述者、人物的对话则比较难。只有汇总于更高的统一的主体意识，跨层的对话才可能。

在此，所谓叙述跨层指缺乏整一主体意识的过渡，不同叙述层的人物、叙述者、作者直接对话。有时候故事中的人物身兼作者或叙述者的职责，那么当他被讲述又讲述故事时，他可能既属于主叙述层，又属于超叙述层，这时就出现叙述跨层。叙述跨层的目的在于使人物或叙述者现身，对上一层或下一层的人与事进行叙述干预，从而产生复调歧义的文本结构。《酒国》《生死疲劳》都出现过

① 莫言、李敬泽：《重建宏大叙事——与李敬泽对话》，莫言：《莫言对话新录》，文化艺术出版社 2010 年版，第 307 页。

叙述跨层。《酒国》中作者莫言从超叙述层跨到主叙述层，变身故事中的人物，使整部小说产生虚实莫辨的荒诞感与寓言意味；《生死疲劳》则是人物"莫言"从主叙述层跨到超叙述层，代替作者安排小说的叙述进程，与作者戏谑、对话，产生心口差，以柔性的不可靠叙述解构历史话语的因果逻辑与道德刚性。

两部小说的叙述跨层之所以可能，在于"莫言"借与作者同名之便，自由出入不同的叙述层。"莫言"的结构功能在于作为现实进入虚构的中转站，是叙述跨层的枢纽。"莫言"既在故事之内，又在故事之外。他负责打开一扇门，让不同的声音进出：小说中的"莫言"作为人物，他有自己的身份限定，自成一种声音。作为叙述者，他的人格通过自己的叙述行为产生，作者借他说出自己想说而不能说的话，又成一种声音。但叙述者"莫言"的声音又不同于作者的声音，他说的话未必全是作者想说的话，作者另有自己的声音。"莫言"出入自由的叙述跨层产生了人物"莫言"、叙述者"莫言"、作者莫言三分鼎立、相互制衡的声音复调，大大丰富了小说的叙述层次，产生叙事的弹性、柔性，并以柔性的不可靠叙述解构历史话语的因果逻辑与道德刚性，从而裸露文字背面的历史真相，体现了莫言叙事伦理的自觉。

首先，让我们细加辨析《酒国》。小说有三层文本结构：一、作家"莫言"创作《酒国》的过程，以及与李一斗的通信，这是超叙述层；二、《酒国》中丁钩儿的故事，李一斗写的酒国故事，这是主叙述层；三、小说作者变身小说人物"莫言"，来到酒国后的故事，这是超叙述向主叙述的叙述跨层。《酒国》中的叙述跨层表现在，一方面，作者变身为人物"莫言"，跨层来到酒国中，他原本想改变丁钩儿的结局，结果"去了以后的莫言和莫言写的小说里的侦察员的命运是一模一样"。"莫言"现身《酒国》，重蹈自己笔下人物丁钩儿覆辙的情节设计，赋予了小说反讽、解构的意味。"当这个我变成了'莫言'出现在这个小说里，他就成了我的分身，他既是小说中的小说叙事者，又是小说里的人物。他和小说中的另一个重要人物酒博士李一斗是平级的。最高叙述者是拿着笔的我，

大地的招魂

189

我的分身变成了小说里的人物，由我写'我'，由'我'观我。这会产生一种几分调侃、几分荒诞、几分深刻的独特效果。"[1]另一方面，人物"莫言"时不时又跳出故事还原为作者，继续讲述《酒国》的创作过程，如"我正在创作的长篇小说已到了最艰苦的阶段，那个鬼头鬼脑的高级侦察员处处跟我作对，我不知是让他开枪自杀好还是索性醉死好，在上一章里，我又让他喝醉了"。在此，作者莫言、写《酒国》的中年作家"莫言"、来到"酒国"的人物"莫言"是三分鼎立、复调对话的。"莫言"文本内外的叙述跨层使整部小说产生虚实莫辨的荒诞感与寓言意味。

在《生死疲劳》中，"莫言"既是超叙述层决定小说结局走向的叙述者，又是主叙述层的一个人物，还在小说中讲述自己的小说，生出次叙述层。他既是故事的叙述者，也是被叙述的人物，还在故事中讲述故事。小说的叙述跨层表现在，人物"莫言"直接从故事中跳出来，从主叙述层跨层来到超叙述层，代替作者安排小说的叙述进程。如第五章"结局与开端"，他在超叙述层呈现小说写作的过程，并让自己承接之前叙述主人公蓝解放的话茬，"在这个堪称漫长的故事上，再续上一个尾巴"。这里人物兼叙述者的"莫言"既与人物蓝解放对话，又从文本内跨层来到文本外，代替作者安排小说的叙述进程。在此，作者借人物"莫言"与自己同名之便，赋予小说中的"莫言"以人物与叙述者的双重身份，让他浮出故事，跨层来到叙述层讲故事，是提醒读者作者视角的有限性，凸显作者的多重身份，正如作者所言"书中的莫言不纯粹是一个作家，他的出现使原小说的叙述者存在"[2]。作者莫言与人物"莫言"、叙述者"莫言"相互映照，生成视角与声音的多元性、复调性。作者之所以采用这种三分鼎立的叙事分身术是想通过这个人物的历史在场感，使人物"莫言"、叙述者"莫言"与作者莫言的叙述复调

----

① 莫言、王尧:《在文学种种现象的背后》，莫言:《莫言对话新录》，文化艺术出版社 2010 年版，第 90 页。

② 莫言、李敬泽:《重建宏大叙事——与李敬泽对话》，莫言:《莫言对话新录》，文化艺术出版社 2010 年版，第 307 页。

对话，形成近山浓抹、远树轻描的叙述层次感，以便多元地呈现历史的不同面相。

有意思的是，一方面，作者赋予"莫言"叙述跨层的权力；另一方面，他又解构"莫言"的叙述权威。作者"我"的叙述与作家"莫言"的叙述时而合作，时而对抗，形成似假实真、真假莫辨的不可靠的叙述效果。如"尽管他编造得严丝合缝，但小说家言，绝不可信"；又如"这又是那小子胆大妄为的编造。他小说里描写的那些事，基本上都是胡诌，千万不要信以为真"。作者对"莫言"叙述的揶揄，实则反照历史叙事本身的不可靠。

不仅作者解构"莫言"的叙述权威，"莫言"自己也用不可靠的叙述口吻，边叙述，边揣测，边插入性评论，时不时提醒读者叙述过程的不确信，如"我不知道如何描写蓝解放在那一时刻的心情，因为许多伟大的小说家，在处理此种情节时，已经为我们树立了无法逾越的高标"。"因为跟蓝开放没有交流，我对他的所有心理活动都是猜想。""接下来的故事，又开始进入悲惨境地，亲爱的读者，这不是我的故意，而是人物的命运使然。""让我们凭借着想象描述一下蓝开放每天晚上去车站旅馆地下室探望庞凤凰的情景吧。"究其质，小说通过叙述主人公"莫言"的不可靠叙述，有意间离作者与叙述者的声音，使叙事立场发生变异，产生主旨意向的歧义。这种叙述跨层打破了整部小说的叙述节奏，叙述文体由章回体变为元小说，叙述基调由宗教悲悯转为黑色幽默。

由此可见，跨层的叙述者"莫言"是历史梦魇之外清醒的旁观者、言说者，可以旁观"狂热的人们在虚构出来的胜利中大发癔症"。《生死疲劳》以本土形式书写革命宏大话语背后群体癔症、历史轮回的梦魇。为了跃出瞒和骗的历史荒泽与迷障，地主西门闹借西门驴、西门猪、西门狗的声音发出土改地主被时间软埋的声音。

章回循环式的叙述格局既与佛教六道轮回的宿命同构，又隐喻反讽历史群体性癔症的荒诞轮回。恰是"莫言"文本内/外、现实/虚构的叙述跨层打破循环、封闭的圆形时间结构，让人物与读者从

大地的招魂

191

六道轮回的历史梦魇中跳脱出来，意识到历史的荒诞性与历史叙述的虚构性。

不仅人物"莫言"的叙述是不可靠的，作者也没有在作品中过多突出自己，他的声音没有过于浮出人物、故事之上，而是以沉默的方式隐身其中，与人物的叙述权力平衡，二者戏谑、对话，产生心口差，形成不可靠叙述的反讽效果，这是小说意义增殖的关键之一。因为伟大的作家不应该是他笔下人物的评判者，而应该在审美命令的深处觉察道德命令。有时候作者甚至会主动让渡叙述主权给人物，人物视角便是隐含作者权力分散的一种形式。如最后一章作者伪装中立，让人物"莫言"接过叙述权，以有限视角完成叙述。而叙述者"莫言"也有意自嘲，谨守自己的叙事权力，以不可靠叙述与作者复调、对话，让模糊的叙述立场形成主题的深度。这一切都给文本释义创造了较大的自由空间。

如此看来，作者让"莫言"时不时跳出文本，以真名跃然纸上，不是同读者在文本中建立公开直接的信任关系，而是解构这种关系。莫言小说中的"莫言"实则间离了作者与叙述者的关系，防止他们合谋，形成叙事的霸权。作者莫言、叙述者"莫言"与人物"莫言"三分鼎立、复调对话，叙述权限相互制衡，这实则是莫言质疑叙事主体的权威，谨守叙事权限，对所叙述的世界与叙述行为本身进行反讽与审视，体现了叙事伦理的自觉。这种自觉源于作者对被叙述的大历史与亲身经历的小历史间的悖谬有着清醒的认知。

进而言之，《生死疲劳》中"莫言"的叙述跨层使得小说以凸显叙述过程的元叙述的方式走向结局，这种叙事策略表达了作者的一种叙述立场，即历史 / 叙事的互文性。历史叙事就是将历史的乱麻进行话语的编织，历史真相与叙述都是不可靠的。"莫言"的叙述跨层形成了小说叙述的时空跨越与错置，不断提醒读者历史叙述的虚构性。在小说中，作者莫言、叙述者"莫言"、人物"莫言"的叙述与历史故事是间离、对话的。中国白话小说一直以来处在史传传统的强大压力下。中国古典小说的史学传统在于，"将历史话语运用为道德指导原则，或作为解释不可能存在事物的理论基础"①，以达到似真性。在《生死疲劳》中，作者通过"莫言"的叙述跨层，以柔性的不可靠叙事解构历史话语的因果逻辑与道德刚性，打破封闭凝滞的历史轮回，正所谓史统散而小说兴。相反，西方自亚里士多德始，就认为诗比历史更接近真理。历史只是试图呈现事实，诗则联通必然性与可能性。当然，中国也有类似的思想："文不幻不文，文不极不幻。是知天下极幻之事，乃极真之事；极幻之理，乃极真之理。故言真不如言幻，言佛不如言魔。魔非他，即我也。"②以此观之，《生死疲劳》的叙述可谓亦真亦幻、亦佛亦魔。正所谓遗史蒐逸传奇，传奇者贵幻。莫言说："小说家并不负责再现历史也不可能再现历史。"③诚哉斯言！《生死疲劳》这部小说的力量就在于以不可靠的叙述，呈现半个世纪以来中国乡土社会与民间历史的多面性与可能性，给患历史癖的慕史者一针清醒剂——历史的真相在文字的背面。莫言笔下的"莫言"就是看透皇帝新装、戳穿历史谎言的那个率真小孩、天然之子。

第二节　互文对照：艺术家笔下的艺术家

艺术家往往具有独特的精神世界与敏锐的感觉触须，听从天性直觉，遵循内心法则，是自然、天然之子。那么，作家身为艺术家，又书写艺术家，是否别有一番意味？可以说，作家笔下不同类型的人物形象有如多棱镜，或多或少不同角度地折射出作家的精神面相。相对而言，作家书写艺术家，更像那耳喀索斯临水自照或画家自画像，是俯身小说观照自我，借人物镜像与自我对话、探索、

---

①　王德威：《想象中国的方法：历史·小说·叙事》，生活·读书·新知三联书店 2003 年版，第 304 页。

② 　此语见于袁于令为《李卓吾批西游记》所作题词，孙楷第：《日本东京所见中国小说书目》，卷四，明清部 1932 年版，第 77 页。

③ 　莫言：《用耳朵阅读》，作家出版社 2012 年版，第 33 页。

检视、评析、修正、建构、认同自我的过程。

在莫言的《民间音乐》《檀香刑》《蛙》《酒国》《你的行为让我们恐惧》《与大师约会》等小说中，有一类由民间艺人、剧作家、行为艺术大师组成的艺术家形象。通过文本细读，笔者发现这些艺术家形象往往与其他人物有着互文性的修辞关联，也与作家构成互文性的书写关系。在此，互文指主体间相互指涉、对话、阐释的关系，互文性关联既可能是相似与同一的，也可能指向差异与他性。而在人物形象的营构上，互文性理论祛除作者的书写霸权，人物形象不再单指作者塑造的人物，而是作为主角与作者平等共存，交流对话，二者既各自独立，又互为镜像，形成多声部的叙事格局与混沌深刻的主旨意向。这一节着重以《檀香刑》《蛙》《与大师约会》为例，考察莫言小说中艺术家形象与其他人物的互文修辞，探析莫言与其笔下艺术家形象的互文关联，观照作者"天之子"的身份自觉与艺术认同。

一、刑与戏的逆转：审美救赎的民间艺术情怀

乡土中国的每寸千年厚土都可能滋养出属于这片土地的民间艺人，或冥冥中选定一个生于斯长于斯言于斯的乡土作家。由此，民间艺人与乡土作家往往被赋予土地守望者与文化游吟者的身份。纵观百年乡土叙事，中国乡土作家都秉承着这样的身份，鲁迅写鲁镇未庄，沈从文写湘西边城，萧红写呼兰河畔，赵树理写太行山，孙犁写荷花淀，莫言则自觉将高密东北乡意象化为自成一界又自由无界的民间世界，用激越飞扬的文字奏响高密东北乡的地籁人声。莫言的创作自始至终围绕高密东北乡这一精神圆心，经纬往复地编织着自己的民间世界。实际上，莫言最初的艺术滋养也与中国传统民间艺术分不开，比如他喜爱蒲松龄《聊斋志异》里面的妖灵鬼怪、奇文秘录，并有意识地从中汲取精神养分，从而造就奇谲、浪漫、幻想又厚实、拙朴、接地气的独特文风。而他作家身份的萌芽也可从童年民间说书人、草鞋窨子里原生态的口头创作那儿寻到一点发

生学的根据。莫言年少就爱听故事，也会讲故事，每每听完便在油灯下再创作般转述给母亲、婶娘们听。当初取名莫言取言多必失而少言、不言之意，但莫言者最善言，他无疑具有民间说书人讲故事的天分。这种从乡土民间滋养出来的艺术禀赋，经由现代生命意识的熔铸，便开出了兼具本土性与世界性的文学奇葩。莫言的此种民间艺术情怀，在其笔下的民间艺术与民间艺人身上就有所体现。在他的小说中，不管是《月光斩》中幻化于无形的锻炼之术，还是《红高粱》中亦醉亦癫的酒神精神，抑或《檀香刑》刑戏合一中的猫腔绝唱，民间艺术、民间艺人总散发出酒神式的狂欢或脱器入道的精气神儿，而这无不与莫言深厚的民间艺术情怀，及由此而生的审美救赎理想息息相关。

以《红高粱》中的余占鳌为代表，莫言笔下向来不乏血性、野性的土匪彪汉、侠士英豪。他们或打家劫舍，或仗义杀人，自有一股天不怕地不怕的原始生命力。但在《檀香刑》中，作者却将骇人听闻、惨不忍睹的"檀香刑"的主人公设定为富有浪漫气质的猫腔演员、民间草台戏班班主孙丙。一个"走街串巷混口吃的的臭戏子"被赋予"活要活得铁金刚，死要死得悲且壮"的侠肝义胆，被隆重地推上刑场，成为反抗外族殖民侵略、担当民族大义的民间英雄，这无疑冲击了笔者惯常的审美定式。向来文人艺术家多呈现相对阴性的文化人格，在此作者却赋予孙丙这个民间艺人一股"窝窝囊囊活千年，不如轰轰烈烈活三天"的生命的血性野性，意味何在？而且实际上孙丙的原型是当地一位大字不识的农民，作者为何将这样一位农民创造为一位具有酒神精神的民间艺人，意味又何在？将民间艺人的说唱嵌入小说文本，以形成互文性的叙述张力，这种写法莫言早在1988年的《天堂蒜薹之歌》就尝试了。该小说将叙述者义愤填膺的叙述与民间艺人现身说法式的演唱串联，汹涌澎湃，充满力度。相较而言，《天堂蒜薹之歌》中的民间艺人瞎子张扣主要是结构小说的功能性人物，而在《檀香刑》中，民间艺人孙丙既是功能性的，又是审美性的，其中寄寓了作者对民间艺术深厚的感情，并赋予其审美救赎的理想品格。

先看看孙丙是怎样的一个民间艺人吧。胡须与猫腔，是这位民间艺人独有的身份标识。这个孙丙绝非等闲之辈，他原本就是一位器宇轩昂、眉飞色舞的长须美髯公。小说中他一出场即与高密知县钱丁斗须，飘洒长须中斗的恰是狂放不羁的精气神儿。胡须在此成为一个意象，隐喻一个民间艺人的精气神儿与艺术生命力。正所谓艺高人胆大，孙丙身上纵横捭阖的精气神儿在胡须，也在他足份儿的戏法。一出《常茂哭灵》能把死人唱活，他"一张嘴，一会儿唱生，一会儿唱旦，一会儿哭腔，一会儿笑调，中间还掺上了各种各样的猫叫，把个灵堂唱成了一个生龙活虎的大舞台"。他原本想把猫腔唱成国戏，但是与知县斗须失败，被人薅了胡须，"丢了胡须，就如剪掉了鬃毛和尾巴的烈马，没了威风也减了脾气，横眉竖目的脸，渐渐变得平和圆润"。因为胡须就是他的威风胆子、才气，猫腔的魂儿，丢了胡须就是丢了魂儿。小说如此描述他那被扯掉了的胡须，"在被月光照亮的青石街上，自己的胡须，宛如一撮撮凌乱的水草，委屈地扭动着……"在此，委屈扭动着的胡须，既表达了一个民间艺人丢掉艺术精气神儿的委屈，是否也隐含了艺术家对隐秘的精神阉割的恐惧？须生戏子丢了胡须，自然唱不了戏了。自此，孙丙解散了戏班，"过上了四平八稳的幸福生活。他满面红光，一团和气，俨然一个乡绅"。行文至此，读者看到的只是一个民间艺人丢掉艺术归于民间的平淡结局。但作者笔锋一转，将一个眼见着安居乐业、归于庸常的民间艺人重新推向生活的风口浪尖。当妻儿惨遭德国兵的毒手，孙丙义愤填膺，"哀怨起骚人"，"想到悲处喉咙痒，高唱猫腔谢乡党"，猫腔由当初糊口的手艺一跃而成生命的悲歌。他重新唱起一波三折的戏文，"柳丝在清风中飘拂着，恰似他当年的潇洒胡须"，莫言让民间艺人孙丙复活了。他从白面美髯的须生变身为朱面剑眉的武生，拼上性命与徒弟小山子演出一台猫腔看家大戏——《檀香刑》。在这出戏中，被檀木橛子钉在升天台上的孙丙肚子里有了猫，成了猫腔的一个悲壮的祖宗，一个猫主。至此，莫言用酣畅淋漓的笔墨将一个民间艺人推向精神的圣坛，完成艺术的涅槃。

与飞扬恣肆、充满民间精气神儿的受刑者孙丙互文的，不是太监胜似太监的施刑者刽子手赵甲则是阴冷变态的。在此，阴冷残忍的刽子手变相地自夸为"代表着朝廷的精气神儿"的半人神，其在刑罚上的天分是对中国政治"艺术"与"精髓"的反讽。小说便围绕赵甲的檀香刑与孙丙的猫腔戏两条主线展开。在此，刽子手的刑与民间艺人的戏是暴力之恶与艺术之善的互文。刽子手赵甲历经各类刑法，一路踩着血淋淋的头颅，爬上刽子手中"姥姥"级的最高台阶；猫腔戏演员孙丙则用沙瓤西瓜般的嗓子，将一个不成气候的地方小戏唱成大戏，并迷倒大片东北乡的女人。作者设置了这样一组互文性的人物，并让这两个技艺都修炼到家的人物结成儿女亲家，又在刑台上针锋相对，在刑与戏的互文复调中，完成人性恶的大曝光与生命的大绝唱。在此，檀香刑无疑是一场刽子手与民间艺人联袂主演的人间大戏。刑是灭绝人性的生命屠杀，戏是坚忍顽强的生命赞歌。孙丙神坛上的拳脚枪棍与赵甲刑台上的白刃红刀都被赋予一种严肃又荒诞的表演性与仪式感。在这场人间惨剧中，赵甲可恨，孙丙可敬，但把惨剧当大戏看的看客则更可憎，这场戏既"刺激看客的虚伪的同情心，又能满足看客邪恶的审美心"。从鲁迅笔下阿Q临刑前撕咬他灵魂的看客的目光，到老舍笔下末路鬼祥子围观激进青年被杀的冷漠，中国的看客有一套纯熟的视酷刑为大戏的审美转换心理。在此，莫言可谓延续了鲁迅批判国民性的传统。不同的是，此次被围观的不是混沌自欺、奴性迎合围观者的阿Q，而是一位才情觉醒、勇将刑场变戏台的民间艺人，这背后是否折射了作者与孙丙惺惺相惜，又审视悲悯的互文关联？

　　细加辨析，我们不难感受到孙丙身上潜隐着作者民间艺人与现代知识分子的双重叙述视角，这从他塑造孙丙时矛盾游移的价值立场上可以看出。小说中作者叙述民间艺人孙丙与叙述义和拳首领孙丙时的文风态度是不一样的。当孙丙作为民间艺人出现时，作者的文笔与孙丙的猫腔一起灵动共舞，这位草台戏班班主自有一股飞扬飘逸的精神领袖的风范。在这场刑与戏的互文中，孙丙的猫腔无疑是灵魂,正如莫言所说:"我在这部小说里写的其实是声音。"①整部小说似一多声部的交响乐,赵甲的狂言与道白,眉娘的浪语与诉说,小甲的傻话与放歌,钱丁的恨声与绝唱,都围绕着孙丙的猫腔起承转合,最终在檀香刑刑场的悲音中走向高潮,后者是众声喧哗中的最强音。猫腔具有起承转合的情节推动作用,以及酒神化的美学升华与逆转功能。虽然孙丙的起义最终没能成功,高密东北乡最后一个猫腔戏班也在德国枪弹下全军覆没,但那刑台上义猫率领的慷慨悲歌可谓惊天地、泣鬼神的生死狂欢。在这场刑与戏的互文、暴力之恶与艺术之善的较量中,民间艺人与艺术以气贯山河的酒神精神,冲破极权与极刑加诸肉身的痛苦,反弱为强,成为宣泄民众愤怒的出口与感化人心的利器。结尾行刑者变成戏耍者,唱戏者反转为逼视人性的审判者。刑场上残酷的杀戮变成艺术的狂欢,民间艺人孙丙终借猫腔道成肉身!檀香刑是肉身的凌迟,猫腔则是灵魂的涅槃,孙丙唱了半辈子别人的戏,最后自己进了自己的戏,脱器入道又器道合一,把自己唱成了戏。生死架上的荣辱就是最后成就他的大戏。向来,在莫言的艺术世界里,惨烈的痛苦与强烈的欲望二位一体,如弓与箭,痛苦之弓拉得越紧,欲望之箭射得越远。加之敏锐的感应,作家往往运用酒神式的艺术丹药阻止痛苦坠为绝望,反而以此激起生命的欲望,并将之提升至审美之境。在生死大限前,民间艺人孙丙"痛极生乐,发自肺腑的欢喊夺走哀音;乐极而惶恐惊呼,为悠悠千古之恨悲鸣"②。在他身上,"悲剧不但没有因为痛苦和毁灭而否定生命,相反为了肯定生命而肯定痛苦和毁灭,把人生连同其缺陷都神化了,所以称得上是对人生的'更高的神化',造就了'生存的一种更高的可能性'",是"肯定生命的最高艺术"。③整部小说中,莫言不仅以猫腔结构小说,还赋予猫腔

---

① 莫言:《檀香刑》,作家出版社 2001 年版,第 513 页。

② (德)弗里德里希·尼采:《悲剧的诞生》,周国平译,译林出版社 2014 年版,第 27—28 页。

③ (德)弗里德里希·尼采:《悲剧的诞生》,周国平译,译林出版社 2014 年版,第 17 页。

审美救赎的重担，借之将孙丙推向精神圣坛，赋予民间艺术与民间艺人狂欢飞扬的精气神儿，谁能说这不是作者土生土长的民间情怀使然，或民间艺人般汪洋恣肆的酒神精神的释放？！抑或孙丙就是作者希图艺术拯救人生的理想投射。但另一方面，当孙丙作为率众抗德的大首领出现时，我们看到的是义和神坛上一个着破烂戏装、执枣木棍、骑着老马，不文不武、不伦不类的跳梁小丑般的愚昧的农民。在此，作者对孙丙的态度已然从民间艺人的酒神颂扬转向现代知识分子他者化的启蒙批判。作者对孙丙民间艺人般的惺惺相惜与知识分子的批判悲悯，使得这个形象艺术化又漫画化，有时貌似一个"有才分，有胆量，敢做敢当"的英勇汉子，有时是一个有才有情，但不切实际、虚幻空想的民间艺人，有时却是愚昧、莽撞、幼稚的农民。这让读者对孙丙的情感无所适从！或者，莫言就是要塑造一个让读者无所适从的人物？

　　无所适从背后不难看出莫言矛盾的民间情怀。一方面，在民间艺人与现代知识分子的身份认同上，莫言更倾向前者，并赋予民间艺人以审美救赎的重担。他素来以农民自居，坚守民间立场，书写乡土社会，恰是这种真诚、朴实、坚定的民间本土立场让他的作品具有了世界性。他也曾多次提到与现代都市的隔膜，以及对所谓知识分子文人腔调的拒斥。作者这种亲近乡土民间，审视都市文明的情感立场，早在八十年代初期的《民间音乐》中就有体现。小说中的小瞎子眼睛瞎了，但他有着精妙的艺术感觉，他透明颤动的耳朵便是其生命的感官与精神的触须。他的音乐能使小镇上"人们欣赏畸形与缺陷的邪恶感情已经不知不觉地被净化了"。但是，随着小镇现代化进程——"八隆公路的延伸"，小瞎子的古典民间音乐渐渐成了小镇生意人争相抢夺的生意招牌。于是，小瞎子默默离开了。结尾作者刻意安排筑路工人齐吼小瞎子的民间音乐，那"声音已仿佛不是出自铺路工之口，而是来自无比深厚凝重的莽莽大地"。无疑，结尾处乡土与现代文明的对比太明显，理念性太强，从中可见八十年代的莫言就警醒于现代化进程中可能付出的艺术、人性与情感的代价，并给予民间艺术以审美救赎的期望。这种期望在后来

大地的招魂

的《檀香刑》《蛙》等作品中都反复出现。颇有意味的是，小说中的小瞎子自始至终没有多少言语，读者不难触摸到小瞎子沉默寡言背后精神上的孤独与饥饿，而这未尝没有作者民间艺人般孤独情怀的自照？莫言也曾自述写作的动机是饥饿与孤独。因为饥饿，他笔下透明的红萝卜才会散发着充满想象的奇特的光芒；因为孤独，他笔下的爱情才如野地的红高粱般自由飞扬。因为饥饿孤独，莫言最终以一个乡土讲故事人的身份走上了诺贝尔文学奖台。守住初心，方得始终，其实莫言早在小瞎子身上就寄予着最初又最终的民间艺术情怀。

但是另一方面，莫言又不可能完全以地道的农民身份进行写作。他出身农民，长于乡土，既是地地道道的农民，以民间艺人的情怀怀乡、还乡，但又以现代启蒙者的身份怨乡，逃离、审视、批判、超越乡土。文本之外，莫言曾决绝地表达自己对高密东北乡的厌恶："他耗干了祖先的血汗，也正在消耗我的生命"，"假如有一天我能离开这块土地，我绝不会再回来"。高密东北乡是他的精神家园，但绝不是世外桃源。这里有升天堂的大飞扬，也有下地狱的大悲恸。莫言的乡土意识与民间情怀无疑是真实而矛盾的，正如他惯用的二元并置的情感语法："我曾经对高密东北乡极端热爱，曾经对高密东北乡极端仇恨……高密东北乡无疑是地球上最美丽最丑陋、最超脱最世俗、最圣洁最龌龊、最英雄好汉最王八蛋、最能喝酒最能爱的地方。"这矛盾背后有"自居为乡下人的知识分子的文化优越感，与在泥土中挣命的真正乡下人的文化自卑心理"①的对比交织。若说在《檀香刑》里这种矛盾表现为对孙丙叙事立场的犹疑，那在《蛙》中则通过民间艺人郝大手的飘逸超然与农民作家蝌蚪的矛盾纠结对比出来。而恰是这矛盾更真实地映照出百年城乡社会结构的变迁在现代乡土作家内心的投影。或者说这矛盾背后是莫言写什么、怎么写与为什么写的矛盾，前者作者固然可以坚持作为老百姓而写作，后者则难免带上知识分子的批判审视色彩。试想莫

① 赵园:《地之子》，北京大学出版社 2007 年版，第 9 页。

言若真要一味认同老百姓的价值，他何须奋力离开农村？若说在莫言笔下民间艺人生于农村，长于民间，游吟乡土，最终难离厚土，民间艺术是照亮灰暗凄凉土地的一束审美救赎的亮光，那莫言自己便是从中走出来的带着精神暗影的一束亮光。他借助这道亮光实现艺术的启蒙，并最终通过创作实现由乡而城的身份转变，农民命运的转折，以及精神的扶摇直上。也可以说，莫言自铸审美救赎的亮光，试图用激越神奇的想象与文字穿越沉重苦难的厚土，照亮乡土，更点亮自己。只是，救赎之路真的如此通达？

二、罪与赎的对照：作家自救的焦虑

若说猫腔艺人孙丙与刽子手赵甲是人性善与恶、艺术之善与暴力之恶的互文，那《蛙》中的妇产科医生姑姑万心与民间泥塑艺人郝大手则构成罪与赎的互文性修辞。与此同时，故事叙述者、剧作家蝌蚪，也就是姑姑的侄子万小跑，在观照姑姑罪与赎的精神深渊的过程中，反照出自身农民作家的矛盾、纠结、不彻底的灵魂世界。而这不彻底何尝不是莫言的反观自照？由此，文本内外存在这样几组互文性的人物关系：一、姑姑与民间手工艺大师郝大手；二、姑姑与叙述姑姑故事的剧作家蝌蚪；三、民间泥塑艺人郝大手与剧作家蝌蚪；四、作者与剧作家蝌蚪。其中，民间泥塑艺人郝大手与剧作家蝌蚪可归入艺术家形象系列，二者以互文的方式显现了作者审美救赎的民间艺术情怀，以及农民作家精神自救的焦虑。

罪与赎，可谓《蛙》的主题，前者主要通过姑姑这一形象承担，后者则借助郝大手的泥人完成。多年来，姑姑的罪感背后隐含着一种价值的悖论：控制人口的节育工作，从人类对自身理性约束与社会可持续发展上讲是合理的，但从生命本位的价值立场上看却是不合情的。这种合理却不合情的境遇成为多年来纠缠姑姑灵魂的心魔，宏大历史之罪落实到个体身上，无疑是不可承受之重。救赎似乎难以完成，但作者心怀悲悯，最终让姑姑在郝大手的泥人中安放罪感不安的灵魂。与《檀香刑》中的猫腔班主孙丙一样，小说中

大
地
的
招
魂

民间泥塑艺人郝大手一出场便被赋予一种超越俗常的精神气质，他"有一张通红的大脸，花白的头发，脑后梳着小辫，络腮胡须也是花白的"。他靠泥塑吃饭，但只捏泥娃娃。卖泥娃娃时眼里含着泪，就像卖自己的孩子。卖泥娃娃他从不跟你讲价，你不给他钱他也不会跟你要。这无疑是一个透着精神灵光的人物，正如在他手下死面疙瘩般的泥巴会因其精神之光的贯注而脱胎为活生生的泥娃娃。若说姑姑是个实体人物，那郝大手则是近乎精神性的存在。郝大手与姑姑的结合更像是作者有意安排的一种罪与赎的精神嫁接。正如他们婚后一个描述一个捏，郝大手将姑姑经手的流产胎儿全然复活。某种意义上，那上千个不同形态的泥娃娃，是姑姑借郝大手之手为流产的胎儿塑身，也为自己赎罪，脱胎换骨，从而寄寓作者基于生命本位的救赎意识、悲悯情怀与人道精神。同样因艺术获得救赎的还有对姑姑痴恋成病的秦河。他在姑姑嫁给郝大手后，蚌病成珠般将痛苦转化为艺术，蜕变为一个卓越的民间艺术家，仿佛从泥巴里跳出一个赤子。在此，同《檀香刑》中孙丙的猫腔一样，莫言笔下的民间艺人与艺术又一次被赋予审美救赎的神圣职责，而这未尝不是作者本人植根于土地的民间艺术情怀与审美救赎理想的反复折射。只是在莫言笔下，民间艺人对他人成功的审美救赎与农民作家自救的焦虑形成对比。

与民间艺术大师郝大手精神化的存在相对，生长于农村又走出农村的剧作家蝌蚪则在向日本作家杉谷义人讲述姑姑故事的过程中，经历了一次矛盾纠结的精神还乡与赎罪之旅。若说泥人大师让姑姑借助泥人获得灵魂的救赎，那剧作家蝌蚪能从赎罪式的创作中获得解脱吗？在此，作为计划生育执行者的姑姑与响应者的剧作家蝌蚪也是互文的。蝌蚪作为从农村走出去的知识分子，为了自己的前途，积极配合计划生育工作，要求偷怀二胎的妻子流产，但也由此失去了妻与子，为此多年来他陷入罪感的深渊难以自拔："王仁美和她腹中孩子之死，尽管我可以用种种理由为自己开脱"，但终究"我是唯一的罪魁祸首"。为了赎罪，年近花甲的"我"又借助人工代孕重得一子。新生命的到来似乎使这个内心虚弱的知识分子获得一次救赎的机会，但面对每个不可替代的生命，"我把陈眉所生的孩子想象为那个夭折婴儿的投胎转世，不过是自我安慰"。而且新生命还使代孕母亲陈眉陷入痛苦的深渊，这不又添一重新罪？

　　面对这种罪感和悖论，若说民间工艺大师能以其贯注着灵气与灵魂的泥人，使姑姑从罪感中获得灵魂的慰藉，而他自己在工作中也如一匹梦境中的老马般心驰神往、迷狂迷醉，那么类似人类灵魂勘探者的作家蝌蚪却在观照叙述姑姑故事的过程中，更深地照见灵魂的深渊，却不能轻易地将自己从罪感境遇中剥离，借助作家所谓的言说霸权，占据道德与精神的高地，进而获得灵魂的救赎。向来，作家力图借作品给予社会与他人以价值的关怀，但作家本人能否从中获得自我救赎呢？对此，作者借小说中剧作家蝌蚪与杉谷先生的对话表达了自我救赎的焦虑。一方面，他一度认为一种自我解剖、精神标本式的写作，能实现作家精神的自救，"既然写作能赎罪，那我就不断地写下去。既然真诚的写作才能赎罪，那我在写作时一定保持真诚"，"要把自己放在解剖台上，放在聚光镜下"。另一方面，当视写作为一种救赎方式的作家完成剧本之后，却发现"心中的罪感非但没有减弱，反而变得更加沉重"。诚然，一切疗救与自救莫不指向意义的自洽与价值的归属。但是给人力量的价值与意义是否反过来成为异化人的怪力乱神？作家有时不就是躺在地狱里吃上帝给糖果的那个人吗？虽然对作家而言，若抛开文以载道或灵魂工程师类道理不谈，从个人角度讲，他们有时就是通过写作找到精神安宁与自救的一种方式。但因为作家相较常人对痛苦与罪恶往往有更敏锐的感受力，也有更强的意志力，二者在写作过程中对抗博弈，会产生更强烈的内心冲突，力量绞杀中或有最耀眼的升华，或坠入更深的深渊。因此完成剧本的作家蝌蚪因直面淋漓的鲜血，而陷入更深的疑惑："沾到手上的血，是不是永远也洗不净呢？被罪恶纠缠的灵魂，是不是永远也不得到解脱呢？"正如别林斯基所说："一个诗人，是一种敏感的人，易受刺激的永久积极活跃的人，他比别人承受更多的苦难，享受更多的欢乐，爱得更火热，恨得更强烈；总之，富有更深刻的感受，单凭他的机体构造来说，诗人就随便比什么人更容易陷入极端，他一方面比所有的人扶摇直上，另一方面比所有的人都彻底地沉没到生活中的泥潭里去。"①不仅诗人，作家何尝不是如此？作者正是通过蝌蚪这一内心纠结的人物形象，表达了一个作家基于人性原罪的忏悔意识，以及灵魂自救的焦虑。

在此，蝌蚪自救的焦虑所在也是莫言创作的困惑所指，折射了作者思想的冲突与绞杀。而蝌蚪身为作家由观照而自照的反省意识，以及通过写作自我救赎的焦虑，也折射出作者一贯坚持的多元、不确定性的叙述立场。莫言坚持"作为老百姓的写作"，把自己放在与人物同等的位置，主动剔除作家的道德审判、话语霸权与价值自信，甚至认为有的时候作家真的要装装糊涂，因为任何自以为是的是非评判都要时间最后的沉淀检视。他甚至自谦："我的文字乱七八糟，我的情感、思维也从来没有清晰过。"②某种意义上，焦虑恰是一个丰富复杂深刻的作家所应具备的精神品质。

除了《蛙》，《酒国》中也有一位作家。不同于蝌蚪观照自照中的悖论情境，《酒国》中的作家莫言在与文学青年、造酒博士李一斗关于文学创作的通信中，逐渐发生价值的位移，最后步特级侦察员丁钩儿的后尘，也来到声色犬马的酒国，沉溺堕落于酒色之中。在此，莫言祛除作者的书写霸权，说到底，不管是《蛙》中作家蝌蚪的自救焦虑，还是《酒国》中作家莫言的自甘堕落，无不折射了作者身份认同的焦虑，以及解构式建构的努力。

三、解构与被解构的缠绕：艺术超越的诉求

其实，蝌蚪触及的作家自救问题，泛化开来也关乎艺术疗救

---

① （俄）维·格·别林斯基：《别林斯基选集》（第 2 卷），满涛译，上海译文出版社 1980 年版，第 265 页。

② 莫言、罗强烈：《感觉和创造性想象——关于中篇小说〈红高粱〉的通信》，孔范今、施战军：《莫言研究资料》，山东文艺出版社 2006 年版，第 20 页。

艺术家的可能。它既关涉艺术家的精神自救与出路，还涉及艺术家的主体自觉与自由，也即艺术家如何在艺术中实现超越性的精神生成，并最终抵达审美自由之境。而艺术超越的可能，无疑是艺术家身份自我认同与救赎的关键所在。

吉登斯认为，自我认同过程是一个动态、反思、解释性的连续体，它依据个体所经历的反思性的自我解构与建构。对当代作家而言，如何在动态、反思、解释性的身份认同过程中获得自我的确定性与整一性，这既与当代的文化生态、审美变迁相关联，更关涉作家自身的价值取向、精神高度，以及形式更新、创化的能力。对此，莫言一直保持着高度的敏感与自觉，并不断在自我解构中建构、更新、生长。早在《民间音乐》中，莫言就曾借拉琴的小瞎子道出自我激励之语，"老是这几个曲子……我的脑子空空了，我需要补充，我要去搜集新的东西……"这流露出莫言很早就有的一种探寻艺术超越的精神诉求。实际上，此种探寻与诉求是贯穿始终的，从早期的拘于外在审美惯例的模式化写作，到《透明的红萝卜》开始的感觉方式的内在化、个性化转变；从有意识地逃离福克纳、马尔克斯两座高炉，到《生死疲劳》等自铸形式自足体，莫言表现出了一个厚重的作家价值认同的连续性与自我超越的可持续性。

当然，对莫言来说，"创作上的追求是很痛苦的。创作实际上就是一个不断发现自我的过程"[1]。这种寻求艺术超越的痛苦焦灼在他笔下的行为艺术家身上也以解构的方式有所呈现。莫言曾写了一个中篇小说《你的行为让我们恐惧》。关于这篇小说，学界关注不多，学者张志忠从莫言的创作心理与创新焦虑的角度，作了独到的阐析。他认为，那个带着童年的乡间记忆和乡村音乐的旋律登上歌坛的歌手吕乐之，在被人们的唯新是趋逼得走投无路之际，为了再度出奇制胜，回乡自阉，改变音色，以创造世界上从未有过的"新唱法"与"抚摸灵魂的音乐"，此种惨厉、有悖常情常理的

大地的招魂

---

① 莫言、罗强烈：《感觉和创造性想象——关于中篇小说〈红高粱〉的通信》，孔范今、施战军：《莫言研究资料》，山东文艺出版社2006年版，第16页。

想象体现了作家无意识中流露出来的创作心理上的惶惑、焦躁和烦扰。诚然，艺术的超越性植根于纯粹审美形式的自律、自由，更新、创化。作者正是通过解构吕乐之这种极端的创新怪招，来解构当时的一味求新的文化语境，于解构中化解自身创作的焦虑，表达对真正的艺术创新与超越的祈求，从而确认自己的身份归属。超越的逻辑是批判，无独有偶，莫言还有一部解构艺术大师的小说《与大师约会》。

《与大师约会》创作于1999年，那时的莫言未尝预料到十三年后自己将获得诺贝尔文学奖。小说讲述的是行为艺术家金十两与妻子合作表演性爱行为艺术，由此他暴得大名，获得大师称号。颇具意味的是，大师在近乎真人秀的行为艺术中实现变态的表演欲，而观众则在大师的作品中释放隐秘的偷窥欲。这是大师与观众间以艺术的名义进行的一场粗鄙的欲望交换。与大师相映照，小说中还有另一位自认为被埋没的长发大师。长发大师攻击性爱大师抄袭自己的诗作，性爱大师则反攻长发大师所念之诗为自己早年习作。小说结尾是开放式的，性爱大师向长发大师泼去一杯浑浊的酒液，"浑浊的酒液，沿着桃木橛的脸，像尿液沿着公共厕所的小便池的墙壁往下流淌一样，往下流淌，往下流淌……"小说就此打住。在此，留给读者的问题不在于评判两位大师谁是谁非。实际上，两位艺术大师如两面相向而立的镜子，互为镜像，形影一体。二人于解构与被解构的缠绕中，构成互文性的关系。问题的关键在于，一向坚守民间立场、操持民间话语的作者莫言，为何逸出他的精神圆心高密东北乡，写出这样一篇勾勒艺术界赤裸名利之争与丑恶嘴脸的小说？

小说名为"与大师约会"，实则揭开大师"瞒和骗"的神秘面纱，露出里面的真相与病相。小说中两位大师互相拆台，互揭老底，相互解构，表达了作者对华而不实、哗众取宠的大师名号的解构，以及对观众盲目趋从大师的崇拜心理的解构。只是，这解构背后是否也隐含着作者自己对外在名号的解构与拒斥，暗含对中国作家百年诺贝尔情结的焦虑，或对此情结的解构式释放？正如有时艺术家借自画像这种形式释放画家心中的另一个恶魔，或释放将自我理想化的欲望。小说中两位丑态毕露的行为艺术家形象无疑是作者理想自我的反面投射。他们是莫言为自己树立的一面镜像，寄寓作者对当代伪艺术大师的嘲弄，以及对艺术堕落的警醒。也许正是作者的解构意向太过强烈、直露，所以这篇小说失了莫言擅长的民间话语中的飞扬灵动，而多了点直露甚至激愤的文人腔。实际上，对于后者，莫言一向是不怎么喜欢的。透过小说直露激愤的解构意向，我们触摸到的仍是莫言一直以来稳定而又持续的自我建构的努力，一种孜孜不倦探寻艺术超越的精神诉求。

　　说到底，作家笔下的艺术家形象有时是他们开掘自我的精神矿脉，探寻自我的手段与路径。作家通过笔下的艺术家形象，不断地观照、改变、扩展、消解自我以更新、提升自我。某种意义上，作家的自我是开放、流动、创化的自我，一个真正的作家注定终生走在自我解构与建构交替的路上。对作家来说，精神的在路上，原本无关乎地域时空，它是生命的本体，正如英国戏剧家萧伯纳所说："我一生一世只是这颗行星上的旅居者，而不是土生土长的人。"[①]不管是精神还乡式的执守乡土，还是"无地"游走式的无岸漂泊，说到底，作家的精神归属与空间地域没有必然的关联。超越，向来是指向内心的。作家寻觅身份的认可，祈求精神的超越，最终注定是一场指向本土与本体、生命与存在、内心与自我的纵深或向上的游走。莫言说自己的精神注定会飘来荡去，这对获奖后的他尤其如此，不是吗？

---

① （爱尔兰）佛兰克·赫里斯:《萧伯纳传》，黄嘉德译，外国文艺出版社 1983 年版，第 53 页。

第三编　百年乡土叙事立场的
衍变与莫言叙事语法的新构

中国百年乡土是一个随时代变迁的动态场域，经历了从传统的威权社会向现代法治社会的转变。正如费孝通所言，乡土中国"从血缘结合转变到地缘结合是社会性质的转变，也是社会史上的一个大转变"，"从欲望（农耕自给自足时代）到需要（工业计划生产时代）是社会变迁中一个很重要的里程碑"。[①]新世纪以来，学界面对乡土社会的变迁，在费孝通"乡土中国"的基础上，提出"后乡土中国""新乡土中国""城乡中国"等概念。"后乡土中国"这一概念提出的意义在于，它在乡土社会经历现代社会转型与变迁之后，概括了其所显现出的新乡土性：首先，封闭稳定的村落共同体已转换为"流动的村庄"；其次，依靠土地以农业为主的生计模式已转换为农业＋副业的兼业模式；此外，乡土文化在与现代性文化的交汇融合中走向分化和多元化。[②]贺雪峰提出"新乡土中国"概念，认为世纪之交前后，中国农村几乎同时在三个层面发生巨变：一是 2006 年国家取消了延续千年的农业税，导致国家与农民关系的巨变；二是在革命运动和市场经济双重冲击下，构成农村内生秩序基础的社会基础结构快速解体，形成了农村基础结构之变；三是一直构成农民意义世界和人生价值基础的传宗接代观念开始丧失，

---

① 费孝通：《乡土中国》（修订本），上海世纪出版集团 2013 年版，第 70、76 页。

② 陆益龙：《后乡土中国》，商务印书馆 2017 年版。

导致农民价值之变。这三变几乎都是千年未有之变，恰好都发生在2000年前后，这就可以在一个更具体的时空下理解新的"乡土中国"。[1]此外，学者陈心想则提出走出乡土的观点等[2]。

　　与乡土社会结构的转变相呼应，百年乡土文学的内涵外延也不断衍变。它经历了"乡土文学"—"农村题材文学"—"乡土文学"的概念衍变，由文化乡土到政治乡土，再到生态乡土；由人性的解放到阶级意识的觉醒，再到生态主义的建构；由对"人"的关注，转向"阶级"（农民）的关注，再到自然人类的关注；由五四及其后的表现农民"人"的苦难与觉醒，到四十年代反映农民"阶级"的翻身解放，再到农民主体性的关注。统观之，中国百年乡土叙事建构了几种乡土类型：落后垢土型、浪漫净土型、政治图解型、自在生态型。不同类型乡土世界的建构取决于作家不同的主体意识与叙事立场。百年乡土作家经历了由思想启蒙者、文化守成者、社会革命者到精神借言者的身份嬗变。身份意识决定叙事立场。百年乡土作家叙事立场的变迁，与知识分子/农民书写关系、城/乡价值结构的衍变分不开。

①　贺雪峰:《新乡土中国·修订版自序》，北京大学出版社2013年版，第Ⅲ—Ⅳ页。
②　陈心想:《走出乡土：对话费孝通〈乡土中国〉》，生活·读书·新知三联书店2017年版。

第七章　知识分子 / 农民书写关系的衍变

　　百年乡土文学史也是知识分子 / 农民书写关系的衍变史。乡土作家的叙事立场决定了作为重要问题的农民如何进入文学现场。

　　从古至今，士民关系，一直是士优于民。正所谓"士之仕，犹农夫之耕也"①，劳心者治人，劳力者治于人。春秋晚期，礼崩乐坏，社会阶层流动，贵族地位下降，庶民地位上升，农民有机会以学术仕进。当然，农民上升为士是千分之一的概率。士虽下降为四民之首，士民界限模糊，但地位仍高于农民。不过，农耕作为士人的文化语言与政治姿态，一直被修身立道的正身之士践行。古代不乏"与民并耕而食"的士人，现代也有与农民同吃同住，以便贴近生活的知识分子。如艾青对农民气质的欣赏，赵树理对农民身份的认同等。相较于以顺为正，行妾妇之道的仰禄之士、无行文人，此类知识分子与农民的距离相对小些。总体而言，知识分子与农民因劳心与劳力的区别，有着难以逾越的价值等级。

　　一直以来，农民作为沉默的大多数、无刀无笔的弱者，因生存条件与文化水平的限制，没有自我言说的能力。自鲁迅开始，知识分子与农民就确立启蒙与被启蒙的书写关系。随着左翼革命文学的出现，知识分子 / 农民变为革命 / 被革命的关系。若说二十年代平民（市民）文学、三十年代大众化、四十年代民族形式等口号的提出，都不断促进知识分子向农民靠近，到六七十年代，知识分子与农民的关系则发生戏剧性的逆转。知识分子由启蒙者、革命者变为被改造者。八十年代，知识分子又重拾启蒙者身份，以农民代言者

---

① 朱熹：《孟子·滕文公》（下），《四书集注》（第三册），岳麓出版社1988年版，第79—80页。

的身份立场书写乡土。农民一直是知识分子思想启蒙、文化守成、社会革命、精神借言的对象。乡土作家明确的目的论导向使得其叙事呈现及物色彩。真正意义上的农民自主书写是新世纪的打工者文学，或农民工文学。农民只有获得自然自在的主体性，叙事才呈现出自我言说的不及物性。

第一节　启蒙到被启蒙

　　近代以来，中国开始了由传统农耕文明向现代工业文明的漫长转型。五四新文化运动是人的现代化的发端，是现代知识分子精神觉醒的一个标志。除了知识分子，钱理群认为，五四人的觉醒与解放还包括妇女、儿童与农民的独立价值的发现与充分肯定。笔者认为，妇女、儿童与农民"人"的意识的觉醒不是自主自发的，而是继知识分子觉醒之后，借知识分子的言说被动完成的。五四知识分子站在启蒙的价值立场试图唤醒乡土社会昏睡的农民。鲁迅曾说："我生长于都市的大家庭里，从小就受着古书和师傅的教训，所以也看得劳苦大众和花鸟一样。有时感到上流社会的虚伪和腐败时，我还羡慕他们的安乐。但我母亲的母家是农村，使我能够间或和许多农民相亲近，逐渐知道他们是毕生受着压迫，很多苦痛，和花鸟并不一样了。"[1]随着知识分子人的意识的觉醒，他眼中的农民也开始作为人存在，和花鸟不一样了。农民的觉醒是知识分子原生觉醒之后的次生觉醒。

　　"乡土中国"是内陆经济、宗法血缘维系下的礼治社会。中国乡村具有较强的内聚力。封闭的乡村导致生命的退化、文化的返祖，如鲁迅笔下的"未庄"、许钦文的"松村"、彭家煌的"谿镇"、许杰的"枫溪"、蹇先艾的"贵州山道""桐村"、王鲁彦的"陈四

---

① 鲁迅:《英译本〈短篇小说选集〉自序》,《集外集拾遗》,人民文学出版社 1973 年版，第 385 页。

桥""林家塘"、王安忆的"小鲍庄"、陈忠实的"白鹿原"等。从"未庄"到"白鹿原",中国乡村一直维持着相对稳定的宗法秩序结构。这种封闭、同化、内噬性的秩序结构将脓疮般的国民劣根性钝化为麻木的老茧。五四启蒙乡土作家笔下"农民的发现"便是通过描摹个体病态典型折射农民群像,以引起疗救者的注意,如麻木者阿Q、沉默者闰土、唠叨者祥林嫂等。以鲁迅笔下的阿Q形象为代表,启蒙主义乡土作家创造了一个具有乡土症候性的人物序列与精神谱系。堪称阿Q嫡系的形象有鲁彦《阿长贼骨头》中的阿长,许钦文《鼻涕阿二》中的阿二,此外还有韩少功《爸爸爸》中的丙崽,贾平凹《古炉》中的狗尿苔,莫言《丰乳肥臀》中的上官金童等。这类乡土病人麻木愚昧,在历史沉疴的黑屋子里昏睡。他们既有排斥异端的"正气",同时还是冷漠看客。五四启蒙乡土文学以鲁迅为代表,通过裸露国民的集体病象,挖掘中国乡土文化深层结构里的精神病根,于瞒和骗的历史大泽中辟人荒,以此重新发现人。

　　五四乡土文学的思想基础是文化社会学层面的人性解放、思想启蒙。新文化运动提出"平民文学""为人生"的启蒙文学思想,以此推动人性的解放。鲁迅提到人的驯化问题,要用文学启蒙萎缩、奴化的国民性。"启蒙"是一个内涵极为丰富的多义词,基本意义是"照亮""启迪"等。这让笔者不由得联想起阿Q。阿Q忌讳未庄人嘲笑他头上的癞疮疤,"讳说'癞'以及一切近于'赖'的音,后来推而广之,'光'也讳,'亮'也讳,再后来连'灯''烛'都讳了"。未庄人见之,便喊"亮了""亮了"。此亮非彼亮。如此麻木混沌之人,如何被照亮,更如何照亮自己?究其质,启蒙是个主客体二分的动词。谁扮演主体,谁扮演客体,实际上是精神力量与话语权力博弈的结果。

　　五四作家一度创造风沙扑面、狼虎成群,坚固而伟大、锋利而切实的"力的文学",如鲁迅的《摩罗诗力说》、郭沫若的《女神》堪称"力的绘画,力的舞蹈,力的音乐,力的诗歌"。他们追求原始生命力的张扬,呼唤雄强蛮性。这一时期,言说时代的主角是知识分子。知识分子笔下的农民则是麻木、沉默的大多数。在乡土叙事发端时，知识分子就先入为主地扮演了启蒙的主体角色，农民没有选择地被启蒙着。以鲁迅为首的五四乡土文学践行启蒙主义叙事立场，这从他的创作自述中可看出："说到'为什么'做小说罢，我仍抱着十多年前的'启蒙主义'，以为必须是'为人生'，而且要改良这人生。""所以我的取材，多采自病态的社会的不幸的人们中，意识是在揭出病苦，引起疗救的注意。"[①]启蒙主义叙事立场使得五四乡土小说带上问题剖析小说的色彩。

　　自上而下的五四启蒙人道主义精神，与左翼革命文学时期政治思想界提倡的劳工神圣不同，这是一场主体缺席的启蒙。鲁迅意在揭出农民的病苦，但麻木如阿 Q 者手持精神胜利法这一万能膏药，不断自我催眠，所以他永远是得意的，并不清醒于自己的病苦。纵观一生麻木的阿 Q，只有两次经历真正让他的精神胜利法失效，有了生命的痛感。第一次是小尼姑骂他"断子绝孙的阿 Q"，他感到了"不孝有三无后为大"的"人生的大哀"。这是基于生物保种本能而生的痛感。但这一次痛感的觉醒很快在调戏吴妈的那场闹剧中被遗忘。秀才的一顿大竹杠与一句"忘八蛋"使他印象格外深，"他那'女……'的思想却也没有了，而且打骂之后，似乎一件事也已经收束，反倒觉得一无挂碍似的，便动手去舂米"。这次遗忘使得阿 Q 由中兴走向末路，直至死路。第二次痛感的觉醒是临刑前的最后一秒。看客们又钝又锋利的目光，使得阿 Q "这刹那中"，记起四年前山脚下遇见的一只饿狼的眼睛，"又凶又怯，闪闪的像两颗鬼火，似乎远远的来穿透了他的皮肉。而这回他又看见从来没有见过的更可怕的眼睛了，又钝又锋利，不但已经咀嚼了他的话，并且还要咀嚼他皮肉以外的东西，永是不远不近的跟他走。这些眼睛们似乎连成一气，已经在那里咬他的灵魂"。最终，鲁迅不忍让阿 Q 麻木到底，而是喊出"救命，……"。当然，阿 Q 喊出"救命"不是因为启蒙而精神觉醒，而是基于生存本能。由此可见，鲁迅最后手

①　鲁迅:《我怎么做起小说来》,《鲁迅全集》(第 4 卷)，人民文学出版社 1981 年版，第 512 页。

大地的招魂

下留情，不忍冷酷到底，让阿Q麻木至死。让麻木如阿Q者临死前突然痛感觉醒，这是鲁迅人道主义悲悯情怀使然。鲁迅借麻木的阿Q画出国民病态的灵魂，希望以此引起疗救的注意。在五四乡土作家笔下，农民只是被言说、被启蒙、被疗救的对象。在五四声势浩大、锣鼓震天的启蒙号角中，他们要么在黑屋子里昏睡，要么张嘴看剥羊般做无谓的看客，要么蘸着革命者的鲜血吃人血馒头，谁启蒙、启蒙谁、为什么启蒙，他们是不关心的。

说到底，知识分子对农民的思想启蒙最终是一场主体缺席的启蒙。知识分子一厢情愿与农民确立的启蒙关系，从一开始就充满了内在的紧张。鲁迅便较早清醒认识到启蒙的无力，这在《祝福》《故乡》《药》等作品中多有体现。如还乡知识分子"我"面对祥林嫂人死后有没有灵魂的疑问，紧张失措，含糊其词，这正是启蒙话语捉襟见肘的紧张时刻。启蒙者俯视看客，感觉到"可悲的厚障壁"，某种程度上是因为"作为肩负启蒙大众使命的一代，鲁迅和五四一代作家大都有强烈的精英意识，对传统的激烈批评态度，使他们对底层和民间文化并没有太多正面关注"[1]。知识分子的精英意识使他们高高在上俯视愚昧的农民，无法真正进入农民的内心，从内心唤起农民的情感共鸣与精神觉醒。于是，面对沉默的闰土或麻木的阿Q，启蒙者的启蒙某种程度上就是自说自话。知识分子写乡土农民，"哀其不幸，怒其不争"，只是给知识分子看，与农民无关。实际上，农民不需要启蒙，生存本能会让他们自寻出路，甚至农民会反过来吸食启蒙者的血。这是启蒙的悖论。对此，从鲁迅的《药》到莫言的《普通话》都有深刻表现。《普通话》便讲述乡村启蒙话语的失效，以及启蒙者被反噬的悲剧。

启蒙的紧张不仅表现为知识分子／农民间可悲的厚障壁，启蒙者自身也遭遇"地之子"身份的内在紧张。现代理性精神与乡土原发情感、批判意识与悲悯情怀、审视立场与同情态度，这些情感的杂糅让"地之子"对"生死场"上病态灵魂的叙事立场变得矛盾模

---

① 　张清华：《莫言与新文学的整体观》，《文学评论》，2017年第1期。

糊。对此，赵园认为，正因"鲁迅并不'属于'乡村的、农民的中国，这才使他有可能汇集过渡、转型期中国诸种矛盾的文化因素，并由此铸成有如大海、大地一般广阔的文化性格"[1]。其实，知识分子也需要一场反躬自省的自我启蒙。启蒙被知识分子喊了一百年，其实最需要启蒙的首先是启蒙者自己，以及对启蒙话语有效性与有限性的反省。对此，鲁迅以其深刻的剖心自食，成为较早的反启蒙的启蒙主义者。这是鲁迅的乡土叙事的超越性与深刻性所在。

当代许多作家承续鲁迅传统，在启蒙中反思启蒙。曹乃谦的《到黑夜想你没办法——温家窑风景》便搁置启蒙话语，于零度叙事中冷静旁观。小说自始至终贯穿着一个痛苦的思想：无可奈何。启蒙话语面对底层的黑屋子般的麻木混沌，是"无可奈何"的。"温家窑的人就这样被自己的观念钉实、封死在这一片苦寒的小小天地里，封了几千年，无法冲破，也不想冲破。"[2]因为他们觉得这样的生活很好，他们不觉得这样的生活是可悲的。作者以冷静、节制、留白的语言对这样荒谬的生活作平平常常的叙述。他对这样的生活既未作奇观式的展览，也没有轻浮的调侃，更没有粉饰遮丑，只是恰如其分地、如实地叙述。"而如实地叙述中却抑制着悲痛。这种悲痛来自对这样的生活、这里的人的严重的关切。我想这是这部作品的深层内涵，也是作品所以动人之处。"[3]诚然，小说震慑人心的力量在于，作者以电影镜头语言与方言土语的叙述方式呈现这个原生态的乡土世界。他祛除知识分子的启蒙视角，以零度叙事的方式悬置价值立场。这是个没有外来者视角闯入的混沌封闭的乡土社会。当然，完全的零度叙事是不可能的。小说题目以正副标题的结构形式隐藏着作者局外人的旁观视角。说到底，正是因为局外人的旁观与叙述，温家窑才成为"风景"。作者越冷眼旁观、冷静叙述，

①　赵园：《地之子》，北京大学出版社 2007 年版，第 11 页。
②　汪曾祺：《代跋 读〈到黑夜想你没办法〉》，曹乃谦：《到黑夜想你没办法——温家窑风景》，长江文艺出版社 2017 年版，第 190 页。
③　汪曾祺：《代跋 读〈到黑夜想你没办法〉》，曹乃谦：《到黑夜想你没办法——温家窑风景》，长江文艺出版社 2017 年版，第 191 页。

越反衬其深沉的悲痛与关切。当然，隐含作者也只是悲痛与关切，而不是化身叙述者进入其中，渗入启蒙主义的声音。这是作者的高明之处。

新世纪以来，乡土叙事启蒙立场发生新变，较五四时期的俯视，多了一些平视。对此，有论者认为，"新世纪乡土文学接续了现代启蒙主义文学中剖析、批判'国民性'的传统，对农民在日常生活中表现的种种劣根性以及在政治生活中的目光短浅、无所作为，进行了揭露和批判"，"知识分子立场与平民的姿态，使他们在对乡村批判的同时，又多了一些感慨与同情"。①也有论者认为，"在新世纪'后寻根'的乡土书写中，现代知识者远离了启蒙姿态，以'平视'的目光观看乡土，叙事从'我'眼中的世界向'我们'生活的世界转换"②。

纵观二十世纪，知识分子曾有几次大规模走入乡村的运动，以此启蒙、改造乡村。北京大学教授钱理群曾总结：五四运动先驱们的"新村运动"是第一代，三十年代共产党人的"土地改革"与梁漱溟、晏阳初的"乡村建设运动"是第二代，四十年代延安的知识分子与工农兵相结合的下乡运动是第三代，五六十年代"到农村去、到祖国最需要的地方去"是第四代，"文革"时期知识青年上山下乡是第五代。如二三十年代的知识分子除了在文化层面推行启蒙思想，在社会经济层面也践行它。三十年代以晏阳初、梁漱溟为代表的知识分子大力推行"乡村建设运动"。晏阳初认为，中国农村的基本问题可以用"愚、贫、弱、私"四个字来概括，因此需要进行四大教育：文艺教育、生计教育、卫生教育、公民教育。四个字和四种教育体现了知识分子先入为主的精英意识与救世济民的道德优势。细加辨析，可以看出从西方移植到中国的现代启蒙理性，与传统文人救世济民、匡扶正义的道德情怀一起推动二十世纪以来的中

① 李志孝：《启蒙视角下的新世纪乡土文学》，《当代文坛》，2013年第2期。

② 吴雪丽：《后寻根——新世纪乡土书写的叙事伦理》，《当代文坛》，2014年第5期。

莫言与当代中国文学创新经验研究

国知识分子持续关注、建设中国乡村。当然，这场理想化的乡村建设运动最终收效甚微。百年知识分子的乡村建设运动并没有改变中国农村的政治、经济、文化落后与贫穷的状况。面对乡村，知识分子能做什么？是切实地为农民这一弱势群体建构更合理、多元、公正的生存秩序奔走呼号，还是借助知识的话语力量与能量，尽可能真实地呈现底层农村的现状？这是惯于空喊启蒙口号的知识分子需要被启蒙的地方。说到底，启蒙不是点亮一盏灯的完成式动词，而是一个随着现代化进程不断刷新的永恒的、未完成的动作，是一种具有怀疑精神与批判意识的智慧。

第二节　文化守成，还是审美旁观？

　　工业技术革命导致农耕生产方式的溃败，都市兴起，乡村没落，泛乡土社会日渐形成。乡土作家在逃离故土、流寓都市后，或以审视的眼光批判乡土社会的沉疴陋习，或以怀旧的姿态摹写乡土世界的风景、风俗、风情，甚至以外来观光客的视角探寻野闻秘史，表达对自然乡野的向往之情。由此，乡土世界在作家笔下分化为两大审美范型。一类是以鲁迅为代表的垢土型乡土世界。作家以理性写实的心态，审视、否定、批判乡土世界的旧风陋习；至赵树理，风俗、风情被政治化、社会问题化。一类是以周作人、废名、沈从文、萧红、汪曾祺、张炜、迟子建为代表的净土型乡土世界。出于对失落了"根"的古老忧惧，诗性田园派乡土作家以回望怀旧、文化守成的姿态对抗现代工业化进程。作家以诗化的想象描摹风情风俗画。如萧红的乡土小说被茅盾誉为一篇叙事诗、一片多彩的画、一串凄婉的歌谣。后继者如荷花淀派孙犁笔下的水乡牧歌，汪曾祺的风俗抒情诗。若说赵树理是走进农村，满眼世俗烟火里的家务琐事，那孙犁则是坐在船上看风景，满眼田园水乡的农家乐。

　　若说思想启蒙派乡土叙事呼应现代化进程，以客观写实的立场审视乡村社会的痼疾，以引起疗救的注意，那诗性田园派乡土叙事，则以写意想象的态度旁观乡土，建构田园乌托邦，对抗工业化进程。诗性田园派乡土叙事是与启蒙乡土叙事相对的一股清流，与古典山水田园诗传统有一定渊源。他们的"乡村描写中更多的是知识分子、士大夫趣味，见出明晰的传统渊源"，但"与真正田夫野老的经验相去不知几何"。当然，他们"对于城市文明的极端排斥中，有对于失落了'根'的忧虑（亦是一种古老的忧惧）——倒确也并非庸人自扰"。①

学者丁帆曾以三画四彩来概括乡土小说的艺术特色。三画指风景画、风俗画、风情画；四彩指自然色彩、神秘色彩、流寓色彩、悲情色彩。②与都市社会的城市地标相对照，自然风景、民俗风情是乡土世界的指征。不管是以鲁迅为发端的垢土派乡土，还是以周作人、废名、沈从文为代表的净土派乡土，他们对风景、风俗、风情的书写是一致的。不同的是，鲁迅笔下的风景风俗风情是裹藏、滋生农民劣根性的土壤、背景，如《祝福》中祭祀风俗是杀死祥林嫂的无声的利器。京派乡土作家笔下的风景风俗风情则带有诗性怀旧的美学韵味。

诚然，文化守成主义的乡土作家对地域风情的渲染铺陈，不仅是"三里不同风，五里不同俗"的呈现，而且隐含着一种美学抗争——工业化的进程将乡村原生态的田园风光格式化，进而以复制的方式建构人造景观。随之而来的商业消费主义则将人际关系功利化和实用化。由此特定地域乡土风情的呈现，则被赋予"地方志""民俗史"的意味，具有抗拒全球化的吞噬、保存民族和地域个性的生态学和文化学意义。当"大地崇拜以及农业文明可能被更大范围地援引为现代性的解毒剂，那么文学眷恋乡村的意义开始越出美学范畴而产生更为广泛的意识形态功能"③。

诗性田园派乡土作家以抒情诗人的眼光将农民审美对象化，与风景、风俗、风情一并成为自然山水田园画轴里的背景。画里真正

---

① 赵园：《地之子·自序》，北京大学出版社 2007 年版，第 11 页。
② 丁帆等：《中国乡土小说史》，北京大学出版社 2007 年版，第 104 页。
③ 南帆：《启蒙与大地崇拜：文学的乡村》，《文学评论》，2005 年第 1 期。

莫言与当代中国文学创新经验研究

的主角是精神漫游其间的抒情诗人。若说鲁迅笔下的启蒙者是反照黑暗乡土社会的逆光，那沈从文笔下的抒情诗人则是净化乡土田园的过滤器。诗性田园派乡土叙事屏蔽乡土的现实苦难，转而深挖其根部的原始生命力，或想象超时代的人性神庙。沈从文说："我是个乡下人。走到任何一处照例都带了一把尺，一把秤，和普通社会总是不合。一切来到我命运中的事事物物，我有我自己的尺寸和分量，来证实生命的价值和意义。我用不着你们名叫'社会'代为制定的那个东西。我讨厌一般标准。尤其是什么思想家为扭曲蠹蚀人性而定下的乡愿蠢事。"①以沈从文为代表，诗性田园派乡土作家通过审美旁观，将乡土世界想象成一个诗意、美好的田园乌托邦，有意剔除现实的黑暗、苦难、痛苦、悲剧。他坚持"一个聪明的作家写人类的痛苦是用微笑来表现的"②，认为"不管是故乡还是人生，一切都应当美一些！丑的东西虽不全是罪恶，总不能使人愉快，也无令人由痛苦见出生命的庄严，产生那个高尚情操"③。对知识分子而言，沈从文边城式的净化提纯可能是一种文化守成；但对农民而言，这未尝不是观光客冷漠的审美旁观。细加辨析，沈从文在一笔一笔建构"边城"的同时，又一笔一笔地拆解它，他的叙事立场是自相矛盾的。

《边城》讲述翠翠、大佬、二佬等山村小儿女的爱情故事，但小说用大量笔墨渲染山水水墨画般的湘西边城远景与民俗风情画般的山村近景，人物也成为风景、风俗、风情画轴下的重要一景。小说开篇便轻描淡写，一笔一线、云淡烟清地勾勒了一幅田园净土图："有一条小溪，溪边有座白色的小塔，塔下住了一户单独的人家。这人家只有一个老人，一个女孩子，一只黄狗。""水中游鱼来

① 沈从文：《水云——我怎么创造故事，故事怎么创造我》，《沈从文文集》（第 10 卷），花城出版社 1984 年版，第 266 页。
② 沈从文：《废邮存底·给一个写诗的》，《沈从文文集》（第 11 卷），花城出版社 1984 年版，第 303 页。
③ 沈从文：《〈看虹摘星录〉后记》，《沈从文文集》（第 11 卷），花城出版社 1984 年版，第 48 页。

去，全如浮在空气里。""近水人家多在桃杏花里，春天时只需注意，凡有桃花处，必有人家，凡有人家处，必可沽酒。"作者正是用淳朴、纯净的风景、风俗、风情定制了一个画框，在现实之外框住一个自然与人性的乌托邦。随后，沈从文又一笔一画地拆解了这个乌托邦。自然山水下的人物各自顺其自然地活着。一切都尽可能地顺其自然，最终却走向说不清、道不明的悲剧。正是因为人性的善良、单纯、自然、懵懂与被动把人之初般的爱情萌动推向悲剧的宿命。年轻人死去，爱情破碎，白塔倒了，自然纯净的人性乌托邦脆弱得不堪一击。《边城》是借三个田园山水中自然生长的小儿女的悲剧，唱了一出自然、人情、生命的牧歌、哀歌与挽歌。说到底，沈从文还是以边城画外人的身份，以文字为舟楫，作一番游览观光而已。正如作者在文中所言："一个对于诗歌图画稍有兴味的旅客，在这小河中，蜷伏于一只小船上，作三十天的旅行，必不至于感到厌烦。"山民的生命之痛，于观光客而言，则是"处处有奇迹可以发现，自然的大胆处与精巧处，无一地无一时不使人神往倾心"。于是，难言的悲剧也就被稀释成淡淡的哀伤了。

若对沈从文的《边城》作症候式分析，便可发现沈从文的叙事立场是前后游移、自相矛盾的。小说开篇，作者一笔一画精心描摹、勾勒一个民风淳朴、人性善良的世外桃源。桃花源中，作者精心勾勒山野精灵翠翠。作者心造幻影，有意创造一个纯天然、原生态、绿色有机、未经任何都市文明污染的小女孩，或说人性自然自在的样本，以对抗现代化文明对人性的异化、扭曲。但是随着情节的推进，面对大佬、二佬健康、爽朗的求爱，翠翠的天然混沌、懵懂无知、忸怩退缩让读者暗自气闷，又无可奈何。大佬的去世、二佬的离乡，某种程度上就是翠翠的懵懂未开化造成的。虽然在爷爷去世后的一个晚上，杨马兵把事情的来龙去脉一一讲给翠翠听。翠翠哭了一个晚上，她一夜间启蒙了、懂事了。行文至此，翠翠出场时山涧小鹿般的灵性之美，被尘世的命运波折蒙上一层暗淡的灰尘。至此，笔者疑惑，纯粹、自然的人性就一定美好吗？美好的人事因偶然与误会交织成悲剧，三人的爱情悲剧说到底归根于翠翠的一派天真与懵懂无知。自然山水中长大的翠翠懵懂无知，一切言行都发自自然天性。没有情感的启蒙，她的自然天性导致了爱情的悲剧。爷爷死去、白塔倒塌、翠翠痛哭的那个晚上，是翠翠从混沌懵懂中开化、觉醒的时刻。虽然小说中象征人性乌托邦的白塔塌了又重建，但小说自我设问式的、开放的结尾无疑表达了沈从文矛盾游移的叙事立场。在此，问题本身比答案更重要。沈从文以建构的方式解构了千古文人的田园梦。那个人到底会不会回来？就是那个梦到底是不是真的？对此，沈从文是自相矛盾的。

关于沈从文的乡土叙事立场，有论者将他与师陀两相对照，师陀"自况为'带着泥土气息'的'乡下人'。不同于沈从文的充满野蛮之力的'乡下人'，师陀的性格更有一种内敛的倔强，乡下人的外壳里包裹的是沉默与潜在的不合作态度"。沈从文一心想在中国的山水田园间建一座希腊的人性小庙，师陀"恰恰是一边在用笔描绘似乎永远不会褪色的世外桃源，一边在用种种暗色来毁坏这种风景，鲁迅小说中的诸类'恶'的元素，都如毒素一般渗透到乡村的肌体中"。[1]

师承沈从文一脉，最典型的作家还有汪曾祺。被誉为"中国最后一个士大夫"的汪曾祺，出身于开明士大夫世家，受传统文化濡染，有深厚的家学渊源。青年时期，他在西南联大沐欧风美雨，接触自由开放的现代思想。作为一个晚而脆、冷而热的作家，汪曾祺的乡土叙事接续的是周作人、废名、沈从文、萧红一脉。他的乡土小说多写民国时代江苏高邮乡镇的风土人情、故乡纪事、童年记忆，呈现出风俗化、抒情化、散文化的特点。

汪曾祺认为，风俗是一个民族集体创造的生活风情诗。他的乡土小说的主角首先是风景、风俗、风情，然后是风景、风俗、风情中的人。他热衷于书写乡土世界的地域风情、民俗世界。他笔下的乡土世界，风俗即人，人传风俗。人物多于自然田园中超功利地

大地的招魂

---

① 荆伟：《师陀文字中的鲁迅"底色"——试论师陀二十世纪三十年代的创作》，《鲁迅研究月刊》，2018 年第 1 期。

率性生活，呈现出别样的生命形态、人格向度。如《受戒》写明海出家受戒，却用大量笔墨晕染庵赵庄、荸荠庵的神灵之地有人间烟火，佛门弟子又是世俗凡人："明海出家已经四年了。他是十三岁来的。这个地方的地名有点怪，叫庵赵庄。赵，是因为庄上大都姓赵。叫作庄，可是人家住得很分散，这里两三家，那里两三家。"还有小英子家的男耕女织、田园农家乐："这家人口不多，他家当然是姓赵。一共四口人：赵大伯、赵大妈，两个女儿，大英子、小英子。"小说充满民间艺术趣味，活色生香，大俗大雅，如年画似乡曲。作者经常穿插一些民间小调儿，渲染乡土气息，如"姐和小郎打大麦，一转子讲得听不得。听不得就听不得，打完了大麦打小麦"。又如"姐儿生得漂漂的，两只奶子翘翘的，有心上去摸一把，心儿有点跳跳的"。

汪曾祺自称是一个中国式的抒情的人道主义者，追求仁爱、乐天的田园闲适生活。他的乡土叙事具有抒情化的特征，多以怀旧回忆性的调式书写梦幻般、梦境般的旧人旧事、异样异味，通过写自然和谐之美，张扬民族风情生命情调。如《受戒》结尾注明"写四十三年前的一个梦"，小说字里行间充满记忆的温情、对故乡风土人情的深情眷恋，透露往昔记忆的芬芳。小说通篇充满梦幻色彩、梦态抒情。

此外，散文化也是其乡土小说的特色。他说"小说就是跟一个很谈得来的朋友，很亲切地聊一聊你所知道的生活"。读他的乡土小说，你感觉是一岁月老人在沧桑看云，闲话桑麻，语气平淡萧散，像闲话，如聊天。散文化还表现出随笔体、笔记体的特色。他的叙述有博学家典范，上至天文地理，下至鸡毛蒜皮，信笔拈来，没有章法，故事情节不强。叙事简洁平淡，笔法行云流水，行于所当行，止于所当止，如江南小桥人家柔软平和静静地流淌的水，有"水"的灵动、润泽。相较而言，鲁迅笔下的水乡是枯藤老树昏鸦式的晦暗、苦涩。汪曾祺诗性乡土叙事的散文化还表现在叙述者的插入成分比较多，沿岸的树木倒映水中，这是生活的意识流。如《受戒》旁斜逸出大量的生活细节，直至结尾才涉及受戒主题。此外，《受戒》由大块风俗背景相贴，细节连缀成篇。背景如自然景观、生活风俗、习性情趣、生活场域；细节丰满真实如描画——真、细、活、深（切），如煮鸡蛋、唱山歌、喊号子、流星许愿、裤带上打结、采荸荠时淘气调皮的脚印等。《受戒》的散文化消除小说的戏剧化设计，呈现日常生活的自然形态。故事性太强的小说不真实。生活的平淡、日常、无聊是生活最深层的悲剧。如莫泊桑注重情节，欧亨利有欧式结尾，契诃夫则平淡中有大悲。

汪曾祺是一个接续现当代文学传统的文体作家。他的"散文化小说""随笔风小说"，一方面承续四十年代京派作家的传统，消除小说"戏剧化"，使之呈现日常生活的自然形态，四十年代废名、沈从文等批评戏剧化小说对生活进行人为结构，将社会人生波澜化，主张不装假，恢复自然的原状与本色；另一方面，又意味着八十年代以来文学向自身审美功能的回归。汪曾祺诗化风俗乡土小说的意义在于，通过着重写民间生活的充沛元气、健康人性、乡土之人超功利的潇洒与美，映照病态社会和生命的苍白。这种乡土情怀带有很强的文人士大夫的审美眼光，与艾青的《大堰河，我的保姆》所流露出的"奶娘"乳汁养大式的乡土感恩情怀与民粹主义色彩不一样。汪曾祺的乡土小说追求人性自然而然的流露，与自然相亲相爱为化境。这样的价值理想可以映照文明的负面性。汪曾祺的乡土叙事呈现出典型的文人道德理想主义的特征，他所营构的乡土风情世界是对都市文明负面性的反驳，还是逃逸？正如作者结尾所写，"写四十三年前的一个梦"。若说《受戒》是一幅田园行乐图，那最后这一句话则是作者给这幅图镶上的一个现实的框，以提醒自己和读者桃源想象的边界。此外，同时代的寻根文学对风土民俗、陋俗的描写是文化性的，还是文学性的，这也值得商榷。

大体而言，诗性田园派的乡土作家持文化守成的叙事立场。诗性田园派乡土作家的文化守成立场不同于思想启蒙、阶级批判、道德审视的立场，它是中国古代归隐传统与西方审美现代性话语交融滋生的产物。若说思想启蒙派乡土叙事是文化激进主义的文学实践，那诗性田园派乡土叙事则是文化守成主义者超然闲逸地写桃花源里稀松平常的人与事。叙事主体从现实的悲剧中跳脱出来，寻觅原始生命强力与自然健康人性，这背后隐含着超文化的原始野性思维，超阶级的人性观与人类之爱。

文化守成、诗性怀旧立场的乡土叙事是现代工业化进程中的作家向后看，将旧的环境与伦理秩序进行审美化的心理过滤与转化的产物。马歇尔·麦克卢汉认为，若"把人类历史描绘成以技术来拓展人类的能力的那些过程的连续"，那"总的趋势是把旧的环境提升至艺术形式（因而在新的工业环境中自然变成了美学价值和精神价值的容器），'然而这种新的状况却被人们视为堕落、退化'。显然，在任何一个既定的时代，只有某些艺术家才'具有那种与其时代的环境保持直接接触的才干和闯劲……这正是他们看起来似乎超于其时代之前'的原因……更胆怯一些的人则乐于接受先前的环境的价值，把它们当作在自己时代延续下来的现实。我们天生有一种倾向，即只有把新出现的革新（例如自动化）当作一件能够为旧的伦理秩序所接纳的事物才能接受下来"[1]。某种意义上，精神怀旧或文化守成是人类自我保存的一种精神本能。可以说，往前走的思想启蒙与向后看的文化守成是人类的两种精神本能。它是工业化、全球化时代人类精神的两种走向。启蒙/守成与人类的现代化进程结伴而行。启蒙是对现代化进程的呼应，守成是对现代化进程的反拨。启蒙与守成都是现代性话语。对乡土作家而言，"一方面是回溯性、守旧性，如古朴美、淳朴美、童真美、原始美；一方面是创新、先锋性，要求新的审美对象和惊异、新的美感和满足。特别是历史的大转折、大变化时期，作家的这种并含着趋前与反顾的心态和那种两方面相克相生的审美心理更是突出和错综复杂"。"对原始美的推崇可以是对生命力的召唤，也可以是对现代文明的抵触"，"新和旧的决斗、爱和憎的冲突、欣幸和痛苦的交叉、眷恋和决绝的迭代，但都是生命之川中的这一滴或那一滴，承着过去，向着未

莫言与当代中国文学创新经验研究

---

① （美）苏珊·桑塔格:《反对阐释》，程巍译，上海译文出版社2003年版，第346页。

224

来。对趋前与反顾这一心理现象上升到精神现象学的一个高度概括性命题是：我是谁？在哪里？从哪里来？到哪里去？这里蕴藏着关于存在与时间的极为深刻的哲学意义，它试图回答过去、现在、未来的神秘性，显示我们的存在之谜。"[1]

若说启蒙立场的乡土叙事把农民视作启蒙的对象，虽然这种启蒙因客体的缺席而流于自说自话，但终究有一种"哀其不幸，怒其不争"的关切；那么在文化守成立场的乡土作家笔下，知识分子与农民的关系则变为画里画外的审美旁观。作家有意滤去知识分子的介入感与启蒙色彩，拉开距离，以便形成审美静观的效果。作家在静观中把乡土桃花源或乌托邦化，以此安放知识分子疲惫甚至孱弱的灵魂。只是这种往后看的乡土怀旧叙事是文化守成式的坚守、对抗，还是遁世的旁观，需要细加辨析。笔者认为，诗性田园派乡土叙事有意过滤乡土的苦难与农民的悲剧，用童话的花衣遮住斑驳的血泪，体现了文人的冷漠与无力。隐世沦为遁世，观照滑向旁观，往往一念之间。正如当下某学者所批判的，认为中国农村因城市化变得凋敝了，农村空心化了，农村文化衰败了，乡愁的依凭没有了！这是文化拯救者的农业浪漫主义。"悠悠万事，吃饭为最。谁都不能为了自己的乡愁有所寄托，而干预农民的自由选择。农民离开家乡，是为了追求更高的生活品质。如果种地不挣钱，农民为什么不能撂荒土地？相反，如果种地能挣钱，能使他们过上体面的生活，年轻人也会去种地。这是我在农村调查的基本结论""如果指望农民不动窝留守家乡，过一种'十亩土地半头牛'的苦日子，让你起兴时到农村走一遭，去收获你的乡愁，那不是太残酷了吗？留住乡愁绝对必要，但正确的路径是城乡统筹发展，实现城乡一体化。"[2]文化守成，还是审美旁观？这种疑问源自乡土叙事主体矛盾的身份意识。沈从文以乡下人自居，也因乡下人身份而自卑。他在文学中建构诗意边城，但现实中的他却心心念念地希望进入大都市

大地的招魂

---

① 邹忠民：《作家的人格心理——〈作家学〉：作家心理学之一》，《上饶师专学报》，1990 年第 2 期。

② 党国英：《农业浪漫主义批判》，《学术月刊》，2016 年第 6 期。

的文化名流之列。由此观之，他的诗性田园叙事也隐约可见农业浪漫主义的影子。莫言也一直以农民自居，也因农民身份自卑，甚至坦言憎恨榨干祖先血肉的农村。他比沈从文更懂农民生活的艰辛与痛苦，于是他拼命逃离农村。但他依然在远离农村之后，以诗性野性的笔触建构、颂扬高密东北乡。若说沈从文对乡村的择美遮丑、提纯净化、追求均衡节制的形式美感体现了一种日神精神，那莫言美丑一体、泥沙俱下的生命张扬则是一种酒神精神。

新世纪乡土文学继承了中国传统乡土文学的浪漫主义诗性特质，并呈现出新的态势。有研究者认为："随着现代化的猛进、生态危机的凸显、精神家园的破败，和自然相关联的浪漫书写成为乡土小说重要的生长点，其生态美学性质是新世纪浪漫主义在秉承现代浪漫主义传统时所生发、裂变的新质。"[1]也有研究者认为："在新的语境下，乡土浪漫主义并没有完全走出传统浪漫主义超脱的乌托邦之境，而又与传统浪漫主义的田园牧歌有别。当下作家的浪漫主义语境表现为既与世俗格格不入，又与乡土若即若离。知识分子游离在自我心境的虚无性与世俗的真切性之间，没有找到超越既往的突破口，他们或是以乡土浪漫主义为面具上演着功利主义的大戏，或是公式化地批判现代性并以怜悯的姿态来抚慰乡土，分裂的人文立场造成了新世纪乡土浪漫主义的裂变。"[2]

说到底，如果不是一个无可救药的理想主义者，山水田园梦只是文人不堪一击的想象。苏童说："所谓的乡愁这个词一定是存在于人们的情感生活当中的，事实上我扪心自问，这个词从美学意义来说，它带来的全是美好的吗？'乡愁'在这个时代是一个受到考验的词，它的美学意义、它的美学色彩是不是像余光中先生说的？余光中式的乡愁就是余光中的乡愁，它可能不代表今天一大批在城市里打工的民工，也不代表很多在路上、奔走在异乡打拼的人，你

① 黄轶：《文化守成与大地复魅——新世纪乡土小说浪漫叙事的变异》，《郑州大学学报》（哲社版），2009年第2期。

② 李明桑：《在重生中泯灭、在泯灭中重生——论新世纪乡土文学浪漫主义的裂变》，《贵州大学学报》（社会科学版），2014年第3期。

跟他们提乡愁，觉得太虚假，所以这个词有时候分量很轻，有时候分量很重，看如何表达。"现实中，青山绿水与穷山恶水岂止一念之差？真相往往在背面：从外面走过的可能是冷漠的观光客，在里面生存的则是于生活泥淖中扑腾、精神表皮粗糙的人。祖祖辈辈扎根在穷山恶水的生存至上者追求的不过是翻一面，继续生存。实用主义逻辑里面也有一种冷漠。正如苏童所说："在今天，农耕文明的浪漫恐怕并不能支撑很多文学艺术的创作，一条耕牛，一个老头，夕阳落山，所谓的传统的乡村的美学概念已经完全不能支撑一个人的身份，或者说不能支撑他所需要的文学的所有内容，所以必须要重新定位。我们必须重新审视这个写作资源。每个人对于乡土的概念其实是一个非常奇特的回望的姿态，那个姿态有时候会爆发出非常煽情的、非常浪漫的诸如'啊，故乡'之类东西，但是故乡现在对很多人来说，它在生活当中其实已经不具备多少意义，每个人都是在抛离、逃离的过程中，90%的人都在逃离自己故乡的路上或者已经进入城市，所以现在对于乡土、故乡这两个词，每个人所应抱有的姿态是回想，那片土地的清香和城市里的油烟、雾霾真的构成一个非常强烈的冲突，但这个冲突是被目前的生活掩盖的，它显得非常纤弱、非常微小，在哪里还存在，在哪里还可以挽留这样一个冲突，恰好是文学、写作。在这个时代，我倾向于用这样的概念和姿态来认定一个作家与乡土的关系，那就是我在哪儿，乡土就在哪儿，它不是一个回望的姿势，不是一个站在几千里之外产生的某种情感能量。"[1]文化守成，还是审美旁观，关键在于作家在乡土叙事中注入了多少生命体温、情感力量与底层关怀。

新世纪以来，现代工业化进程的轰轰烈烈推进，生态旅游观光村日渐兴盛，文人想象中的山水田园想必会越来越成为一个远去的梦。诚然，乡村的美丽宁静与时空凝滞，可寄放千古文人对抗异化现实的桃源想象，但如何寄放世代为农的山民的幸福愿景？知识分

---

① 苏童：《"乡愁"在这个时代受到了考验》，2016年10月2日，http://mp.weixin.qq.com/s/wVRrHpynTV79dPMa4EXrfA.

子可曾想过：毕竟，审美现代性"所要完成的人物不是保存过去，而是拯救过去的希望"①。

第三节　革命到被革命

二十世纪二十年代末三十年代初，文学革命向革命文学转变，乡土作家的叙事立场由启蒙转向革命。知识分子对农民的态度从启蒙主义转向民粹主义。城乡二元对立思维下的民粹主义思想早在二三十年代就出现。李大钊就认为：都市上有许多罪恶，乡村里有许多幸福；都市上的生活，几乎是鬼的生活，乡村中的活动，全是人的活动；都市的空气污浊，乡村的空气清洁。他对农村的着意美化，是出于对现代都市文明的反感，同时也受到了俄国民粹派的影响。②这种民粹思想至1942年延安讲话，上升为主流意识形态。以1942年延安讲话为标志，掌握话语权的知识分子日渐由革命者变为思想需要改造的被革命者。随着四十年代至七十年代知识分子思想改造运动的展开，农民的民粹主义道德优越感与知识分子的身份原罪意识的对比日趋明显。农民与知识分子的身份地位日趋逆转。至"文革"文学，知识分子的自我规训，农民的道德优势与正义论到达顶峰。知识分子由启蒙农民，变为被农民改造，由革命者变成被革命者。纵观五四至"文革"以来的乡土叙事，知识分子与农民的关系如跷跷板，知识分子与农民一直很难同构对话。新时期以来，知识分子与农民的关系日趋恢复平衡。如莫言的乡土叙事"重新发现农民经验中的真理性（并使之小说形态化）"，当然这与对农民人格、乡村文化批判意识的强化同时发生。

稍加追溯，农民从五四启蒙人道主义视域下的麻木阿Q变为

① 周宪：《现代性与后现代性——一种历史联系的分析》，《文艺研究》，1999年第5期。
② 李大钊：《青年与农村》，http://www.wyzxwk.com/Article/lishi/2017/05/379182.html.

莫言与当代中国文学创新经验研究

社会政治革命视域下的农民阶级，始自左翼乡土文学。左翼作家钱杏邨对鲁迅塑造阿Q以启蒙立人的思想严加抨击，这标志着农民从五四文学革命时期的个体存在，走向革命文学时期的阶级归属。左翼革命文学把农民阶级化，把农民的解放与整个民族的解放关联起来。李大钊早在1912年《晨报》上发表《青年与农村》一文时就指出："我们中国是一个农国，大多数劳工阶级就是那些农民，他们若是不解放，就是我们国民全体不解放；他们的苦痛，就是我们国民全体的苦痛；他们的愚暗就是我们国民全体的愚暗；他们生活的利病，就是我们政治全体的利病。"他特别强调，"要想把现代的新文明，从根底输入到社会里面，非把知识阶级与劳工阶级打成一气不可"，因为"使他们知道要求解放、陈说痛苦、脱去愚暗、自己打算自己生活的利病的人，除了我们几个青年，举国昏昏，还有那个"。于是，他发出了"我们青年应该到农村去"，"去开发他们"①的号召。这一号召一直延续到"文革"时期知识青年上山下乡。

　　三十年代左翼乡土文学的时代语境是由这些关键词组成的：阶级解放、农民翻身、社会革命，以及随后反殖民主义的民族救亡战争。大革命使阶级矛盾激化，国民党政治腐败，农村经济崩溃。土地问题成为中国乡村最突出的社会问题。乡村衰落、土地集中、农民破产、贫富两极分化。土地关联着农民的命运，影响着农民的性格。若说二十年代的农民是沉默的闰土、麻木的阿Q，那么三十年代的农民则开始命运的觉醒与抗争。若说二十年代个性的解放主要体现在知识分子身上，那么三十年代命运的觉醒则开始出现在农民身上。如茅盾的《水藻行》试图塑造一个真正觉醒的农民形象，这不仅是农民阶级意识的觉醒，还是作为个体人的伦理觉醒。细加辨析，三十年代乡土作家笔下农民觉醒的契机，不是被启蒙了的农民精神上自发的觉醒，而是在左翼社会革命思潮的外力推动下被唤

---

① 李大钊:《青年与农村》，http://www.wyzxwk.com/Article/lishi/2017/05/379182.html.

醒。农民由启蒙者眼里的个体生命变身为集体化的阶级符号，由此，这一时期农民的性格形象、人物关系比较简化，作家的价值评判也比较直露。

个案上，三十年代塑造得较成功的农民形象有老舍笔下的骆驼祥子。失去土地的祥子来到城里谋生，却由乡下祥子堕落为末路鬼祥子。小说主要通过心理戏剧成功塑造了一个农民形象。农民祥子讷于言，但内心戏丰富。话语不多，一句就是一句，掷地有声。细腻丰富的心理、景物描写代替语言，符合人物的身份性格（底层体力劳动者语言的萎缩），也有利于展示人物悲剧命运的内在演变轨迹——精雕细刻地呈现精神堕落的抛物线，真实而深刻。若说鲁迅描写农民多采用凝练、节制的白描手法，给读者空白、想象的空间，那老舍描写祥子的手法则是真实可感的内心戏，心理密实，把读者牵引进祥子的内心，人物立体饱满。祥子悲剧命运的震慑力在于祥子形象鲜活，好似近在身边。祥子的内心戏份随着精神的堕落，愈来愈强烈，最后当他彻底堕落后，精气神没了，内心挣扎没了，戏也就没有了，只剩下行尸走肉，作者改为白描。老舍运用心理戏的手法，从祥子的内心透视人物的悲剧命运。社会的黑泥潭如漩涡、水母般巨大的吸附力把祥子们裹挟其中，搅拌，蹂躏，反复轮回，直至他们丧失强健的身心，迷失生活的方向。这泥潭里有刘四爷、虎妞、孙侦探、兵匪战乱、夏太太、车夫同行，他们形成一股合力，硬将一个乡下祥子变成骆驼祥子、末路鬼祥子。当然，老舍也写出了祥子小农经济下的自给自足的保守固执的劣根性。小农守着一亩三分地与拉上自己的车子是一样的执念，这一执念走到极端就变成一根筋、不知变通的故步自封。祥子不知变通的背后是独立自尊的品格，恰是这品格让他的悲剧更触目惊心。结尾作者说："体面的，要强的，好梦想的，利己的，个人的，健壮的，伟大的祥子，不知陪着人家送了多少回殡；不知道何时何地会埋起他自己来，埋起这堕落的，自私的，不幸的，社会病胎里的产儿，个人主义的末路鬼！"若说《阿Q正传》通过农民中最麻木、堕落的典型阿Q形象画出国民病态的灵魂，那《骆驼祥子》则通过农民中最健康、上进的典型祥子揭示农民命运的困境。他们殊途同归，一个变成死鬼，一个变成活鬼。从《阿Q正传》到《骆驼祥子》，鲁迅、老舍都站在启蒙人道主义的立场对农民的个体灵魂进行透视，不同于三十年代其他左翼作家，老舍以底层贫民的出身书写祥子，更多惺惺相惜的同情与人道主义的悲悯，而没有用革命的宏大词汇改写农民的命运。

　　四十年代解放区乡土作家笔下还出现了抗日救亡与民族解放战争中浴火重生的农民形象。某种程度上，抗日战争与解放战争就是以农民为主体的战争。毛泽东一再强调，农民问题是中国革命的根本问题，中国的革命战争实际上是农民战争。他说："农民——这是中国军队的来源。士兵就是穿起军服的农民。"从这一事实出发，毛泽东引申出一系列非常重要的论断："农民——这是现阶段中国民主政治的主要力量。中国的民主主义者如不依靠三亿六千万农民群众的援助，他们就将一事无成"，"农民——这是中国现阶段中国文化运动的主要对象。所谓扫除文盲，所谓普及教育，所谓大众文艺，所谓国民卫生，离开三亿六千万农民，岂非大半成了空话？"由此，解放区乡土文学呼应时代的新格调，重点书写抗战背景下农民的阶级斗争、民族斗争。在这一时期乡土作家笔下，农民由奴翻身为主，日益民族符号化。其实，随着左翼革命文学、解放区乡土文学的兴起，社会革命视域下的农民形象日渐以新人形象集体亮相。在左翼与解放区乡土作家笔下，知识分子与农民的关系转变为革命与被革命的关系。

　　解放区乡土小说的叙事立场不是知识分子启蒙式的，而是用农民朴素的进步观观照生活。阶级解放、民族解放代替个性解放，人物形象提纯化、英雄化，叙事基调单纯而乐观。与解放区乐观、明快的文化认同形成对照的是，沦陷区、国统区乡土小说的沉郁、厚重的文化批判。如东北作家群将乡土外延为国土，表现出文化眷恋与批判的情感杂糅。萧红、师陀笔下的呼兰河与果园城，回归五四文学传统，接续改造国民性主题，以抒情散文与朴素简洁的白描，批判与眷恋的情感立场对抗殖民地气息的满洲文学。西南国统区的

大地的招魂

231

沙汀、吴组缃、艾芜、沈从文等作家则书写民不聊生的忧愤与农民的坚韧沉默，既讽刺农村的黑暗现实，又颂扬农民的斗争意识与革命觉悟。

总体而言，三四十年代的乡土叙事摹写了色彩纷呈的艺术风貌。解放区的乡土写实与国统、沦陷区的乡土写意，孙犁的淡化情节、营构意境的诗化喜剧与萧红消解冲突的散文化笔致，师陀的悲剧象征与沈从文的自在乡土并存。手法上，多速写体，运用纪事、采访、卷宗的手法单线条、重情节讲述故事，是压缩了的中篇。人物性格较单薄，群像崛起，个性隐匿。此外，讽刺文体也出现，集中于以社会批判为主旨的左翼乡土小说。左翼乡土讽刺小说多基于阶级论的政治批判，当然也有针对乡村下层社会中愚与丑的文化批判。如左翼内部的"东北作家群"便是五四启蒙精神（其社会文化批判的价值立场与自由雄强的生命意识承续五四思想启蒙传统）、抗日救国意识、革命阶级观念融合的流派。又如"七月派"乡土小说中路翎的作品多表现人物的原始生命强力与潜意识，也面临艺术直觉的投射与主观战斗精神理性介入的矛盾。

这一时期典型的个案便是"赵树理现象"。赵树理一度因成功顺应解放区革命话语而成为"赵树理方向"。赵树理的乡土叙事紧密配合社会变革，追求时效性与实效性，开创了乡土文学的新形态，即为农民、说农民与农民说。赵树理曾说："我的作品的主题是在生活中碰上的"，"要真正深入生活，做局外人是不行的。只有当了局中人，才能说是过来人，才能写好作品"，"当然，并不是每一个局中人都值得写，同样也并不是每一个参加了局中的人就一定都能写得好。必须要做生活的主人，对生活真正关心，有感情，以主人公的态度去对待生活中的一切，到了村子里，娃娃哭了你要管，尿了也要管，这样才有真情实感，写出来的哭是真哭，笑是真笑"。他以乡下人的平视的目光看乡下人，非临时下来"体验生活"的旁观者、观察员、局外人。他站在民粹主义、通俗化、大众化的革命立场书写政治经济翻身的新农民形象，人物语言与叙述语言都是农民口语化的，这与鲁迅思想启蒙视域下有着病态灵魂的农民区别开来。

　　"农民和农村生活的主人"，这大概是可以用来概括赵树理与农民、农村关系的特点与本质的。他为农民写作，把维护农民的生存、发展的尊严和权利视为第一要务，也是自己的第一要职。他把农民是否获得真实的利益，作为衡量社会是否健康、国家和党的政策是否正确的最重要的标准。钱理群认为，赵树理是作为生命共同体的农村社会的一员来进行创作的，在怀着对乡村深切的爱中，他把维护农民的尊严与利益作为一切工作的首要出发点。以农村生活的"主人"姿态，去成为"一个农民命运的思考者，农村社会理想的探索者与改造农村的实践者"。他既有维护农民的一面，也有从大的角度出发将农村现状与社会理想相结合的展望，这体现出赵树理作为知识分子与现代革命者的双重本色。以"为农民谋利益"为中心的功利化写作，与同样功利化的农民为主体的中国革命和建设，是合为一体的。赵树理正是这样的中国式（又是现代的）的"农民革命"和"农民文学"培育出来的"农民作家"。在他这里，写作与农村变革实践，是合一而且可以随时相互转移的。这确实是几乎不可重复的社会历史和文学现象。①

　　四五十年代之交，乡土文学面临着由解放区到新中国，由农村到城市的时代变迁。钱理群认为，1949年以后建立起来的新中国，其国家体制是以工人阶级为领导，以工农联盟为基础的。因此，国家的教育、文化、卫生等政策都是倾向农村的，这就造就了五六十年代中国农村建设的全面发展，这都是有目共睹的事实。同时期所发动的"大跃进"运动与"人民公社"运动也极大地损害了农民的利益，这是需要另作讨论的。新中国成立后，解放区"革命乡土小说"的两个重要流派山药蛋派与荷花淀派均遭遇话语转型的困境。赵树理的乡土叙事立场与主流意识形态是同步的。他依据政治意识形态设定愚昧与觉醒、先进与落后、新与旧的价值标准，站在

大地的招魂

　　① 钱理群：《1951—1970：赵树理的处境、心境与命运》，《岁月沧桑》，东方出版中心2016年版，第79—176页。

革命者的立场上为农民代言。当国家工作重心与农村利益诉求契合时，农民作家赵树理是主流。进城后，当国家的工作重心由农村向城市转移时，他的农村问题小说与方向性人物边缘化也就自然而然了。荷花淀派的孙犁在农民口语基础上融入现代翻译文和文言文因素，其融合生活与诗意的个体叙事因难适应国家主流意识形态话语规范而退场。因为相对于新文学叙事语言的欧化、知识分子化、书面化，"十七年"农村题材小说的叙述语言更本土化、农民化、口语化。若说赵树理的新评书体与民间说唱艺术还比较农民化、口语化，相较而言，孙犁的浪漫情怀与清新明丽还是带有文人气的，这显然与"十七年"农村题材小说的语言风格格格不入。

这一时期乡土小说的叙述者少有知识分子（就算是，也多平视或仰视），多为第一人称或第三人称农民视角的叙述。除了让农民自己说话，"十七年"农村题材小说多短句叙述，少书面化、欧化的长句。因为句子结构简单、口语化，更方便大众的阅读。若说二十年代的五四乡土文学受欧美翻译文学、欧化语体的影响，那三十年代乡土文学的资源是苏联文学、民间文学，四十年代以后的乡土小说则追求民间形式与民族文化的回归。三四十年代左翼、延安文学关于民族形式的讨论，使得民间文学形式日渐遮蔽五四文学形式，后者甚至被斥为畸形都市文化的产物。文学形式上的更迭昭示五四精神暂告一段落，启蒙让位于革命。从"十七年"至"文革"，革命现实主义遮蔽启蒙现代主义，直至新时期，现实主义与现代主义乡土书写才复兴。说到底，乡土小说语言风格由文人化、书面化向农民化、口语化衍变，是作家叙事立场由革命者向被革命者逆转使然。

从延安时期开始，一直到"文革"，知识分子与农民的关系逐渐发生逆转。当毛泽东进一步呼吁"中国广大的知识分子应该觉悟到将自己和农民结合起来的必要"，以至提出"知识分子如果不和工农民众相结合，则将一事无成"[1]的论断时，他是得到了知识分

---

[1] 毛泽东：《农民问题仍然是根本问题》，《人民日报》，1958 年 7 月 1 日。

子的强烈认同的。知识分子感到，这几乎是一个无法抗拒的时代命令，同时也是通过自身的痛苦经验而发自内心的要求。因为在残酷的战争中，人会产生一种孤独感，知识分子尤其容易产生软弱无力感，这时候就迫切地要求寻找归宿。中国的这块土地，以及土地上的普通农民，就自然成为战争中处于生活与精神双重流亡状态的知识分子的皈依之乡。于是，大批的知识分子拥向以延安为中心的根据地。知识分子还由延安走向农村，出现了大规模的下乡运动。由此，在这一时期的乡土文学中，知识分子气质日趋农民化，价值观也农民化。知识分子与农民的关系发生了微妙的位移：由五四时期"启蒙—被启蒙"的关系逐渐逆转为工农兵、"文革"文学时期"受教育—教育"的关系，"到民间去"的"启蒙"主题逐渐变成了"上山下乡"接受"改造"主题。正如学者赵园所言，当"'知识分子'逐渐消融在'农民'这庞大的形象之中。这消融的几代知识分子，引起的竟是如释重负的轻松感"，"'痛苦的自我改造'，未必总如描写的那般痛苦"。至"文革"，知识分子由革命者蜕变为被革命者，知识分子的身份原罪意识与思想改造的自觉日渐成形。"五四时期的平等要求，在一种时代氛围下导向对工农的认同，又以无保留的认同否定了作为起点的平等思想。曾力图以面向工农劳动者达到自我道德、人格完善（鲁迅的《一件小事》、郁达夫的《春风沉醉的晚上》等）的知识分子，终于被沉重的文化自卑感压倒。"[1]经过半个多世纪的历史演进，知识分子终于由思想启蒙者变成被改造者。

第四节　借言者的自言

随着"文革"结束，具有伤痕、反思色彩的乡土小说出现。这一时期的乡土叙事以群发性的政治热感冲破虚假现实主义、空洞浪漫主义，具有积极的文学史意义。当然，这一时期的乡土叙事外位

①　赵园：《地之子・自序》，北京大学出版社 2007 年版，第 11 页。

于农村，实则是知识分子借乡土叙事抒发胸中块垒，是借言者的自言。这种借言者的外位身份，表现为乡土启蒙者眼中风俗画的复苏。如古华的《芙蓉镇》寓政治风云于风俗民情图画，借人物命运演乡镇生活变迁。诚然，只有在外来过客的眼中，风俗才能成画。对身处风俗中的农民来说，他们就是风俗的一部分，是不会跳脱出来自我观赏的。

这一时期知识分子启蒙意识的复苏使乡土作家的叙事立场与五四传统接续起来。如高晓声的《李顺大造屋》关注极左路线给农民造成的物质贫困、精神异化与人格萎缩。三十年代祥子的买车与八十年代李顺大的造屋，在启蒙主义视域下，获得主题的互文与延续。中断的五四启蒙传统在八十年代重新延续，这也使得新时期作家笔下的农民形象由阶级符号还原为个体的人。乡土作家以农民性格的萎缩呼唤主体意识的觉醒，如李顺大、陈奂生、冯幺爸；以农民叛逆精神的缺失反讽根深蒂固的小农意识；以农民文化心理的沙漠化、原始化喻示文化的返祖。除了接续五四启蒙主义传统，新时期作家笔下农民的思想观念也有新变。如不少乡土改革小说表现农民安土重迁观念的松动。贾平凹的乡土改革小说、路遥的《人生》《平凡的世界》表达了经济改革潮流下，城乡价值结构的位移带来农民离乡离土观念的变化。这与之后陈忠实《白鹿原》的安土守成思想形成反照。贾平凹、路遥、陈忠实分别体现了秦晋古文化安土重迁思想的不同面向。总的来说，新时期乡土作家从"文革"思想改造的拘囿中挣脱出来，重续思想启蒙的叙事立场，这使得他们笔下的农民不再是极左时期"高大全"的社会主义新人形象。农民从阶级符号恢复血肉真身。知识分子借笔下的农民形象，言说启蒙思想、抒发人道情怀，或揭露乡村政权的异化，裸露了乡村权力秩序的症候结构，主要代表有何士光的《乡场上》以及阎连科、刘震云的作品。莫言也赋予农民丰沛的感觉世界，以此解构主流意识形态的思想板结地，如《天堂蒜薹之歌》等。

在伤痕、反思搁浅之外，当代作家还走向山野民间寻访乡土文化之根。如果按作家其人其作所属的地域文化划分，新时期寻根乡土小说大致可划分出以下几个文化群落：韩少功、古华、何立伟、莫应丰、叶蔚林的楚文化书写；汪曾祺、王安忆、高晓声、李杭育的吴越文化书写；莫言、张炜、矫健的齐鲁文化书写；刘绍棠、刘恒的燕赵文化书写；贾平凹、陈忠实、路遥、郑义、李锐、吕新的秦晋文化书写；阎连科、李佩甫、李准、张一弓的中原文化书写；周克勤、何士光的西南巴蜀滇黔文化书写；郑万隆、洪峰、乌热尔图、迟子建的东北松辽文化书写；扎西达娃、徐怀中的西藏文化书写；张贤亮、张承志的回蒙文化书写等。

若说革命现实主义、社会主义现实主义时期的农村题材小说书写的是政治乡土，那八十年代的寻根乡土小说则书写文化乡土。作家多以知识分子的外在视角，一方面猎奇或审丑式裸露乡村的文化怪象、病象，将乡土社会象征化，如王安忆《小鲍庄》中隐喻民族病象的捞渣，陈忠实《白鹿原》中的白嘉轩体现儒家仁义文化的内聚性与封闭性，张炜《古船》中洼狸镇的四爷爷赵炳则代表宗法式乡村政权模式。另一方面，作家通过审美想象赋予乡土民间以理想的文化品格，如阿城的《棋王》表达游离、超越时代主流的山野高人情怀与道家自由精神；汪曾祺的《受戒》有水洗过的清新，追求回归自然恬淡的儒家大同理想；莫言的《红高粱》则以酒神精神激活乡野世界的原始生命力。这些文化寻根类乡土叙事多借乡土社会反思民族文化的创新活力，以批判极左时代、商业浪潮下国民精神的缺钙贫血。王蒙的《杂色》、张贤亮的《男人的一半是女人》、刘恒的《伏羲伏羲》、莫言的《红高粱》都书写了种的退化主题。究其质，他们多站在知识分子立场，借乡土这一寓言式的文化载体，表达知识分子关于乡土中国命运的思考，是借言者的自言。他们笔下的乡土世界是文化人类学、文化生态学视域下的大乡土，不是土著山民眼中的民间小乡土。农民的乡土就是衣食所依的泥土、大地。它是现实物质性的，不是文化寓言性的。

除此之外，知青作家的乡土叙事颇具规模且有代表性。知青作家是红色新政权下出生的一代，从小受革命话语、道德理想主义的浸染。金色的童年、革命的豪情、崇高的理想，造就他们的理想

大地的招魂

主义情怀。上山下乡集体命运的绑定，又使他们积极寻找自我认同与表达的路径。上山下乡的插队体验为他们的乡土经验书写带来新质。某种意义上，上山下乡的知青是以局外人视角看山上乡下的世界。一方面，局外人视角能见局内人所未见，见出另一种真实与深刻，或者从中见出自己的感觉、知性趣味、形上思考，生成一种超越性的视角。正如有学者认为，乡土的理想化原型是知识分子的个人化想象与他者眼光编织而成的。如知青作家阿城的"三王"系列既是文化寻根小说，又属知青叙事。作者借乡土社会与民间文化，寄寓自己对传统理想文化人格的向往。阿城笔下的乡土是文化乡土、大乡土，他的文字骨感留白。文如其人，大雅若俗、大智若愚的阿城仿佛是被光怪陆离的世态万象打通了任督二脉，活得不拘一格、逍遥自在。这在普遍用力过猛的当代作家中比较难得。说到底，作家的审美无力往往源于自由受限，或自我设限。又如史铁生《我的遥远的清平湾》以原乡牧歌化的诗性调式书写清平湾山民清贫的生活。全篇充满天地众生平等的人道主义的悲悯情怀。史铁生的知青记忆是首乡恋之歌，因为残疾，他中途而退，山上乡下成了他精神锚泊与人文关怀之所在。《我的遥远的清平湾》似一声深情的呼唤，唤起五四以来的故乡、原乡、还乡主题的回音。史铁生的知青记忆还隐含着上山下乡与山上乡下的双向视角，既追忆山上乡下又反思上山下乡。而单向的知青视角，即多写上山下乡，少写山上乡下，是很多知青叙事共有的局限，正如孟悦所言，苦难的神圣化，往往是以遗忘乡村苦难为前提的。

　　另一方面，很多知青乡土叙事的局限在于知青对乡土、农民的隔膜甚至背离。知青乡土小说中的主角多是漂泊在城乡之间的知识青年。知青言说的只是知青在场的上山下乡生活，而非山上乡下的全部生存状态。大多数知青作家笔下的乡土有乡无土，并没有李锐《厚土》中对乡土底层农民苦难生活黑白木刻式的深入描摹。知青作家多以乡村羁旅者、边缘人自居，他们的乡土书写只是自我中心、自我抚慰的青春苦难叙事。在知青作家笔下，真正原生态的山上乡下生活与农民的命运是缺席的、沉默的。或者说，他们对真实的农村与农民是隔膜、漠然的。总体而言，知青乡土叙事缺少观照苦难时所应有的博大与深邃，多自我青春的借言。如张曼菱的《有一个美丽的地方》，偏远的云南边寨因注入作家的青春记忆而美丽，乡土叙事变成了青春祭。梁晓声的知青记忆则是过来人对自己悲壮无悔青春的颂祭。尽管青春声名狼藉，但那逝去的毕竟是自己一去不复返的青春呀！由此，梁晓声的青春颂也奏响了每一代青春的共鸣曲。遗憾的是作者始终未能以个体化的叙事将自我从群体本位的道德理想主义时代语境中剥离出来。在青春祭、青春颂式的知青小说中，乡土只是承载知青作家青春记忆的载体或背景。乡土叙事与其说是书写乡土，不如说是言说自我。

当然也有例外，如李锐的"厚土"系列承续鲁迅的剖析现实主义传统，用饱蘸启蒙精神的笔力，入木三分地雕刻着吕梁山苦难乡民的群像。朱晓平的《桑树坪纪事》深入乡土世界的内部，裸露贫瘠蛮荒世界农民的生存困境。作品的审美主体是农民，知青只是配角。

此外，与下乡知青不同，回乡知青作家笔下的乡土山民则是另一种面貌。贾平凹鸡窝洼里山民真实的柴米油盐与爱恨情仇，让读者切实闻到乡土农村的烟火气。路遥以近乎农民本位的价值立场写下于连式的农民形象高加林。回乡知青作家与下乡知青作家的区别在于，前者土生土长，生于斯，长于斯，爱恨于斯，乡土是生存的土壤根基，接地气。作家对乡土有着命运与共的切肤之痛，以及出身乡土的自卑感。对后者而言，乡土是媒介，借以寄寓作家关于文化、历史或形而上的思考。对农民，他们有着俯视同情的心理优越感。

细加辨析，城/乡二元对峙思维下的知青乡土叙事潜隐着知识分子对乡村一厢情愿的想象。农村的风景在二元对立逻辑中成为被颠倒的风景。知识分子觉得充溢着民间力量的乡村，在乡村人看来是生命不可承受之重。反之，知识分子视之为苦难的重负，农民却不一定觉得是苦难，如张承志《黑骏马》中白音宝力格与额吉对黄毛奸污索米娅的不同态度。前者视之为侮辱，后者认为起码知道能生养，这不一定是坏事。在此，知识分子伦理与牧民伦理是不可通约的。有论者比较张承志的《黑骏马》、莫言的《白狗秋千架》、韩少功的《归去来》,认为三者通过返乡之旅的叙事想象,表达了作者们新时期追寻精神复苏与心灵治愈的社会幻想和道德愿景。乡土再一次成为了知识分子的良知经受考验、审问、否定或肯定的心理空间,由历史所引发的创伤与道德危机在深受乡土洗礼后最终获得救赎。①说到底,知青乡土叙事仍是知识分子借言式的自言。知青作家对乡土社会的这种隔膜、背离与知青叙事内倾性有关。自我言说的欲望与选择性记忆的叙事机制,使得知青作家书写乡土却背对乡土,关注内心。作者多以怀旧的姿势回望乡土,表达对自我青葱岁月的祭奠,或者站在局外人、旁观者的立场批判、审视乡土。知青乡土小说是镜像式乡土叙事,较土生土长的乡土作家少了尖锐的政治意识与现实介入感,如莫言、阎连科、刘震云等作家的乡土叙事。

说到底,新时期的乡土之于作家,不是生存之本、命运之根,多被借来想象、言说古老中国的历史和文化情状,以实现对二十世纪乡土中国的寓言式书写。实际上,真正的乡村人写乡村是四十年代赵树理的"问题小说",这是自发阶段,但五六十年代因政治环境的变化而中断。八十年代路遥在政治功利与乡村代言间徘徊。九十年代,刘震云的"故乡"系列,站在农民立场,表达了农民式的戏谑与绝望。陈忠实的农民立场中裹藏着知识分子的传统文化人格,张承志的底层立场中夹入少数民族宗教文化元素。阎连科的"瑶沟系列"属乡村代言,九十年代中期的"楼耙系列"转向文明怀旧立场。至莫言,以农民为本位的乡土叙事进入自觉阶段。《红高粱》狂欢式宣泄农民长期的精神压抑,《天堂蒜薹之歌》为农民现实利益摇旗呐喊。

新世纪以来,工业化进程使得大量农民离开农村,来到城市。新一代受过教育的农民开始尝试用自己的方式言说农民工的命运。乡土叙事由知识分子的叙述底层转向农民工的底层叙述。有研究者

---

① 米家路、原蓉洁:《重返原乡——张承志、莫言与韩少功小说中的道德救赎》,《当代文坛》,2017 年第 3 期。

认为这两种叙事方式的差异主要表现在三个方面:"一是叙事姿态差异:两种身份不同的叙事人决定了底层叙述的自诉姿态与叙述底层的代言姿态。二是平民立场与精英立场的对比构成立场差异,这种差异有两种具体表现:侧重物质世界与物质世界、精神世界并重的差异,现世性焦虑与现代性焦虑的差异。三是叙事指涉差异,叙事主体对打工生活的熟稔程度决定两种叙事的题材侧重,把握生活的方式影响决定两种叙事的指涉范围大小及主题分布的集散。叙事差异的互补性提升了农民工题材小说整体创作的价值。"[①]有理由期待,新世纪乡土叙事会出现越来越多的农民自发言说的声音。

第五节 "为老百姓"到"作为老百姓"

莫言坚持"作为老百姓写作",表现出自觉的民间立场。"所谓的民间写作,就要求你丢掉你的知识分子立场,你要用老百姓的思维来思维。否则,你写出来的民间就是粉刷过的民间,就是伪民间。"[②]作家"发自内心地与老百姓认同,这样才能使自己的小说保持真诚和生命力"[③]。莫言自我定位为农民,以此塑造农民,叙述立场随人物平行移动,以"一种平等的心态来对待小说的人物"[④]。由此,莫言区分了"为老百姓写作"与"作为老百姓写作"两种叙事立场。前者"是一种居高临下的态度",骨子里还是"作家是'人类灵魂工程师''人民代言人''时代良心'这种狂妄自大的、自以为是的玩意儿在作怪",是一种自上而下的准庙堂的写作。他认为,"为老百姓写作"就是"用小说替农民说话,希望借助小说来帮助

① 周水涛:《论农民工题材小说——关于底层叙事的差异》,《文学评论》,2010 年第 5 期。
② 莫言:《莫言讲演新篇》,文化艺术出版社 2010 年版,第 269 页。
③ 莫言:《莫言讲演新篇》,文化艺术出版社 2010 年版,第 245 页。
④ 莫言:《莫言讲演新篇》,文化艺术出版社 2010 年版,第 265 页。

农民解决问题，这基本上是童话。小说没有这种功能"①，"没有任何一项政策是因为哪一个作家的小说而产生的，所以作家要用自己的小说来解决社会问题的想法，是非常天真和比较幼稚的"②。由此"不要把文学当作替天行道的工具，也不要把作家当作为民请命的英雄"③。九十年代以后，他甚至认为"文学不再为社会负责或负有为人民说话的责任"④。"'为了老百姓的写作'要作出评判，'作为老百姓的写作'就不一定作出评判。"⑤"作家要学会反向思维，不要站在自以为是的立场上，也就是说，你不要以为你是作家就比老百姓高明。"⑥

若说农民与土地的关系是生存性的现实功利关系，那知识分子与土地的关系则是文化性的审美想象关系。纵观百年乡土文学，作家多外位于乡村，"为老百姓"代言，叙事立场实则是知识分子为体、农民为用。作家笔下的乡土不是农民脚下的泥土，而是被注入了诸多知识分子话语的文化乡土，如思想启蒙、社会革命、家国想象、民族认同、文化寻根、心灵平衡、精神寄托、生命回归等。

五四以来，乡土叙事知识分子为体、农民为用表现为，作家习惯借乡土叙事释放自己的怀乡情结。这就是为什么《故乡》中面对同一片乡土，归乡的知识分子"我"念念不忘的是少年时与闰土在月光下刺猹的诗意场景，而在泥土里刨生活的中年闰土则被面朝黄土背朝天的生活磨得沉默、麻木、衰老。两相对照，"我"与故乡的关系是疏离想象、审美怀旧的关系。闰土与土地是物质性、生存性的功利关系。土地的捆绑让闰土麻木了一切精神愿景与生命痛感。只要农民与土地间艰难的生存关系不变，沉默的闰土、麻木的阿Q就不死。乡土既是决定农民命运的物质土壤，也是生成农民性

---

① 莫言：《碎语文学》，作家出版社 2012 年版，第 293 页。
② 莫言：《用耳朵阅读》，作家出版社 2012 年版，第 279 页。
③ 莫言：《莫言讲演新篇》，文化艺术出版社 2010 年版，第 246 页。
④ 莫言：《莫言对话新录》，文化艺术出版社 2010 年版，第 249—250 页。
⑤ 莫言：《莫言讲演新篇》，文化艺术出版社 2010 年版，第 268 页。
⑥ 莫言：《莫言讲演新篇》，文化艺术出版社 2010 年版，第 269 页。

242

格的精神土壤。只要有更好的生活，农民十分愿意挣脱被土地捆绑的命运，远走高飞。三十年代丰收成灾的小说夸大农民背井离乡的精神痛苦，实则是知识分子失落、感伤情绪的折射，因为知识分子对乡土多怀有精神原乡式的乡愁，而急于逃离贫困乡土的农民是不会伤怀的。作为精神流浪者，知识分子借乡土书写寄寓乡恋情愫。而对于离乡的农民来说，生存大计已压得他们喘不过气来，哪有闲情悲欢离合？至九十年代，打工潮来袭，农民工文学兴起。农民离开乡土，去往城里打工是为了寻求更好的生存条件，又岂会怀乡？空巢乡土并没承载农民过多的背井离乡的痛苦，反而折射出农民对都市文明的向往。怀乡情结向来只是文人一厢情愿、不乏矫情的想象。若真让知识分子扎根农村，世世代代面朝黄土背朝天，想必他们繁重的生存劳作难以承受乡愁之轻。说到底，土地对于怀有田园隐逸梦的乡土作家而言，是承载诗意想象的轻逸符号；于农民而言，则是生存不可承受之重。

　　"为老百姓"代言式的乡土叙事以知识分子为体、农民为用，还表现为掌握话语权的知识分子对农民的道德丑化或美化，前者表现为启蒙主义者将农民道德污名化、农民意识贬义化、农民精神愚昧化，"把愚和病贫连接起来去作为中国乡村的症候"①等；后者表现为左翼民粹主义者对农民的道德净化与人格附魅。抗战时期的作家则借乡土书写，寄寓爱国主义者的家国情怀，把农民抽象为空洞而宏大的家国形象。说到底，乡土作家对农民形象的启蒙式祛魅与民粹式附魅，都是外位于农民的叙事视角、精神上俯视乡村的叙事立场使然，与知识分子未能摆正自身与乡村、农民的位置有关。乡土作家道德上审视或同情农民，不过是知识分子"为老百姓"代言的隐性话语霸权的表征而已。对此，鲁迅是有所警醒的。这从他笔下还乡知识分子"我"，面对祥林嫂的问题支支吾吾、落荒而逃可以看出。

---

① 费孝通：《乡土中国》（修订本），上海世纪出版集团 2013 年版，第12 页。

承续鲁迅启蒙／反启蒙的叙事传统，莫言经历了从"为老百姓"
到"作为老百姓"写作的蜕变。日益警惕启蒙者高高在上的俯视立
场与话语霸权。莫言的乡土叙事立足乡土，身为农民写农民。乡村
不再是外在于知识分子的想象空间，而是母体、血地、原乡。莫言
指出"鲁迅是启蒙者"，"从鲁迅他们开始，虽然写的也是乡土，但
使用的是知识分子的视角"。①他认为，自鲁迅以来的乡土作家始
终摆脱不了精英知识分子对农民的启蒙立场。知识分子扮演启蒙
者，"揭示国民性中的病态，这是一种典型的居高临下。其实，那
些启蒙者身上的黑暗面，一点也不比别人少"。其实，鲁迅通过笔
下颓败的知识分子，表达了深刻的反启蒙意识。他还认为早期的沈
从文保持了真正的民间立场和平等视角。当然，沈从文的乡下人意
识与都市向往是并行而相悖的。也有研究者从齐鲁地域文化角度出
发，考察山东乡土作家群体性的道德化叙事立场，认为张炜和莫言
将"大地与民间同构"，但他们的"民间话语只是一种手段，是以
民间立场的突显，来达成自己的知识分子入世、救世情怀；有意识
地通过民间的文化结构来对抗意识形态化的宏大叙事。这种反向达
成的精神主旨本质上还是一种精英意识"②。对此，笔者觉得有待
商榷。莫言的乡土叙事实则是以农民的个体自由伦理，解构人民的
群体道德，其农民式的重口味是对知识分子叙事禁忌的有意挑战，
体现了"作为老百姓写作"的价值立场。

当然，莫言并不是一开始就坚持"作为老百姓写作"。其叙事
立场是不断蜕变的，经历了"农民—知识分子—农民"的变奏回旋，
"知识分子—老百姓—人"的蜕变升华，即由《红高粱》时期的高
高在上、天马行空，到《檀香刑》的"作为老百姓写作"，再到《蛙》
的"把自己当罪人写"。

"作为老百姓写作"的莫言以农民自居，将自己的爱与恨、血

---

① 莫言:《作为老百姓写作——在苏州大学"小说家讲坛"上的演讲》，
杨扬:《莫言研究资料》，天津人民出版社 2005 年版，第 66 页。
② 张艳梅:《齐鲁作家的文化伦理立场——以莫言、张炜、尤凤伟为
例》，《文艺争鸣》，2007 年第 8 期。

莫言与当代中国文学创新经验研究

244

与泪，与农民、大地交融、渗透在一起。他的笔触从乡土大地的最深处出发，以局内人的视角瓦解、重建外围的启蒙话语框架。当这框架瓦解、重建后，农民的声音才轰隆隆从地心传来。其实，乡野农民有着自身的生命强力，不需要知识分子隔靴搔痒式的启蒙，生存的本能早就使他们具备狡黠的智慧。很多时候，农民是自我点亮、自寻出路的。莫言一向颂扬高密东北乡农民原始野性的生命力，如《红高粱》中的余占鳌、《檀香刑》中的孙丙、《丰乳肥臀》中的司马库。又如《食草家族》就是一部反文明入侵、反启蒙神话的返祖寓言。小说开篇就写城里农科所的专家们来到农村研究蝗虫，但是真正的蝗虫专家却是蹲在野外拉屎的四老爷。他拉屎时意外看见蝗灾初起，又集资兴建蝗神庙赈灾。作者津津乐道的不是城里专家的研究，而是以四老爷为首的村民的自救。

新作《等待摩西》则讲述启蒙者被启蒙的故事。小说通过离乡当兵的"我"四次返乡的所见所闻，讲述小学同学柳卫东几十年的命运波折，映射了新时期以来中国乡村的社会变迁。其中一个场景无疑与《祝福》中"我"年前雪地里遇见祥林嫂的场景遥相呼应。小说写"我"1983年春天回乡探亲，在集市上遇见柳卫东失踪后他的妻子马秀美："她挎着一个竹篮，里面盛着十几个鸡蛋。从她灰白的头发和破烂的衣服上，我知道她的日子又过得很艰难了。"柳卫东抛妻弃子，失踪整整三十五年，马秀美一直坚信他还活着。她以一个不识字的基督徒的心灵感应与本能信仰，"忍受着巨大的痛苦坚持到最后"，一直等待抛妻弃子三十五年的丈夫摩西归来。这种原始的信念让"我"这个知识分子叹为观止，自愧不如。诚如尼采所言，我们将本能看作兽性的、野蛮的东西，但本能也会替我们保命。本能乃是救济的知性，是人人都有的能力。因此，知性的顶端应该是本能，而本能，才是最为知性的。在此，莫言书写了被启蒙者顽强的生命本能与自救能力。最终，她等到摩西归来，过上正常的生活。摩西归来之前，在两个家境殷实的女儿的帮助下，马秀美一度破败的院子安上了太阳能感光板和空调机；摩西归来后，"我想象中她应该腰背伛偻，骨瘦如柴，像祥林嫂那样木讷，但眼

大地的招魂

245

前的这个人，身体发福，面色红润，新染过的头发黑得有点妖气，眼睛里闪烁着的是幸福女人的光芒"。我站在这个重获生机的院子里，感到"一切都很正常，只有我不正常"。小说结尾，"我"以自嘲的语调反讽，不正常的恰是这知识分子自以为是的启蒙意识。莫言让底层农民以坚韧而平凡的生存韧性启蒙启蒙者。乡土作家惯用的启蒙话语在四老爷、马秀美这里自行失效。不难看出，《等待摩西》有意采用鲁迅《祝福》的归乡模式，与之互文对话。若说《祝福》书写了启蒙者的无力，那《等待摩西》则书写了启蒙者的被启蒙。从五四鲁迅的启蒙／反启蒙，到新世纪莫言的被启蒙，正是这种启蒙／反启蒙／被启蒙的内在紧张架构起百年乡土小说丰富多义的话语空间。

　　"作为老百姓写作"的莫言以大地、生命、感觉、想象为经，以知识分子启蒙伦理、农民个体自由伦理为纬，将新历史叙事、后革命叙事与乡土家族叙事编织起来，构筑一个宏阔幽微又真实丰沛的话语空间与意义场域。他的乡土叙事建构了一套独立的价值话语，以柔性的个体叙事伦理解构刚性的主流规范伦理。正所谓正史不实，虚构不虚。他叙事的立足点始终是宏大政治话语、历史时空下，生长于乡土大地上、纠缠于命运网结中孤单的生命个体。他要用笔把那些被历史的洪流挤压冲撞到犄角旮旯里的底层个体拉出，置于叙事的聚光灯下，审视卑微个体如何忍受、承负着历史之重，于历史洪流中照见个体幽微的血肉与经脉，以此向权威的伦理规范挑战。如《生死疲劳》站在个体自由伦理立场，抚慰被冤杀的地主西门闹，肯定逆历史潮流的单干户蓝脸。莫言的乡土叙事是嵌入农民个体生命感觉的自由伦理叙事。个体自由叙事伦理只是陪伴、支撑、安慰的伦理，是现代小说的叙事伦理，而不是规范伦理叙事自以为明澈的理析，或善恶分明的道德评判。因为小说只负责呈现相对的、模糊的、复杂的、充满疑问而又无解的世界图景，或探究开掘个人面对此种处境的可能性空间。对此，莫言警醒"作家千万不要把自己抬举到一个不合适的位置上，尤其在写作中，你最好不要担当道德的评判者，你不要以为自己比人物高明，你应该跟着你的人物脚步走"①。

　　某种意义上，莫言的乡土叙事是一种反本质主义、对抗专制主义的政治结构与伦理结构，借以对抗或整饬现实世界的道德秩序和意义结构。他的乡土小说"描述的是自为性的个体存在、依自如道德生活的个人：不做'善与恶的范例'，不做历史的'客观规律的代表'"。在此，道德也不是群体本位的道德，而是指"我的身体道德，每一个人都'想生活自己的信仰'。道德只是个体自主的感觉价值偏好，个体的我思、我欲、我愿取代道德法官的上帝的位置"。"在道德相对化的生活世界中，道德法庭其实还是有的，不过是自我内心的道德法庭；道德警察也还是有的，不过只在自我内心巡视。道德律令只是'我应该'的有限且相对（别人的）律令，没有'你应该'或'我们应该'的普遍道德律令。"②如此，个体本位的自由伦理某种程度上可以避免陷入群体主义的道德激情中。于是，他笔下的爷爷奶奶蔑视礼法，杀人越货，却有其可爱可敬之处；草莽英雄血气方刚，英勇杀敌，却有其愚蠢可悲之处。他笔下的农民"最美丽最丑陋、最超脱最世俗、最圣洁最龌龊、最英雄好汉最王八蛋"③，最个体也最主体。

　　百年中国乡土文学既有启蒙、革命、人民伦理话语笼罩下的宏大叙事，也书写宏大话语夹缝、断裂处个体生命的情感逸出与道德焦虑，因为任何宏大主流伦理话语都无法彻底解决或抹平个体的道德焦虑。莫言"作为老百姓写作"立场的提出，便是自觉地将自我从"为老百姓"的宏大人民伦理中剥离出来，以个体自由伦理叙事对现代化进程中乡土社会与农民个体付出的情感代价、遭遇的道德裂缝给予深层的伦理与审美关怀。学者张志忠勾勒了莫言长达三十余年的创作历程，从两个方面阐述了莫言为中国农民立言的精神特征：在审美特性上，基于乡村世界的生命浑融所形成的艺术感觉和

大地的招魂

---

①　莫言：《说吧莫言：作为老百姓写作（访谈对话集）》，海天出版社2007年版，第74页。

②　刘小枫：《沉重的肉身》，上海人民出版社1999年版，第166页。

③　莫言：《十年一觉高粱梦——〈红高粱〉创作谈》，《中篇小说选刊》，1986年第3期。

象征意象的营造；在价值评判上，在残酷、血腥、艰辛无比的生存境遇中张扬生命的英雄主义和理想主义。莫言的小说印证了二十世纪中国农民强大的生命力、创造力，生生不息，追求不已。这就是文学化了的中国经验，堪与世界文学对话。"作为老百姓"写作的莫言接续了中国本土化、民间性的叙事传统，确立了边缘性、民间性、世俗性的叙事立场。这种写作立场和叙事伦理的转变对当代中国作家来说意义深远。

第八章　城／乡修辞结构的变迁

百年乡土作家叙事立场的变迁，既表现为知识分子／农民书写关系的衍变，也与城／乡价值结构的变迁分不开。关于乡村与城市的关系，钱穆有一段精辟的论述："乡村是代表着自然、孤独与安定的，而城市则是代表着文化、大群与活动。乡村中人无不羡慕城市，乡村也无不逐渐地要城市化。人生无不想摆脱自然，创建文化，无不想把自己的孤独投进大群，无不想在安定中寻求活动。"诚然，人类由农耕文明向工业文明转型是社会发展必然的大趋势，也符合人类聚族而居的心理。因为"人类从自然中产出文化来，本来就具有和自然反抗决斗的姿态。然而文化终必亲依自然，回向自然。否则文化若与自然隔绝太甚，终必受自然之膺惩，为自然所毁灭。近代世界密集的大都市，严格的法治精神，极端的资本主义，无论其为个人自由的，抑或阶级斗争的，乃至高度机械工业，正犹如武士身上的重铠，这一个负担，终将逼得向人类自身求决战，终将逼得不胜负担而脱卸"[①]。由此可见，乡村与都市的结构性矛盾是物极必反的社会发展定律使然。

为了推动现代化进程，中国百年重工轻农、以农补工的社会发展机制与政策倾斜，形成了城乡二元对立的价值结构。费孝通认为，"在中国的过去和现在，乡村和都市（包括传统的市镇和现代的都会）是相克的"，"所谓相克，也只是依一方面而说，就是都市克乡村。乡村则在供奉都市"。传统的市镇并非生产基地，都会市镇先夺去农村的收入来源手工业，再用高利贷骗取他们的土地。但乡村却靠不上都会，近百年来，"都市并没有成为一个自立的生产

大地的招魂

---

① 钱穆：《乡村与城市》，http://www.aisixiang.com/data/97038.html.

基地，主要的是洋货的经纪站。洋货固然没有大量地流入乡村，但是用来换取洋货的特产却几乎全部靠乡村供奉的"①。农民成为无产者，沦为兵匪，最终仍回过头反噬农村的口粮。庞大的乡村作为沉默的大多数，一直是被压迫、盘剥、利用、鼓动的对象。这种城乡二元对立的结构秩序导致"两种严重的农村经济的症候：土地权的集中和农民的离散"②。对此，费孝通提出城乡合拢的解决途径。城乡合拢是乡村和都市在统一生产的机构中分工合作，即成为平等的利益共生体。都市从消费集团变成生产社区，乡村从农业路线上谋取经济的繁荣。这也是新世纪以来中国城镇化进程一直着力解决的问题。

进入新世纪，城镇化进程改变了城乡二元对立的结构秩序。"乡土中国"不再是"捆绑在土地上的中国"，而是"捆在市场上"，变成"市场中国"③或城乡中国。对此，贺雪峰提出"新乡土中国"的概念。他认为，新世纪中国农村发生了三个层面的巨变：一、2006年延续千年的农业税的取消，改变了国家与农民的关系；二、乡村社会基础结构之变，基于地缘、血缘的宗族姻亲关系日益被市场理性的利益关系取代，农村内生秩序日益松散；三、传宗接代的农民价值之变，由此可称之为"新乡土中国"。基于城乡二元结构，中国形成的"以代际分工为基础的半工半耕的农村劳动力再生产方式"，为全球化背景下出口导向的中国经济提供了充足的高素质廉价劳动力，从而支撑了"中国制造"在全球化无可匹敌的竞争力。同时，城市也开始反哺农村。新型的农村合作社将农业生产与城市市场结合，吸引青年人回到农村创业，培养新型专业农民，打造一支高素质的新型农业生产经营队伍。政府也扶持具有技术和管理能

---

① 费孝通:《乡土中国》(修订本)，上海世纪出版集团2013年版，第257页。
② 费孝通:《乡土中国》(修订本)，上海世纪出版集团2013年版，第164页。
③ 苏力:《新乡土中国·序》，贺雪峰:《新乡土中国》(修订版)，北京大学出版社2013年版。

力的农民工回乡，建立家庭农场、农民合作社、农产品加工、销售企业和农业社会服务机构。但是贺雪峰认为，正是归功于城乡二元结构下农民可以返乡的制度安排，才使得中国作为一个发展中国家，没有大规模出现"城市贫民窟"。[①]对此，也有研究者认为，"在中国城镇化进程中，大量农民转移到城市之后，城市把农民作为劳动力使用，并没有把农民作为城市的居民，也没有很好地为他们提供社会意义上的福利和平等的待遇，这是中国城乡二元结构在城市化进程中的一个特殊表现"[②]。诚然，"农民工"是工业城镇化进程中出现的一个独特的社会群体，需要放在新的城乡关系语境中予以考量。

新世纪以来，随着城镇化进程的推进，城乡二元结构关系松动。城市的扩张、户籍制度的改革、城市对劳动力的需求、国家对"三农"问题的关注，使得城中村、村中城、城乡交融空间多元延展，乡土叙事也日渐从城市/乡村二元对立的价值结构中走出来。城乡的结构性变化带来乡土文学新的叙事空间。贾平凹的《秦腔》《高兴》《带灯》《极花》，阎连科的《日光流年》《受活》《炸裂志》，周大新的《湖光山色》，关仁山的《麦河》《日头》，赵本夫的《无土时代》等作品表现出"'改变乡村'与'守望乡村'的迷惘，刘庆邦的《到城里去》、王十月的《国家订单》、陈应松的《太平狗》等作品中'城市'与'乡村'价值的迷失等，都正在开拓着乡土文学书写的新空间"。对此，雷达提出"亚乡土叙事"概念。他认为："乡土文学的主阵地正在转移，空间也由乡村转向了城市，但乡土之魂的本质还未发生根本变化。它从大自然的怀抱进入了由钢筋水泥建造的高楼大厦、高架桥、高铁，且不得不与各样的电子设备打交道。这类作品一般聚焦于城乡接合部或者城市边缘地带，描写了乡下人进城过程中的灵魂漂浮状态，反映了现代化进程中我国农民必然经历的精神变迁。与传统的乡土叙事相比，亚乡土叙事中的农

---

① 贺雪峰:《新乡土中国·修订版自序》，北京大学出版社 2013 年版。
② 徐林:《应完全取消户籍制度的限制》，https://mp.weixin.qq.com/s/jyHn1jgZpVaqpLS4DzVsUA.

民已经由被动地驱入城市变为主动地奔赴城市，由生计的压迫变为追逐城市的繁华梦，由焦虑地漂泊变为自觉地融入城市文化，整个体现的是一种与城乡两不搭界的'在路上'的迷惘与期待。'亚乡土叙事'所关注的恰恰是当下转型中体现的政治、道德、伦理、人权、性权力、人生理想等精神建构，它远非传统乡土文学中的地域和民俗所能涵盖，也不是启蒙时代的传统批判。这是不是一种更加宽广的道路，是不是一种更有现代意味的诗性呢？"①在此，亚乡土叙事实则是泛乡土叙事，是乡土城市边界模糊之后新的叙事形态。

王光东认为，新世纪以来城乡关系发生了巨大的变化，城乡之间的内部联系日益深刻，导致乡土文学的概念内涵出现了许多新的因素，也出现了以往乡土小说中没有出现或没有展开的一些新的特点：一、在城乡关系交织中书写"人"的命运；二、通过乡土文化反思或乌托邦想象把乡土文化放置在变动的城乡关系中，寻找乡土文化的意义和价值；三、在乡土历史叙述中体现浓重的现实焦虑。②丁帆也认为，陌生的新"乡土经验"，将乡土叙事疆域由传统的乡村日常生活拓展到"农民进城""乡土生态"和"乡土历史"等领域，形成乡土现实主义、浪漫主义、现代主义、生态主义和宗教文化"返魅"等重要叙事现象，叙写了中国社会大变革时代历史的与现实的种种矛盾，揭示和批判了混乱无序的社会价值观念失范。③

概观之，百年中国乡土文学在城乡二元对立的结构性矛盾中，展开不同的叙事维度。"离乡—还乡"是乡土作家于城／乡间往返、

---

① 雷达：《从"乡土中国"到"城乡中国"》，http://www.chinawriter.com.cn/ news/2014/2014-12-15/227836.html.

② 王光东、郭名华：《城乡关系视野中的新世纪乡土小说》，《学术月刊》，2017 年第 7 期。

③ 丁帆、李兴阳：《中国乡土小说——世纪之交的转型》，《学术月刊》，2010 年第 1 期。

搭建的叙事模式。他们在城 / 乡二元对立的价值天平上，表现出不同的情感偏倚与相同的叙事惯性。

第一节　城 / 乡二元对立的叙事惯性

　　基于城 / 乡二元对立的价值结构，百年乡土小说形成了文明 / 愚昧冲突下的叙事惯性。中国百年乡土文学建构了两大类乡土类型，不管是黑暗垢土，还是诗性净土，都隐含着城 / 乡间文明 / 愚昧二元对立的价值评判，即城市与乡村是上流与下流、文明与愚昧的关系。这种二元对立的价值判断源于现代化的思想方案与重工轻农的政策倾斜，具体表现为城市工业化进程对乡土农耕文明的强势入侵、碾压、吞噬。城 / 乡二元对立的价值结构使得农民渴慕都市，知识分子俯视农村。城里人对乡下人有一种先天的身份优越感。农民则有一种集体无意识的身份自卑感。不管是阿 Q 进城当小偷的得意，还是七斤不捏锄头柄的优越，抑或祥林嫂对城里归来的"我"的敬仰，还是祥子进城时对新生活的虔诚向往，又或者高加林渴望进城而不得的失落与悲痛，百年乡土叙事无不将价值的砝码偏移于城市一端。知识分子离开乡村，立足于城市文明俯视、改造乡村的贫穷、落后、愚昧，这是启蒙与革命乡土叙事者惯有的姿态。另一种惯有的姿态则是，离开乡村的"地之子"无法适应都市文明，于是精神还乡，回头从乡土世界寻找栖息之地。"离乡—还乡"也便成为百年乡土作家于城 / 乡间往返而搭建的叙事模式。这背后都折射了城 / 乡二元对立的价值秩序与叙事惯性。

　　纵观百年乡土作家，在城乡二元对立的价值秩序下，从鲁迅、沈从文到莫言，出身农村的知识分子潜意识里都有些乡下人的自卑意识。这种身份自卑使得他们拼命从农村逃往小城镇，去往二线城市，再到一线城市，甚至海外。文学史上习惯把那些生于农村长于农村，却利用各种途径定居城市的作家称为"农裔城籍作家"。这类作家由于具备城乡两方面的生活经验，接触了城乡两种截然不同

大地的招魂

的文化。在城乡二元对立的价值结构中，他们往往遭遇城/乡中间人的身份尴尬，陷入农裔城籍、非农非城的边缘境遇。一方面，他们出身农村，但离乡离土，已不是真正的农民；另一方面，他们又是城市土著眼中的外来者、边缘人。城里人/乡下人两种身份永远无法在作家身上得到融合和统一。他们在城/乡间左顾右盼、进退两难地游移。

概观之，城/乡二元对立的价值结构在乡土文学中被镜像凸显，表现出二元对立的叙事惯性。这种惯性使得离乡叙事遭遇伦理的困境，还乡叙事难脱审美定式。

一、离乡叙事的伦理困境

从基层上看，中国社会是乡土性的。农民在泥土里讨生活，土地是命根，是万物共生之所，是最高地位的神，最近于人性的神。土地因其不变性，具有了精神上的守恒性，这是离乡文人怀乡、还乡情结的根基。现代工业化进程使中国由血缘宗法社会向地缘契约社会转变，离乡知识分子也由宗族血缘、乡土人情式的情感归属，转向都市地缘、商业契约式的身份认同，这导致离乡知识分子叙事伦理的困境。与知识分子的背井离乡不同，农民是"以农为生的人，世代定居是常态，迁移是变态"①。农民的身份认定是宗法血缘式的，具有代际传承的稳定性。工业化进程使城乡二元结构化，二元对立的结构使知识分子与农民在命运上分道扬镳，命运的分道扬镳导致二者身份认同与精神归属的隔膜。这种隔膜根源于农民/知识分子与土地关系的不同：农民与土地是世俗、功利、实用、捆绑的关系，生存的艰辛使得农民滋生怨土、离土倾向；知识分子与土地是超越性、精神化、想象化的关系，审美距离使得知识分子保有怀乡、还乡情结。只是，知识分子怀乡情结的前提是能够自由离乡。没有离开，何来怀乡？既然怀乡，为何离开？由此可见，知识分子

---

① 费孝通：《乡土中国》（修订本），上海世纪出版集团 2013 年版，第 7 页。

离乡叙事的伦理困境在于，理性上的离乡意愿与感情上的怀乡情结难以调和。

鲁迅因为知识分子逃离故土、流寓异域的共同视角，将五四"乡土写实小说流派"称为"侨寓文学"。五四乡土作家大多是从乡村走向大都市的青年，离乡又怀乡的矛盾情愫交织在他们的作品里。他们以清醒冷峻的批判，自觉地背离乡土，但背离中杂糅着眷恋，表现出乡情与理性、理性与道德、传统意识与现代观念的悖论。从五四乡土作家开始，离乡又怀乡的知识分子便在城／乡二元对立的叙事结构中，遭遇身份认同的矛盾。这种矛盾主要表现为，以"地之子"自居的作家与作为启蒙者的叙事主人公间离乡又怀乡的伦理困境。作家向往都市，一路背离乡土，启蒙叙事者则不断回首童年与乡村。启蒙者面对祥林嫂的疑问，支支吾吾含糊其词，漂浮的启蒙话语流于自说自话。离去的事实反衬怀恋的伪饰。说到底，怀乡只是离乡知识分子的伦理抚慰，丝毫不能为乡土带来什么改观。知识分子的离乡／怀乡叙事呈现为一种心理症候与伦理困境。这就是为什么回到故乡的"我"面对祥林嫂的惨死、闰土的麻木，无可奈何。离乡知识分子的那点乡恋情怀在现实的厚障壁面前，是不堪一击的。

若说五四乡土作家怀有漂离故土的乡愁，那"上山下乡"的知青则有逃离乡土的负疚感。知青作家归去来式的叙事模式遵循怀念加负疚的心理轨迹。很多知青小说书写回城知青的还乡之旅，既有怀旧情感的满足，又有践约的内在紧张等。知青乡土叙事在抚慰青春伤痕的同时，也为离去申辩、申诉，表现了一代人在去／留、怀念／忘却、重访／背离间的矛盾情感与认同困境。知青叙事的时代独特性在于书写了作为城乡中间物的知青一代身份认同的焦虑与救赎困境。作为时代症候的知青乡土叙事，将政治历史难题转化为个体道德认同的困境。对照鲁迅一代的离乡，知青自认为对第二故乡负有道义责任。张承志《黑骏马》用背弃—救赎的叙事模式，表达知青辩护与忏悔、救赎与原宥的复杂情愫。张承志自称草原义子，但义子毕竟不是亲生子。义子终究是要离开的，这是张承志情感与道德难以自洽的困境所在。与张承志草原义子的身份不同，莫言则是土生土长的乡野农民。有意思的是，莫言的《白狗千秋架》与张承志的《黑骏马》有相似的"背弃—救赎"的叙事模式，都表达了离乡知识分子的伦理困境。在此，二者可谓殊途同归。

研究者认为，新时期文学在"乡土叙事者"之外还有"乡土叙事反思者"，即通过外在的道德伦理来重新梳理自己曾经生活过的（插队/逃离）乡村景象，这以二十世纪八十年代中期出现的"寻根文学"为代表。在这一"名目"下出现的作品，其中的乡村成为"落后野蛮愚昧的疆土"，人与人之间的关系以"恶意"构成，而成为对中国乡村社会的一种强烈的隐喻。作为对照，"身处其中的莫言，却在一段时间的实际创作实践之后，很快就进行了新的思考，赋予"乡村世界"新的活力——普世价值观、人道主义。还有几个关键词：同情、悲悯、忏悔、救赎、宽恕。①笔者认为，莫言区别于其他乡土作家的地方在于，他一直以农民身份警醒自己，以此保持为人与为文的农民本色与泥土气息。他逃离农民命运的同时，时刻自觉于农民身份。这种背离与张力使他的乡土叙事更具升腾的空间、超越的动能、宏阔的视野、情感的深度、悲悯的力量。

九十年代以来，乡土知识分子笔下的离乡愿望因都市橱窗幻象的诱惑，越来越强烈。贾平凹、迟子建、方方、孙惠芬等作家都关注离乡女性的生存境遇。入围茅盾文学奖徐则臣的《耶路撒冷》显现了七〇后一代建构自己的命运共同体、寻找自己的时代精神坐标、提出一代人思想命题的气魄。"耶路撒冷"意象既是七〇后作家"到世界去"的精神路标，又是作者试图熔铸历史/当下、个体/民族、中国/西方于一体的思想晶体。但这仍然无法掩饰小说开篇离乡者叙事伦理的偏失。离乡者"我"当年为了心中的理想，毅然决然辞去家乡小县城的工作，来到北京，成为京漂一族。为此，与我相恋多年的恋人也辞去工作，一同前往。但后者终于抵挡不了生活的艰辛与青春的紧迫，与我分手，回到故乡，嫁作他人妇。小

① 叶开：《莫言与新时期文学三十年》，《文学教育》，2013 年第 6 期。

说开篇便写多年后离乡者在北京站稳脚跟，重回故乡，重会恋人。"我"在恋人乳期婴儿的注视下，与恋人重温旧梦。叙事者心心念念的不是一己梦想的追求带给恋人的情感创伤，反而津津乐道于重温旧梦时的快乐。这里潜隐着离乡者对恋人的情感掠夺。为了掩饰这种掠夺背后的伦理缺席，叙事者赋予恋人无怨无悔的献身精神。隐含作者用知识分子的巧妙修辞帮叙事者弥合了离乡者叙事伦理的裂缝，这是《耶路撒冷》的叙事症候所在。

不同的是，离乡叙事的伦理困境在格非新作《望春风》中被破解。小说非常巧妙地创造了一个离乡不离土的叙述者"我"的角色。"我"是儒里赵村的孤儿，后因改嫁母亲的照顾，离开家乡来到南京乡郊的砖瓦厂当图书管理员。离乡不离土，让"我"获得阅读的机会与自我言说的能力。这部小说便是"我"所写下的儒里赵村的一些人与事。隐含作者特地创造这样一个乡村社会的局内人作为自身故事的讲述者，有效地弥合了知识分子离乡叙事的伦理困境。"我"离乡不离土，后半生反而逐渐往故乡靠近。"我"不是知识分子，却拥有自我言说的能力，一边以忧伤、怀旧的笔调书写半个世纪儒里赵村日渐沦为废墟、野地的乡土哀歌、挽歌；一边让"纷乱的时间开始了不可思议的回拨"，让工业化进程的"巨大的惯性运动，出现了一个微不足道的停顿"，让我与春琴"不值一提的幸福，与整个社会的发展趋势背道而驰"，一起哼起久远的乡土牧歌。作者让年过半百的"我"在因商业征地而沦为废墟的故乡谋得一块栖身之地，机缘巧合与春琴在儒里赵村的村头过起无电无邻的世外桃源生活。两个老人在荒郊野外过起了男耕女织的桃花源生活，回归农耕时代，回归童年的起点，最初的出发地，世纪轮回般重新回到创世纪的起点。这实则是作者田园乌托邦情结的折射。《望春风》标题便寄寓了作者渴望乡村重焕生机、重建桃花源的乌托邦冲动。"我"朝东南西北望了望，"只有春风在那里吹着"，与春琴一起想象"儒里赵村重新人烟凑集，牛羊满圈，四时清明，丰衣足食，我们两个人，你，还有我，就是这个新村庄的始祖。到了那个时候，大地复苏，万物各得其所。到了那个时候，所有活着和死去的人，都将重返时间的怀抱，各安其分。到了那个时候，我的母亲将会突然出现在明丽的春光里，沿着风渠岸边的千年古道，远远地向我走来"。作者让一个局内的离乡不离土的乡土书写者亲自践行这个理想，这比知识分子的局外人视角与愿景更真实可感。"我"写下一个村庄的凋零败落史，"仅仅是为了让那些头脑中活生生的人物不会随着故乡的消失而一同淹没无闻，如此而已"。只是作者塑造"我"时既没有赋予"我"清晰的性格个性，也没有丰满的心理铺垫。这使"我"的形象、身份、性格模糊、空洞。作者借"我"弥合离乡叙事的伦理裂缝，却没有拉开自己与叙事者"我"的距离，"我"说出的话不就是隐含作者的声音吗？正因如此，"我"自始至终似乎都没有拥有独立、丰满、真实可感的生命，而显得意念符号化。另外，这篇小说是一部群像小说，由于作者笔力过于分散，儒里赵村的乡民性格辨识度不高。除了赵礼平一峰突起，其余的人都随着工业化进程的推进，与乡村一起晦暗、凋零下去。这使得整部小说叙事基调伤感、晦暗，人物性格模糊一片。

纵观百年乡土叙事，在启蒙、革命、战争、政治、商业等时代话语洪流的冲刷下，"知识者的'土地'愈趋精神化、形而上，农民的土地关系却日益功利、实际"[1]。不少作家在表现城乡交集时出现了价值选择与审美判断上的矛盾：在面向乡村文化时往往显示出现代批判和启蒙姿态，而在面对城市文化时却又流露出留恋乡土、回归传统的游移。[2]离乡者如何突破叙事的伦理困境，寻找切入乡土腹地的通道与言说的自洽性？这是需要持续思考的问题。

二、还乡叙事的审美定式

人有怀旧的本能。海德格尔说，还乡就是返回与本源的亲近。人既仰望苍穹，也亲近大地。现代工业化的进程使得人背离大地，

---

① 赵园：《赵园自选集》，广西师范大学出版社 1999 年版，第 224 页。
② 雷达：《从"乡土中国"到"城乡中国"》，http://www.chinawriter.com.cn/news/2014/2014-12-15/227836.html.

为返回与本源的亲近，人要诗意地栖居在大地上。还乡，是乡土叙事的母题之一。百年乡土作家"返乡的深层原因在于中国文学的'大地崇拜'。对自然的亲近、对土地的眷恋是典型农业文明形态，它结构文学的叙事和审美方式"①。细加辨析，在不同乡土作家笔下，还乡叙事表现出不同的价值维度：伦理化还乡、审美式还乡、本源性还乡等。

　　五四乡土作家的还乡叙事寄寓思想启蒙者的批判精神与人道情怀，是一种伦理化的还乡。若说五四启蒙者的还乡是都市先行者引领乡土世界，跟随现代化进程，向前追赶；那京派乡土作家审美式还乡，则是都市边缘者对农耕文明的诗性回望。他们或为桃花源的消逝唱一曲挽歌，如沈从文的《边城》；或为人与自然的和谐唱一曲牧歌，如汪曾祺的《受戒》。京派乡土作家的还乡叙事是一种审美化的怀乡。沈从文类执拗的"乡下人"，疏离都市，回归山水田园。但这种审美化的怀乡是城市文人有保留的、想象性的回归。通过象征性地精神还乡，他们暂时告别、忘却喧嚣的都市文明，获得灵魂片刻的安宁。这背后隐藏乡土/都市二元对立的审美心理定式，即乡村是恒定的、宁静的、诗意的；城市是流动的、喧闹的、功利的。与沈从文对诗性田园的审美想象相对，师陀笔下的还乡者对乡土的"凝望""其实正是他自己在远离故土的地方对于自己灵魂的凝望，充满了他个人的体验、欲求以至于精神气质：对灰色人生的厌恶和对于浪漫气味幻想的神往和呼唤"②。真正俯耕大地的农民是无暇凝望乡土的。如路遥的《人生》便写出了回乡知青的还乡恐惧与进城渴望，莫言也不止一次地憎恶农村艰苦的命运，阎连科也很憎恶反感乡土的藏污纳垢。

　　实际上，审美式还乡多半是知识分子城市病的一种反照。怀乡，作为一种内省体验，主要是知识分子精神上的自我抚慰。许多都市作家也书写乡愁，表现出精神还乡的渴望，如新感觉派的乡土

---

① 黄佳能：《新世纪乡土小说叙事的现代性审视》，《文艺理论与批评》，2006 年第 4 期。

② 赵园：《地之子》，北京大学出版社 2007 年版，第 257 页。

情结是他们都市情绪的衍生品。因为只有远离乡村，面对都市，才能把都市和乡村放在二元对立的价值结构中进行对照，才会对远方的乡村产生审美化的情感想象。新感觉派的乡土情结其实是疲倦的都市人做的一场短暂的精神还乡梦。"这种怀乡梦实际上是城市文化的一个附件，城市文化将未曾解决的难题推卸到乡村，从而求得了一个诗意的答复。"①这实际上是新感觉派把精神的重负转换成虚无的乡土梦想，以此慰藉漂泊不定的都市灵魂。又如苏童生于城市，长于城市，"枫杨树乡"是他虚构的纸上的故乡，作者借此实现精神的还乡。正如他所说的："人们就生活在世界的两侧，城市或者乡村，说到我自己，我的血脉在乡村这一侧，我的身体却在城市的那一侧。"②说到底，还乡是人类的追根溯源的精神本能使然。苏童忍不住站在城市的边缘眺望乡村，对此他说："在这些作品中，我虚构了一个叫枫杨树的乡村，许多朋友认为这是一种'怀乡'和'还乡'情绪的流露。枫杨树也许有我祖辈居住的影子，但对于我那是飘忽不定的难以再现的影子。我用我的方法拾起已成碎片的历史，缝补缀合，这是一种很好的小说创作的过程，在这个过程中我触摸了祖先和故乡的脉搏，我看见自己的来处，也将看见自己的归宿。正如一些评论所说，创作这些小说是我的一次精神的'还乡'。"③王德威指出："苏童的魅力何在？他引领我们进入当代中国的'史前史'，一个淫猥潮湿、散发着淡淡鸦片幽香的时代。他以精致的文字意象，铸造拟旧风格；一种既真又假的乡愁，于焉而起。"④

"既真又假的乡愁"的书写实则是精神还乡者怀旧回望的审美定式使然。这种回望因缺乏厚实的乡土经验与历史根基，而使怀乡成为一种没有时空坐标的精神漂泊。其实，漂泊是知识分子的宿

---

① 冯仙丽、杨路红：《都市梦魇下的精神还乡——论新感觉派的乡土叙述》，《浙江工贸职业技术学院学报》，2004 年第 4 期。
② 苏童：《自序》，《苏童文集·世界两侧》，江苏文艺出版社 1993 年版，第 2 页。
③ 苏童：《自序》，《苏童文集·世界两侧》，江苏文艺出版社 1993 年版，第 1 页。
④ 王德威：《南方的堕落与诱惑》，《读书》，1998 年第 4 期。

命。真正的还乡者是路遥这类回乡知青。不同于都市知识分子还乡者对乡土的诗意想象与审美回望，农民出身的知青重回故乡，内心是痛苦、绝望的，如《人生》中的高加林。对于还乡知识分子而言，故乡是观照自我的镜像、建构自我的他者。对于回乡农民而言，故乡是命运的窠臼、符咒。回乡就是难逃宿命。由此可见，苏童的精神还乡叙事是"远离具体的时间和空间的乡土和家族'兀自的传奇'，这种孤独的'精神还乡'，既不能正视真正的乡土疼痛，也不能抚慰个体真实的'精神焦虑'，这是苏童写作的悖论，也是当时先锋写作共同的困境。"[1]而贺桂梅则认为先锋作家没有时空坐标的艺术世界的营构，"在某种程度上可以说，这是一种'世界主义'（实则是"西方主义"）的对待文学传统的方式，构建着先锋小说的'人类'想象，也使他们悬浮于当代中国的'地点和时间'之外"[2]。这既是先锋作家的一种形式的意识形态，也是审美化还乡叙事的症候。

　　本源性还乡源自对生命起源的追寻。乡土大地被赋予母性、子宫的寓意。乡恋乡愁，是人类母体依恋的心理置换、情感转移与象征形式。迷失本源、本土、本性的本能恐惧驱使人们去怀乡、寻根。这类怀乡叙事在寻根小说、新历史小说、知青小说中较常见。文化寻根是新时期作家集体性的精神还乡。他们为了净化被都市文明污染的灵魂，抱着近乎宗教的热情，寻求救赎之道。乡土成为施洗的圣水、精神的圣地。如张承志草原义子式的精神回归，郑万隆寻索生命图腾的神圣之举，莫言泼墨如血的狂放激情。自由阔大的乡情体现在《红高粱》的卷首题词："谨以此书召唤那些游荡在我的故乡无边无际的通红的高粱地里的英魂和冤魂。"莫言、张炜将乡土野地意象化，使之变成农耕文明的载体，表现出回归野性与野地的还乡冲动。王安忆《岗上的世纪》则将乡土世界的生命本能神话化，使之成为知青漂泊灵魂升华的乐园。韩少功的《归去来》延

① 吴雪丽:《乡土梦魇末世传奇——论苏童的"枫杨树乡"系列小说》，《扬子江评论》，2010 年第 2 期。
② 贺桂梅:《先锋小说的知识谱系与意识形态》，《文艺研究》，2005 年第 10 期。

续古老的魂兮归来的母题，讲述知青的怀旧归乡如何逆转为一次虚实莫辨的梦魇式漫游。知识分子归向何处？正如严歌苓的《陆犯焉识》的归来，"这一回归引发一种诡秘的征候，'家'及'非家'的感受混淆不清，因此引起回归者最深层的不安"[①]。

还乡叙事通过文人的心理预设、集体意识、共同经验、形式惯例，建构精神的原乡。还乡者因精神原乡的想象性与不可验证性，必然在现实的还乡中遭遇现实与理想的落差，回归后再度被放逐。漂泊成了知识分子的宿命。这是怀乡叙事的审美定式使然。其实，知识分子历来在城乡间漂移。早自战国，无根的游士，轻去其乡。秦汉时期，士大夫开始宗族化、士族化、地主化、恒产化。少宗族、无恒产的先秦游士时代结束。因为有深厚的经济根基，士人才可能解甲归田、告老还乡。近代科举废除，自由漂泊的现代知识分子群体出现。知识分子开始集体性地向都市迁移。知识分子的城乡漂移，涉及士与土的关系。对此，古人早有探讨。无土则人不安居，无人则土不守，无道法则人不至，无君子则道不举。漂泊与还乡成为远离土地的现代知识分子精神的双翼。有论者认为，二十世纪二十年代、八十年代的乡土叙事对乡土进行文化批判，三十年代、九十年代的乡土叙事则是文化还乡。[②]笔者认为此论值得商榷。离乡/还乡是乡土文学固有的结构形态，可谓贯穿百年乡土叙事的始终。当然，新世纪以来，城镇化进程会使城乡界限日渐模糊，乡土文学由地域叙事转变为空间叙事，最终延展、扩大为生态叙事。离乡/怀乡因城乡地域界限的消失，可能越发成为一种想象性的精神活动。

统观之，百年乡土文学在城/乡二元对立的价值秩序与思维框架下，表现出诸多叙事局限。首先，现代工业化进程是历史的必然趋势，但现代工业化转型是以农村支持城市为前提的。思想启蒙派乡土叙事批判落后、愚昧的农民，以顺应现代化进程，却未能看到

①　王德威：《魂兮归来》，《当代作家评论》，2004 年第 1 期。
②　丁帆等：《中国乡土小说史》，北京大学出版社 2007 年版，第 194、197 页。

广大的农村作为都市工业生产的原料供给地所做的贡献。另外，对农民而言，中国乡土社会的出路只有融入城市吗？另一方面，对诗性田园派乡土作家而言，乡土成了对抗工业文明污染的最后堡垒。沈从文以乡下人自居，借文化想象的乡土建构知识分子的人性小庙，贾平凹护卫传统，张炜高喊"融入野地"。只是，如果罔顾这样的现实，想象中的诗性田园真的能安放都市文人的灵魂吗？

自左翼乡土文学开始，至"文革"，城/乡二元对立的价值结构日益简化为资产阶级/无产阶级，堕落/进步的阶级斗争模式。作家从政治层面将笔下的农民划分为革命者/被革命者的二元结构。政治化的乡土遮蔽乡土本身丰富驳杂的文化质地。如三十年代的"丰收成灾"题材小说，以土地革命为现实根基，具有鲜明的阶级分层意识。至"土改小说"，二元对立的阶级意识一统天下，遮蔽了乡村微妙复杂的宗族、血亲、邻里关系。主流意识形态话语阉割了作家与现实对话的多种可能性，字里行间只见阶级斗争，未见突破政治观念的灵魂的角逐。如周立波《暴风骤雨》中人物的脸谱化、类型化。当然也有超越二元对立思维的土改叙事，如张爱玲《秧歌》《赤地之恋》等。由此可见，囿于城/乡二元对立的思维框架，"文学叙述中的乡村，不管是用来抵抗现代文明的诗意家园，或是把它作为现代化动力的意识形态创作，或是在全球语境下所作的本土神化创作，乡村在很大程度上都变成了记忆所制造的话语——而不是现实本身"[1]。

第二节　二元并置的叙事语法

若说思想启蒙派与诗性田园派外位于乡土社会，立足于城/乡二元对立的价值结构，批判或缅怀乡土文明，莫言则以一种乡土本

① 轩红芹：《"向城求生"的现代化诉求——90年代以来新乡土叙事的一种考察》，《文学评论》，2006年第2期。

位的视角，直观乡野世界的原始生命形态。莫言出身农村，生于乡土，长于乡土，劳作于乡土，是地地道道的农民。其乡土叙事从生命本能出发，以开放的感觉与自由的形式跳离二元对立的价值框架，遵循二元并置的叙事语法，营构歧义丛生的高密东北乡，表达既爱又恨、矛盾模糊的城乡情感。

　　既圣洁又卑劣，既美丽又丑陋，这是莫言惯用的二元并置的叙事语法。莫言的乡土情感矛盾而真实："我曾对高密东北乡极端热爱，曾经对高密东北乡极端仇恨，长大后努力学习马克思主义，我终于领悟到：高密东北乡无疑是地球上最美丽最丑陋、最超脱最世俗、最圣洁最龌龊、最英雄好汉最王八蛋、最能喝酒最能爱的地方。"他既以民间艺人的审美情怀怀乡、还乡、颂扬、回归乡土，又以现代知识分子的身份立场怨乡、离乡，审视、超越乡土。小说中，莫言深情地书写乡野世界原始的生命活力。现实中，莫言决绝地表达对高密东北乡的厌恶："十五年前，当我作为一个地地道道的农民在高密东北乡贫瘠的土地上辛勤劳作时，我对那块土地充满了仇恨。它耗干了祖先们的血汗，也正在消耗着我的生命。我们面朝黑土背朝天，付出的是那么多，得到的是那么少。……当时我曾幻想：假如有一天我能离开这块土地，我决不会再回来。"①无独有偶，贾平凹对故土，也是恨这个地方，爱这个地方。对此，学者季红真认为："乡土社会的基本视角与有限制的童年视角相重叠代表他这一时期的叙述个性，并且在他的文本序列中，表现出恋乡与怨乡的双重心理情结。"②农民出身的莫言以既爱又恨的情感杂糅、怨恋并置的叙事语法，建构歧义丛生的高密东北乡。高密东北乡是他的精神血地，但绝不是世外桃源。这里有升天堂的大飞扬，也有下地狱的大悲恸。高密东北乡是美善吊诡的地狱里的天堂。

　　因为对乡村既爱又恨的情感杂糅，莫言对城市的情感立场也矛盾模糊。对乡土世界，莫言既颂扬其原始生命力与酒神狂欢精神，

---

① 莫言：《我的故乡与我的小说》，杨扬：《莫言研究资料》，天津人民出版社2005年版，第30页。
② 季红真：《恋乡与怨乡的双重情结》，《文学自由谈》，1993年第1期。

又拼命想逃离农民的命运。对乡野农夫，《红高粱家族》既颂扬祖辈的原始生命力，以此反照都市文明浸泡下孙辈的精神贫血缺钙，又批判山野之民的愚蛮鲁莽、落后愚昧。对都市文明，莫言既批判其精神的麻醉与灵魂的堕落，又一路朝着大都市奔去，以彻底逃离耗干了祖先们血汗的农村。与对农民的矛盾态度相比，莫言对城市知识分子的态度则很明朗。他让启蒙者自我启蒙，批判者自我批判，如《酒国》对知识分子的反讽，《蛙》对作家的反思，《等待摩西》对还乡启蒙者的反向启蒙等。

细加辨析，莫言对乡土世界与都市文明的情感杂糅，背后潜隐着现代工业化进程中，作家情感评判与审美评判的价值离合，历史评判与道德评判的立场错位。在这点上，鲁迅、沈从文、贾平凹、莫言等乡土作家殊途同归。在都市与乡村的情感天平上，他们自觉不自觉地偏向后者，却都背离农村，奔向都市。他们寓居都市，心头笔尖萦绕不去的是精神还乡者的乡愁。他们以城市异乡者的眼光审视都市文明，却又离不开城市提供的生活便利、文化资源。说到底，百年乡土作家大多在城/乡两种文明形态间寻求身份认同的平衡点，最终却难逃乡土逃离者与城市外来者的尴尬处境。

这种离合错位与尴尬处境，使得莫言笔下的乡土世界呈现出美善吊诡的色彩。所谓美善吊诡，指美不仅仅表现善，还包含真，而真的，未必是善的。"美的核心里可以找到某种罪恶意味的东西，但不应回避它，而是去领会它，从想象中去感受它。"[1] "美是作为人间存在的悲剧性如实的矛盾相克的现场，在美的领域里，双方的岸边相碰在一起，所有的矛盾聚集在一起，美是人间存在不可避免的存在形式，这种存在形式包含了存在于人间内部所进行的神与恶魔的斗争。"[2]在此，美不是完美，丑也不是缺陷。真实的艺术美理应是美与丑、美与恶的矛盾体。真正的文化批判者是以魔鬼的形象

① 薛家宝:《唯美主义研究》，天津社会科学院出版社1999年版，第198页。
② （日）川端康成:《川端康成散文》（上），叶谓渠译，中国广播电视出版社1999年版，第84页。

出现的，是最大的不道德者。中国文化缺乏魔鬼因素，如尼采、如英国浪漫主义时期的"撒旦派"诗人。中国的文化批判者是以最大的道德者身份出现的，强大内省机制的缺乏，导致冷嘲与热讽的欠缺。难怪深刻如鲁迅者说他身上有鬼气。其实，莫言身上也有邪气，他亦正亦邪，亦庄亦谐。莫言正是以狂放恣肆的酒神精神，打破天地人神、妖魔鬼怪的道德界限，超越城／乡二元对立的思维定式，以二元并置的叙事语法，构筑美善吊诡的高密东北乡。在他笔下，文明／愚昧、进步／落后的思维框架与价值秩序被打破，美／丑艺术世界的生态平衡被打破。莫言的乡土叙事审美、审丑杂糅，形成美善吊诡的、有意义的粗野与原始生态的"艺术色情学"。莫言的乡土艺术色情学拒绝道德阐释，是现象学意义上的感官呈现。

莫言的乡土叙事用感觉与想象的经纬编织乡野世界的血肉身躯，还原它美善吊诡的驳杂质地。其乡土叙事原生态地呈现乡土世界混沌蛮荒、生机勃勃的生命感觉，使其焕发出泥土的气息。他笔下的乡土世界是模糊暧昧的、生机勃勃的。它承认并承担个体生命的偶在性和道德价值的模糊性，面对的不是一个唯一的、绝对的真理，而是一大堆相互矛盾的相对真理。天马行空的想象、野性原生的感觉、泥沙俱下的欲望，使得黑白倒错、价值颠倒、是非混淆。如《丰乳肥臀》中地母圣母一体化的母亲，通过偷情与不同的男人生育不同的孩子，这种行为体现了莫言超越常规道德拘囿的、二元并置的情感语法，表现出艺术的反道德性。或者，对艺术家而言，艺术就是最高的道德。又如《生死疲劳》通过动物的认知视角与感觉触须，讲述五十年来中国农民与土地的关系及其变迁。小说以动物的原生态感觉，现象直观地呈现宏大历史话语背面的民间小历史。由于六道轮回，西门闹每次都有自己不同的道德语法。在六道轮回中，道德的模棱两可状态出现了，这映照出宏大历史的道德刚性。只有拒绝所谓绝对真理式的历史道德语法的通约，众生方能平等。不难看出，莫言对动物六道轮回的顺序作了精心的安排，从中寄寓农民／土地、城／乡关系的思考。驴和牛作为农耕的重要工具，最适宜表达人与土地之间的亲近。蓝脸和西门驴、西门牛之间深厚的感情表现的正是人与土地之间的水乳交融。尤其蓝脸，他是古典农民的活化石，坚执地忠诚于土地。而猪作为最寻常的家畜，用来表现"大跃进"时的历史风貌更是再合适不过了。狗和猴的选择，更为有趣。莫言借助这两种动物暗度陈仓，巧妙而不动声色地完成了小说叙述重心从乡村向城市的转移。因为和前几种动物相比，狗和猴显然已经宠物化、娱乐化，但它们离城市却更近了，它们可以理所当然地进入城市的街道或广场，担当起叙述城市的重任。^①从牛到猴，西门闹的灵魂离乡土越来越远，生命力也日渐驯化。最后沦为城市广场上被人戏耍的猴。

　　《生死疲劳》中，莫言的叙事视角繁复多样，叙事立场模糊多义。章回小说的说书人姿态正好表达个人道德生活的繁复和多样，因为"说书预设了读者——听众的在场，说书人是一种声音，一种包含和模仿所有声音的'大声'，古代的小说是'说'出来的，而且是'大说'，现代的绝大部分小说是'写'出来的，顶多是'小说'"。《生死疲劳》以其多声部的复调叙述，力求从总体上讲述乡土中国人与土地的关系，成为"一次罕见的大说特说"^②。另外，大头儿与蓝解放构成对立又对话的复调关系，彼此消解又互相矛盾。而书中的莫言不纯粹是一个作家，他的出现使原小说的叙述者存在。这样"大头儿、蓝解放、莫言这三者构成三重对话关系"。莫言情感语法的模棱两可恰恰是作者认知广度、情感力度与思想深度的表征。

　　莫言借助直觉、感觉、想象、回忆，尽可能呈现丰富驳杂、泥沙俱下的原生态乡土生活。其实，乡土世界具有超越人智的晦涩，不允许作家冷静全面的观察。作家自以为是、无所不知的言说，只是给乡土世界现实的苦难之外再添加一层话语的遮蔽。纵观百年乡土叙事，农民被言说的方式，就是他被话语控制的方式。没有超越，也就没有拯救。人民伦理下空洞的英雄叙事只见群体集市里的

大地的招魂

① 刘伟：《"轮回"叙述中的历史"魅影"——论莫言〈生死疲劳〉的文本策略》，《文艺评论》，2007 年第 1 期。
② 莫言：《莫言对话新录》，文化艺术出版社 2010 年版，第 304—305 页。

狂欢，少见农民个体大地、旷野里的呼号。

莫言的乡土叙事关注乡土社会个体生命与生活世界的复杂关系。说到底，上帝知道多少人的头发，伦理学就知道多少个人。在莫言笔下，乡土世界有多少个活生生的生命，就有多少个人的伦理价值。这就是为何莫言在《蛙》中，仪式般地让姑姑和郝大手婚后，一个描述一个捏，将姑姑经手的流产胎儿全然复活。因为对个体生命的关注，莫言笔下的农民不再是"高大全"的阶级符号，而是一个个鲜活的人物。他们既有沉重的肉身，如《檀香刑》《丰乳肥臀》《生死疲劳》中的孙丙、母亲、西门闹；又有飞扬的灵魂，如《红高粱》《姑奶奶披红绸》中的奶奶等。莫言的乡土叙事站在个体自由伦理立场上，剥开社会道德、政治话语的浮藻，裸露、透视乡土世界个体的生命感觉与生存困境。如《透明的红萝卜》中，极左年代的喧嚣虚化为背景，黑孩卑微顽强的生命状态被聚焦，后者是对前者的反击、穿越。个体自由伦理具有美学启示力量，而非道德训诫力量。又如《生死疲劳》通过动物的视角裸露被极左革命历史遮蔽的个体声音，并以动物诗性的感觉狂欢反衬历史荒诞的集体癔症。正如理查·罗逖所说："只要一本书有可能具备道德相关性——有可能转变一个人对何为可能和何为重要的看法，便是文学的书。"[1]在这个意义上，文学，就是更高意义上的道德。个体自由的叙事伦理，开放复调的叙事立场，模糊多义的道德悬置，使得莫言的乡土叙事跳出城/乡二元对立的思维拘囿而接近现象学式的生命直观。

莫言的乡土叙事遵循二元并置的叙事语法，拒绝先在的思维秩序与道德指令，具有反政治的政治性，体现了一种叙事民主。若说对人进行伦理编码即为礼，规范知识便形成规范伦理。社会结构不变动，规范会成为传统。规范伦理与叙事编码所形成的个体自由伦理不同。规范伦理指向应然，基于个体自由的叙事伦理则追求或

① （美）理查·罗逖：《偶然、反讽与团结》，徐文瑞译，麦田出版社1998年版，第154页。

然。莫言《红高粱》中的野合场景就是一个张扬个体自由伦理的仪式：以个体自然野性的性爱对抗社会等级秩序的禁忌。刘小枫认为："个体生命的偶在性与社会制度意识形态下伦理秩序的规范性相冲突的问题，建立在自如欲望之上的自律伦理与建立在社会形式规范上的他律伦理，是作为现代性的伦理问题。"①莫言的乡土叙事无疑一再触碰现代性的伦理问题。在莫言小说中，看不到革命乡土小说自以为明澈的理析，或善恶分明的道德评判。道德的前提是个体的自我选择，没有自我选择权利的状况本身是不道德的状况。莫言的乡土叙事具有一种反政治的政治性。在他这里，复调多义的叙事结构、二元并置的情感语法即政治。

当然，二元并置的情感语法也折射了莫言"自居为乡下人的知识分子的文化优越感，与在泥土中挣命的真正乡下人的文化自卑心理"②，试想莫言若真要一味认同老百姓的价值，又何须奋力离开农村？细加辨析，不难发现莫言二元并置的乡土叙事语法表现出离乡冲动、怨乡情绪与还乡本能的矛盾张力。作为农民出身的知识分子，莫言对家乡"极端热爱"又"极端仇恨"。对此，陈晓明认为，莫言与乡土大地的伦理关系表现出恋母式的怀乡情结、憎父式的怨乡意识。③莫言恰是在怨乡／怀乡二元并置的情感语法中编织独特的乡土世界，并达到独特的深度、广度、厚度。

第三节 "超越故乡"的意象写作

遵循二元并置的情感语法，莫言实现了对故乡的超越。对乡土作家而言，超越故乡是一个重要的价值立场、深刻的哲学命题。所谓超越，既超越作品产生的时代，还可能启示一个新的时代。"超越故乡"的乡土叙事，首先要超越城／乡二元对立的思维定式，打

---

① 刘小枫：《沉重的肉身》，上海人民出版社1999年版，第143页。
② 赵园：《地之子》，北京大学出版社2007年版，第9页。
③ 陈晓明：《表意的焦虑》，中央编译出版社2004年版，第451、454页。

大地的招魂

破城乡边界。"这其实就是一种边缘化的写作，或者说是一种非驴非马的写作，非驴非马就是骡子。好的文学就是骡子。""如果说城市是马，乡村是驴，那我想，一个写作者最好的位置是骑在骡子上，当然，你应该先让马和驴结婚，生出骡子来。""超越故乡"的写作便是让乡村的驴与都市的马杂交，生出非驴非马的骡子。所以，"一个作家根本就不必去考虑什么乡村还是城市，你应该直奔人物而去"。写出独特环境中的独特人物。在二元并置的情感语法下，莫言的乡土叙事从乡土生命本能出发，以开放的感觉与自由的形式跳离二元化的价值框架，用童年经验、泛灵思维、魔幻想象和人文情怀建构自成一界、自由无界的"高密东北乡"。"高密东北乡"既是莫言的精神故乡，又是"超越故乡"，超越城/乡二元对立后的文学王国。他"用写作发现故乡，返回故乡，超越故乡"[1]。莫言在获得茅盾文学奖后表达了把高密东北乡当作中国的缩影来写的野心，他希望通过对故乡的描述，让人们联想到人类的生存和发展。

"高密东北乡"是莫言创作的精神圆心、意象聚合。若说百年来乡土作家将乡土世界审美对象化，以知识分子的眼光书写乡土风景、风俗、风情；那莫言则将自己融入乡土大地，与动物、植物、天地万物共呼吸。他以一个生于斯、长于斯的农民直觉、感觉，联通、感应乡土世界的天地人神、妖狐鬼怪，用土生土长的、原初的印象、想象、意象营构一个自成一界、自由无界的乡土世界——高密东北乡。莫言的乡土叙事因"高密东北乡"这一精神圆心的聚合而自成一界、自足自由，呈现出意象写作的特征。

意象，是作家把握世界的重要方式，也是一个作家独特的思想与艺术图式的高度凝练。一个作家若对世界有独特而整体的理解与把握，具有高度思想概括力和艺术表达力，其作品往往会凝铸并凸显为一个整体性的意象。建构属己的独特的自成一界、自由无界的意象世界，是一个作家风格成熟的标志之一。按意象派诗人庞德的提法，意象是一种在瞬间呈现的理智与情感的复杂经验，是各种

① 莫言研究会:《莫言与高密》，中国青年出版社 2011 年版，第 179 页。

不同观念的联合。庞德这里所说的"意象"主要指诗歌类抒情文本中兼有具象性与隐喻性的意象。在此沿用庞德的提法，用于分析小说类叙事文本中的意象内涵与功能。意象之为意象，在于交响乐式的回旋重复，或蒙太奇式的跳跃重复。重复，在叙事中具有丰富的美学意义，正如"一个孩子听故事的乐趣，有一部分在于等待发生他期望的重复：重复的情景、重复的措辞、重复的套语。就像在诗中和歌中，押韵帮助形成节奏一样"[①]，重复，是作家"既有意符、象喻，原有命题与解答方式的顽强介入"[②]，体现了作者高度整合的世界观与形式创化力。小说中重复出现的意象唤醒读者脑中新的意义想象。英国著名文论家戴维·洛奇就曾指出，对重复出现的具有隐喻性的细节和意象的发现，是读懂小说的关键。"高密东北乡"是莫言乡土小说反复出现的意象。莫言以意象写作的形式，将天马行空的印象、想象、感觉、经验高度熔铸于高密东北乡。这是莫言的精神血地与原乡，也是乡土中国的原型之一。

　　高密东北乡是莫言小说中的元意象，是叙事的母体、母题。母题的衍化遵循相似的语法，不同文本对同一母题的衍化恰如不同句式遵循相同的语法结构进行的修辞衍变。高密东北乡意象最早出现于《白狗秋千架》，随后《秋水》《透明的红萝卜》开始搭建基座。"《白狗秋千架》首先打出了'高密东北乡'的旗号；而《秋水》则写了这个村庄的繁衍史，里面的爷爷和奶奶就是'高密东北乡'的夏娃和亚当，《秋水》就是'高密东北乡'的'创世记'。"[③]自《透明的红萝卜》开始，莫言开始摆脱现实主义的常规套路，感觉日益精微、内在化，个性凸显。小说通过透明的红萝卜意象找到联通内心与外界的不二法门与秘密通道。奇崛的想象、魔幻的感觉

①　（意）伊塔洛·卡尔维诺：《新千年文学备忘录》，黄灿然译，译林出版社2009年版，第37页。
②　赵园：《地之子》，北京大学出版社2007年版，第122页。
③　朱向前：《深情于他那方小小的"邮票"——莫言小说漫评》，孔范今、施战军：《莫言研究资料》，山东文艺出版社2006年版，第121页。

使得"高密东北乡"这一母题意象逐渐成形。随后，高密东北乡意象在《红高粱》中闪亮登场，大放异彩。在《檀香刑》《丰乳肥臀》《四十一炮》《生死疲劳》《蛙》等作品中，"高密东北乡"逐步增高、加固，渐显恢宏气势。

"高密东北乡"这一意象世界以想象中的神仙鬼怪、神话传说、民间故事、祖辈历史、记忆中黑孩的童年、现实中苦难的土地等为原料，经由原始神话、泛灵论思维、酒神精神发酵、外来文化激发，熔铸创化而成，自成一界，自由无界。作为一种文学形式，高密东北乡"具有内在的地理学属性"，"由位置和背景，场所与边界，视野与地平线组成"。①地域空间不仅是地理性的，"它还是心理的和想象的，这两种空间的互相牵引和渗透，正构成'空间'一词的基本含义"②。高密东北乡是作者用地理和心理，现实和想象，历史和当下编织而成的意象空间。作为高密东北乡这一文学王国的缔造者，莫言说，高密东北乡是一个文学的概念而不是一个地理的概念，是一个开放的概念而不是一个封闭的概念，是他在童年经验的基础上想象出来的一个文学的幻境，并努力地要使它成为中国的缩影。

诚然，纵观百年乡土小说，许多作家都建构了各自不同的乡土世界。鲁迅笔下的未庄和鲁镇，沈从文笔下的湘西边城，萧红笔下的东北呼兰河，赵树理笔下的太行山，孙犁笔下的荷花淀，汪曾祺笔下的江苏高邮乡，古华笔下的芙蓉镇，贾平凹笔下的古炉村，陈忠实笔下的白鹿原等，都带有作家不同的文化性格、精神基因与审美意识。此外，李锐《太平风物》的农耕物象、韩少功《马桥词典》的时代词典，均有意象写作的意味。相较而言，莫言则将高密东北乡意象化成世界文学地图上的一个坐标，希望与福克纳的"约克纳帕塔法县"、马尔克斯的马孔多小镇一样，成为乡土中国通往世界

---

① （英）迈克·克朗：《文化地理学》，杨淑华等译，南京大学出版社2003年版，第55页。

② 王晓明：《从建筑到广告——最近十五年上海城市空间的变化》，《热风学术》，2008年第1辑。

的一个窗口。整体观之，百年乡土文学由风景、风俗、风情书写到莫言的印象、想象、意象叙事，表现出由前现代的文学地理书写到后现代空间叙事的转变。

莫言构筑高密东北乡的灵感受外来文化的影响，其一是川端康成。莫言回忆，二十世纪八十年代他曾读到《雪国》中的一句话"一只黑色的秋田狗蹲在那里的一块踏石上，久久地舔着温热的河水"，这让他想起了家乡的一条大白狗，然后写出了《白狗秋千架》。在这篇作品中，第一次出现"高密东北乡"。"从此之后，我高高地举起了'高密东北乡'这面大旗，就像一个草莽英雄一样，开始了招兵买马、创建王国的工作。"①另一个给莫言外来影响的作家是美国的福克纳。八十年代莫言在读《喧哗与骚动》时，惊讶于"他的书就像我故乡的那些脾气古怪的老农絮絮叨叨一样亲切"，他突然意识到"原来农村里发生的那些鸡毛蒜皮的小事也可以堂而皇之地写成小说"，于是决定也写故乡那块邮票大的地方。莫言曾在想象中与福克纳隔空对话："你的那个约克纳帕塔法县始终是一个县，而我在不到十年的时间内，就把我的高密东北乡变成了一个非常现代的城市，我让高密东北乡盖起了许多高楼大厦，还增添了许多现代化的娱乐设施。另外我的胆子也比你大，你写的只是你那块地方上的事情，而我敢于把发生在世界各地的事情，改头换面拿到我的高密东北乡，好像那些事情真的在那里发生过。我的真实的高密东北乡根本没有山，但我硬给它挪来了一座山，那里也没有沙漠，我硬给它创造了一片沙漠，那里也没有沼泽，我给它弄来了一处沼泽，还有森林、湖泊、狮子、老虎……都是我给它编造出来的。"福克纳答："后起的强盗总是比前辈的强盗更大胆！"②

诚然，莫言的高密东北乡可以与约克纳帕塔法县、马孔多小镇超越时空并肩对话。2012年，莫言在获得诺贝尔文学奖后的两场记者见面会上，就高密东北乡问题进行阐述："我小说里的高密东

大地的招魂

---

① 莫言:《莫言讲演新篇》，文化艺术出版社2010年版，第84页。
② 莫言:《莫言讲演新篇》，文化艺术出版社2010年版，第120页。

北乡已经是文学的概念，它已经大大扩展了。""福克纳的那个约克纳帕塔法县始终是一个县，而我在不到十年的时间内就把我的高密东北乡变成了一个非常现代的城市。"莫言认为，这种变化不仅是地理和植被的丰富与增添，更重要的是思维空间的扩展，是对故乡的超越。这是一个深刻的哲学命题。诺贝尔文学奖评委会提名小组主席佩尔·瓦斯特伯格为莫言宣读授奖词，其中谈道：高密东北乡收藏着许多中国民间故事与历史往昔，但只有极少真正意义上的旅程得以超越这些，描述出一个爱善与邪恶皆有超乎寻常之能量的地方。

关于在文学创作中重返故乡与拓展故乡的问题，学者张志忠认为，莫言的创作集中于建立和扩展"高密东北乡"的文学领地。他的拓展包括两个方面：在叙事空间上，不但重述故乡，而且延展想象故乡；在情感空间上，不是单纯地挚爱故乡，也有愤怒，甚至是诅咒，这使得"高密东北乡"具有极大的包容性和可成长性。[1]莫言"超越故乡"的乡土叙事使"高密东北乡"没有围墙，甚至没有国界，它是与人类童年、原乡紧密关联的开放、动态的人文地理场域。莫言通过印象、想象、意象叙事将"小说从写实层面上升到象征的层面"，"关注当下的社会问题，但更要关注永恒的问题。什么是永恒的问题？那就是人的问题，生存，死亡，我们从哪里来，我们到哪里去"。[2]通过"高密东北乡"的意象写作，莫言"超越故乡"，由乡土叙事走向生态叙事，具有世界主义的宏阔视野。这是莫言"超越故乡"意象写作的贡献所在。

① 张志忠：《莫言研究的回顾与展望：1984—2013》，《海南师范大学学报》（社会科学版），2014年第6期。
② 莫言：《莫言讲演新篇》，文化艺术出版社2010年版，第246页。

结　语

　　中国是个乡土社会。百年来，乡土中国一直努力追赶现代工业化进程。百年乡土文学书写乡土社会如何从农业文明向现代文明转型，如何与革命、救亡、改革等时代洪流关联互动，以此建构现代中国形象。百年中国乡土作家不断追问乡村贫穷、落后、愚昧的根源，不断超越城/乡二元对立的价值拘囿，打破文明/愚昧的思维定式，思考全球资本一体化时代，传统农耕文明日渐没落后，如何书写并重建乡村生态文明。中国乡土作家一直以独立、平等、多元的姿态，建构本土性与世界性同构的乡土中国形象，彰显文化自信力。

　　豪泽尔认为："最伟大的艺术作品总是直接触及现实生活的问题和任务，触及人类的经验，总是为当代的问题去寻求答案，帮助人们理解产生那些问题的环境。"①随着城镇化进程的推进，乡土中国向城乡中国、市场中国转型。城/乡二元界限模糊，城不城，乡不乡，新的城乡结构日趋形成。流动村庄和空巢乡村日益增多，新世纪的乡土叙事将面对怎样的新命题？雷达认为："在表现城乡价值时，原先乡土文学观念中的城乡二元思维逐渐被一种更为复杂的审美判断所取代，这种判断孕育着一种新乡土美学，但这种美学尚未形成。"也就是说，"当书写对象发生改变后，作家对未来社会的文学想象、价值建构并没有彻底形成，但从这一价值的选择和迷惘中，我们已经看到了一种新的审美心理和社会空间的生成，这必然

大地的招魂

---

① （匈）阿诺德·豪泽尔：《艺术社会学》，居延安编译，学林出版社1987年版，第65页。

275

催生一种新的审美形态"。[①]乡土时空随着城镇化进程的推进，日益打破传统日出而作、日落而息的循环封闭模式，成为动态流转、城乡混合的时空场域。乡土社会从生存样式、价值观念到文化性格正在发生裂变与转型，新的乡土景观必然催生新的乡土叙事范式。若说乡土文学是为对抗现代工业化进程对农耕文明的入侵应运而生的文学类型，那面对城镇化、地球村的全球大趋势，未来代之而起的会不会是一种大生态系统下的生态文学？

　　钱穆曾说，人类最理想的生命，是从大自然中创造文化，从乡村里建设都市，从孤独中集成大群，从安定中寻出活动。当然，在中国，真正的生态乡村与市民社会还未到来。由此，有理由期待新世纪乡土叙事，在世界性与本土性的交汇点上，为世界乡土文学继续提供丰富独特的中国经验、审美新质。

① 雷达:《从"乡土中国"到"城乡中国"》, http://www.chinawriter.com.cn/news/2014/2014-12-15/227836.html.

参考文献

一、作品

[1] 莫言:《莫言长篇小说全编》,浙江文艺出版社,2017 年。

[2] 莫言:《莫言中短篇小说全编》,浙江文艺出版社,2018 年。

[3] 莫言:《我们的荆轲》,浙江文艺出版社,2017 年。

[4] 莫言:《姑奶奶披红绸》,浙江文艺出版社,2017 年。

[5] 莫言:《莫言讲演新篇》,文化艺术出版社,2010 年。

[6] 莫言:《莫言对话新录》,文化艺术出版社,2010 年。

[7] 莫言:《会唱歌的墙——莫言散文选》,人民日报出版社,1998 年。

[8] 鲁迅:《鲁迅全集》,人民文学出版社,1981 年。

[9] 茅盾:《农村三部曲:春蚕·秋收·残冬》,民主与建设出版社,2017 年。

[10] 老舍:《骆驼祥子》,人民文学出版社,2018 年。

[11] 沈从文:《边城》,北京十月文艺出版社,2008 年。

[12] 萧红:《萧红全集》,北京燕山出版社,2014 年。

[13] 赵树理:《赵树理小说散文集》,北岳文艺出版社,2015 年。

[14] 孙犁:《孙犁全集》(修订版),人民文学出版社,2016 年。

[15] 汪曾祺:《汪曾祺典藏文集》,作家出版社,2016 年。

[16] 陈忠实:《白鹿原》,长江文艺出版社,2017 年。

[17] 贾平凹:《贾平凹三部曲》,译林出版社,2013 年。

[18] 贾平凹:《怀念狼》,作家出版社,2000 年。

[19] 贾平凹:《秦腔》,作家出版社,2005 年。

[20] 贾平凹:《高兴》,作家出版社,2007 年。

[21] 贾平凹:《古炉》,人民文学出版社,2011年。

[22] 贾平凹:《带灯》,人民文学出版社,2013年。

[23] 贾平凹:《老生》,人民文学出版社,2014年。

[24] 贾平凹:《极花》,人民文学出版社,2016年。

[25] 贾平凹:《山本》,人民文学出版社,2018年。

[26] 阎连科:《坚硬如水》,长江文艺出版社,2001年。

[27] 阎连科:《受活》,春风文艺出版社,2004年。

[28] 阎连科:《炸裂志》,上海文艺出版社,2013年。

[29] 李锐:《厚土》,北岳文艺出版社,2016年。

[30] 李锐:《太平风物》,生活·读书·新知三联书店,2010年。

[31] 刘震云:《刘震云全集作品集》(典藏版),长江文艺出版社,
2017年。

[32] 张炜:《张炜文存》,山东教育出版社,2016年。

[33] 阿来:《机村史诗(六部曲)》,浙江文艺出版社,2018年。

[34] 迟子建:《额尔古纳河右岸》,人民文学出版社,2010年。

[35] 迟子建:《群山之巅》,人民文学出版社,2015年。

[36] 格非:《望春风》,译林出版社,2016年。

[37] 刘庆邦:《遍地月光》,北京十月文艺出版社,2009年。

[38] 刘庆邦:《平原上的歌谣》,北京十月文艺出版社,2009年。

[39] 刘庆邦:《黄泥地》,北京十月文艺出版社,2014年。

[40] 李佩甫:《羊的门》,华夏出版社,1999年。

[41] 李佩甫:《城的灯》,长江文艺出版社,2003年。

[42] 李佩甫:《生命册》,作家出版社,2012年。

[43] 曹乃谦:《到黑夜想你没办法——温家窑风景》,长江文艺
出版社,2017年。

[44] 赵本夫:《无土时代》,人民文学出版社,2008年。

[45] 李洱:《石榴树上结樱桃》,江苏文艺出版社,2007年。

[46] 刘绍棠、宋志明:《中国乡土文学大系·现代卷》,农村读
物出版社,1996年。

[47] 刘绍棠、宋志明:《中国乡土文学大系·当代卷》,农村读

物出版社，1996 年。

二、专著

[1] 张志忠：《莫言论》，北京联合出版公司，2012 年。

[2] 张志忠、贺立华等：《莫言：全球视野与本土经验》，山东大学出版社，2014 年。

[3] 杨守森、贺立华：《莫言研究三十年》（上中下），山东大学出版社，2013 年。

[4] 管谟贤：《大哥说莫言》，山东人民出版社，2013 年。

[5] 莫言研究会：《莫言与高密》，中国青年出版社，2011 年。

[6] 赵园：《地之子》，北京大学出版社，2007 年。

[7] 丁帆等：《中国乡土小说史》，北京大学出版社，2007 年。

[8] 贺仲明：《一种文学与一个阶层：中国新文学与农民关系研究》，人民出版社，2008 年。

[9] 张丽军：《想象农民——乡土中国现代化语境下对农民的思想认知与审美显现（1895—1949）》，山东人民出版社，2009 年。

[10] 王德威：《想像中国的方法：历史·小说·叙事》，生活·读书·新知三联书店，2003 年。

[11] 费孝通：《乡土中国》（修订本），上海世纪出版集团，2013 年。

[12] 陆益龙：《后乡土中国》，商务印书馆，2017 年。

[13] 贺雪峰：《新乡土中国》（修订版），北京大学出版社，2013 年。

[14] 鲁迅：《中国小说史略》，东方出版社，1996 年。

[15] 陈平原：《中国小说叙事模式的转变》，北京大学出版社，2010 年。

[16] 陈平原：《小说史：理论与实践》，北京大学出版社，1993 年。

[17] 陈平原：《千年文脉的接续与转化》，复旦大学出版社，

大地的招魂

2010 年。

[18] 申丹:《叙述学与小说文体学研究》，北京大学出版社，1998 年。

[19] 申丹、王丽亚:《西方叙事学:经典与后经典》，北京大学出版社，2010 年。

[20] 傅修延:《中国叙事学》，北京大学出版社，2015 年。

[21] 傅修延:《听觉叙事研究》，北京大学出版社，2021 年。

[22] 赵毅衡:《苦恼的叙述者》，四川文艺出版社，2013 年。

[23] 王瑾:《互文性》，广西师范大学出版社，2005 年。

[24] 刘小枫:《沉重的肉身》，上海人民出版社，1999 年。

[25]（美）马泰·卡林内斯库:《现代性的五副面孔——现代主义、先锋派、颓废、媚俗艺术、后现代主义》，顾爱彬、李瑞华译，商务印书馆，2002 年。

[26]（意）伊塔洛·卡尔维诺:《新千年文学备忘录》，黄灿然译，译林出版社，2009 年。

[27]（德）弗里德里希·尼采:《悲剧的诞生》，周国平译，译林出版社，2014 年。

[28]（美）苏珊·桑塔格:《反对阐释》，程巍译，上海译文出版社，2003 年。

[29]（法）罗兰·巴特:《罗兰·巴特随笔选》，百花文艺出版社，1995 年。

[30]（美）罗伯特·斯科尔斯、詹姆斯·费伦、罗伯特·凯洛格:《叙事的本质》，于雷译，南京大学出版社，2015 年。

[31]（捷）米兰·昆德拉:《小说的艺术》，董强译，上海译文出版社，2004 年。

[32]（俄）米哈伊尔·巴赫金:《巴赫金全集第 1 卷:哲学美学》，晓河等译，河北教育出版社，1998 年。

[33]（俄）米哈伊尔·巴赫金:《陀思妥耶夫斯基的诗学问题》，刘虎译，中央编译出版社，2010 年。

图书在版编目（CIP）数据

大地的招魂：莫言与中国百年乡土文学叙事新变/张细珍著. --
北京：作家出版社，2021.11
ISBN 978-7-5212-1584-7

Ⅰ.①大… Ⅱ.①张… Ⅲ.①莫言－小说－小说研究 Ⅳ.①
I207.42

中国版本图书馆CIP数据核字（2021）第218927号

大地的招魂：莫言与中国百年乡土文学叙事新变

作　　者：张细珍
责任编辑：郑建华　李　雯
装帧设计：孙惟静
出版发行：作家出版社有限公司
社　　址：北京农展馆南里10号　　邮　　编：100125
电话传真：86-10-65067186（发行中心及邮购部）
　　　　　86-10-65004079（总编室）
E-mail:zuojia@zuojia.net.cn
http://www.zuojiachubanshe.com
印　　刷：唐山嘉德印刷有限公司
成品尺寸：152×230
字　　数：263千
印　　张：18.5
版　　次：2021年11月第1版
印　　次：2021年11月第1次印刷
ISBN　978-7-5212-1584-7
定　　价：78.00元